NOTIONS

D'ÉCONOMIE POLITIQUE

NOUVELLE ÉDITION

Au courant des théories les plus récentes

PAR MM.

Julien BOITEU   **René FOIGNET**

Directeur de l'École Turgot   Docteur en droit
Licencié en droit   Professeur de droit
Agrégé de l'Université

PARIS

LIBRAIRIE CH. DELAGRAVE

15, RUE SOUFFLOT, 15

SOCIÉTÉ ANONYME D'IMPRIMERIE DE VILLEFRANCHE-DE-ROUERGUE
Jules Bardoux, Directeur.

NOTIONS
D'ÉCONOMIE POLITIQUE

NOUVELLE ÉDITION
Au courant des théories les plus récentes

PAR MM.

Julien BOITEL
DIRECTEUR DE L'ÉCOLE TURGOT
LICENCIÉ EN DROIT
AGRÉGÉ DE L'UNIVERSITÉ
MEMBRE DU CONSEIL SUPÉRIEUR
DE L'INSTRUCTION PUBLIQUE

René FOIGNET
DOCTEUR EN DROIT
AVOCAT
PROFESSEUR DE DROIT

PARIS
LIBRAIRIE CH. DELAGRAVE
15, RUE SOUFFLOT, 15

PRÉFACE

Le succès de la première édition de nos *Éléments d'É-conomie politique* nous a décidés à offrir au public une nouvelle édition, considérablement augmentée et mise au courant des théories les plus récentes. Le titre que nous adoptons, *Notions d'Économie politique*, est en concordance avec celui de nos deux précédents ouvrages, publiés également par la librairie Charles Delagrave, *Notions d'Instruction civique et de Droit usuel*, et *Notions de Droit commercial*.

Certaines questions, à peine esquissées dans les *Notions de Droit*, ont trouvé, dans ce troisième volume, tout le développement qu'elles exigeaient.

On voudra bien reconnaître, du moins nous l'espérons, que notre pensée dominante a été de faire encore une œuvre claire, précise et facilement accessible à tous.

Comme pour les *Principes de Droit*, nous avons rejeté impitoyablement les formules abstraites et tous les détails accessoires qui auraient pu nuire à la clarté de l'exposition.

Nous avons aussi, fidèles à notre première méthode, fait suivre chaque développement un peu étendu d'un *Résumé*, sous forme de tableau synoptique permettant d'embrasser d'un coup d'œil tout le sujet, et d'en bien saisir toutes les divisions et subdivisions principales.

Nous avons apporté beaucoup de soin à la rédaction des questions qui intéressent à la fois le Droit et l'Économie politique, car il est facile de deviner que ce seront ces questions qui seront le plus souvent données à traiter dans les sujets de concours ou d'examen. Témoin la question suivante qui a été donnée au concours général :

Le droit de tester : son fondement, ses conséquences économiques. — Exposer et apprécier la réglementation qui en est faite par le Code civil.

Quelques points très délicats n'ont pas manqué de nous embarrasser, et si la solution que nous avons donnée à certaines questions toutes brûlantes d'actualité, ne satisfait pas tout le monde, on nous saura gré, au moins, d'avoir exposé, très loyalement et très franchement, toutes les raisons préconisées par les uns et vivement combattues par les autres ; nous avons mis en présence les adversaires, et nous nous sommes décidés en faveur de ceux-ci plutôt que de ceux-là, au nom de ce que nous croyons être la vérité scientifique.

Aujourd'hui, la *Question sociale* intéresse même les plus sceptiques et les plus indifférents. Aussi est-il sage, avant de se prononcer, de posséder au moins les éléments de la discussion. C'est pourquoi nous croyons sincèrement notre modeste volume utile, non seulement aux élèves des lycées et collèges, des écoles primaires supérieures et des écoles normales, mais encore à toutes les personnes qui veulent, sur certaines théories économiques et sociales, avoir une notion exacte, précise et assez complète.

LES AUTEURS.

NOTIONS
D'ÉCONOMIE POLITIQUE

INTRODUCTION

L'économie politique. — Son but. — Ses rapports avec les autres sciences, et notamment avec le droit. — Histoire de la science économique. — Divisions de l'économie politique : production, répartition, circulation et consommation des richesses.

L'économie politique. — L'économie politique est la science des phénomènes sociaux relatifs aux richesses, c'est-à-dire aux biens qui sont susceptibles de satisfaire les besoins de l'homme[1].

Etudier les éléments qui concourent à la production de ces biens : la nature, le travail sous ses différents aspects, le capital, en faisant connaître le rôle joué par chacun d'eux; déterminer la rémunération qui doit être attribuée à ces divers facteurs : le fermage pour le propriétaire du sol, l'intérêt pour le capitaliste, le profit pour l'entrepreneur, le salaire pour l'ouvrier; faire la théorie de la valeur et montrer comment s'opère l'échange des produits, en étudiant la monnaie, le crédit dans ses manifestations multiples : les effets de com-

1. Dans son très intéressant *Traité populaire d'économie politique*, M. Amieux dit que les mots *économie* et *harmonie* sont synonymes, et qu'on aurait pu désigner la science que nous allons étudier, par *Économie sociale* ou *Science des intérêts publics et sociaux*.

merce, les banques, etc., le commerce intérieur et extérieur; enfin, analyser le phénomène de la consommation de la richesse, en traitant de l'épargne, de la prodigalité et du luxe, tel est le vaste domaine propre à l'économie politique.

L'économie politique est-elle réellement une science? — On a contesté que l'économie politique fût réellement une science, et pour cela on a invoqué le libre arbitre de l'homme. L'homme étant libre de ses actes, il est impossible de formuler des lois qui s'imposent à lui comme des règles de conduite inévitables et nécessaires.

Cette objection n'est pas bien sérieuse; parce que, si elle était exacte, il faudrait admettre que la science s'arrêtât aux phénomènes de l'ordre purement matériel, les seuls sur lesquels l'action de l'homme ne puisse s'exercer d'une façon efficace; et l'on devrait refuser le caractère de science au droit et à la morale, ce que personne n'a osé encore soutenir.

Pour qu'une science existe, il suffit que de l'ensemble des faits qu'on étudie, il soit possible de dégager des règles générales. Or c'est bien ce qui se manifeste pour l'économie politique. Elle observe les phénomènes qui se produisent dans l'existence matérielle des individus, au sein de la société, et s'efforce d'en tirer de véritables lois, telles que la loi de l'offre et de la demande, la loi du salaire minimum, la loi de Gresham, etc.

L'homme peut bien violer ces préceptes, comme il lui est loisible d'enfreindre les règles du droit et de la morale, mais il en est le premier puni, par le dommage matériel que cette violation lui cause. Et, de même que la peur du gendarme l'amène à ne pas contrevenir aux lois, de même le souci de ses intérêts et de son bien-être le conduit à se conformer strictement aux enseignements de la science économique.

But de l'économie politique. — Le but de l'économie politique est double :

1° Ainsi que nous venons de le dire, elle tend à dégager, de l'ensemble des phénomènes économiques, des lois générales et permanentes, permettant d'affirmer que, dans telle condition déterminée, tel fait se produira; à ce premier point de vue, — nous l'avons montré, — elle apparaît comme une *science*.

2° Elle tend à fournir aux individus, comme aux gouvernements, de précieuses indications devant assurer l'ordre et la prospérité au sein de la famille, ou dans l'intérieur de l'État, par le meilleur emploi des forces productives, par l'utile usage des produits, et par la répartition la plus rationnelle des richesses. A ce point de vue, l'application des règles établies par l'économie politique peut former la matière d'un *art* proprement dit.

Rapports de l'économie politique avec les autres sciences, et notamment avec le droit. — 1° *Rapports de l'économie politique avec les autres sciences.* — Comparée aux autres sciences, l'économie politique doit être rangée dans le groupe des sciences morales et politiques, à côté de la philosophie, de la morale et du droit. Comme elles, l'économie politique étudie l'homme en tant qu'être intelligent et libre et vivant en société.

2° *Rapports de l'économie politique avec le droit.* — Mais c'est surtout avec le droit que l'économie politique a les rapports les plus étroits.

Elle en diffère sur un point essentiel : le droit est la science du *juste;* l'économie politique, la science de l'*utile*.

Elle s'en rapproche aux divers points de vue suivants :

a) Le droit et l'économie politique ont pour but de faire connaître à l'homme les règles de conduite qu'il doit suivre dans ses rapports avec ses semblables.

b) Ce sont à peu près les mêmes matières que le droit et l'économie politique étudient, l'un au point de vue du juste, l'autre au point de vue de l'utile : la propriété, l'hérédité, le louage de services, le salaire, l'échange, le crédit, les impôts, etc. Il n'y a guère que les relations de famille qui restent en dehors de l'économie politique.

c) Il est vrai que l'objet des deux sciences est différent : le droit trace les règles du juste, et l'économie politique les règles de l'utile. Mais les deux notions de la justice et de l'utilité, loin de se contrarier et de se trouver en opposition, se complètent l'une par l'autre, et exercent respectivement l'une sur l'autre une influence considérable. Le législateur, pour la confection des lois, et le juge, pour leur interprétation, doivent en tenir un compte égal : ils ne doivent pas se préoccuper seulement de ce qui est juste, ils doivent rechercher également ce qui est utile, et essayer de concilier l'un avec l'autre.

Ce double élément se rencontre dans toutes les lois à un degré plus ou moins grand[1].

Il y a des lois où la justice l'emporte sur l'utilité : ce sont les lois sur l'organisation de la famille et celles qui concernent l'ordre social.

Il y en a d'autres où l'utilité est l'élément dominant : ce sont celles qui sont relatives au système monétaire, au régime des banques, aux canaux, aux chemins de fer, etc.

D'autres enfin présentent à un égal degré le caractère d'utilité et de justice : telles sont celles qui réglementent la liberté individuelle, la propriété et l'impôt.

Histoire de la science économique. — On peut diviser l'histoire de la science économique en trois périodes :

1re période : les origines primitives ;
2e période : les fondateurs de la science ;
3e période : les doctrines contemporaines.

PREMIÈRE PÉRIODE. — *Les origines primitives.*

La première doctrine économique. — **Le mercantilisme.** — L'économie politique est une science d'origine relativement récente, puisqu'il faut arriver jusqu'au xvie siècle pour voir apparaître la première doctrine économique, qui est connue sous le nom de système mercantile. Le fond de cette doctrine

1. Paul Cauwès, *Précis du cours d'économie politique,* t. 1er, n° 24.

consiste à considérer la monnaie comme la source de toute richesse. Il suit de là que la politique des gouvernements doit tendre à développer le plus possible les exportations, qui font entrer du numéraire dans le pays, et à restreindre les importations, qui ont, au contraire, pour résultat de l'en faire sortir.

Ecole des physiocrates au dix-huitième siècle. — L'école des physiocrates procède d'un mouvement de réaction contre le système mercantile. Elle eut pour chef François Quesnay (né le 4 juin 1694 et mort le 16 décembre 1774), et pour principaux adeptes Mirabeau le père, Condillac et Turgot. Pour les partisans de cette école, c'est la nature ou la terre qui est la suprême richesse. Il y avait là une exagération en sens inverse de celle qu'avait commise l'école mercantile. Il faut reconnaître cependant que l'école physiocrate a eu le mérite de poser des règles du plus pur libéralisme, qui ont exercé une salutaire influence sur les événements politiques et sur le développement économique de la France.

DEUXIÈME PÉRIODE. — Les fondateurs de la science.

Adam Smith et l'école anglaise. — C'est à Adam Smith, né en Ecosse le 5 juin 1725, mort en 1790, que l'on fait remonter l'honneur d'avoir fondé la science économique. Son principal mérite a été de dégager la notion économique du travail et de montrer que c'est l'activité humaine qui est la source principale de la richesse. Il est cependant d'accord avec les physiocrates sur le principe de la liberté, qu'il considère comme la condition indispensable du développement économique des sociétés.

Les successeurs d'Adam Smith. — Autour d'Adam Smith il faut grouper les noms d'économistes qui peuvent être, dans une certaine mesure, considérés comme ses disciples plus ou moins immédiats : Malthus, Ricardo et Stuart Mill.

Malthus, né le 14 février 1766 et mort le 29 décembre 1834, est célèbre par la théorie de la population. D'après lui, la population aurait une tendance à se développer d'une façon plus rapide que les subsistances, en sorte que l'homme peut être menacé dans son existence par la superpopulation, s'il n'y prend pas garde.

Ricardo, né à Londres le 12 avril 1772 et mort le 11 avril 1823, a attaché son nom à deux théories fameuses : la théorie du salaire naturel et la théorie de la rente. La théorie du salaire naturel, appelée loi d'airain par les socialistes, tend à établir que le salaire de l'ouvrier ne pourrait jamais s'élever au delà de ce qui lui est strictement nécessaire pour vivre.

La théorie de la rente du sol considère que le revenu des propriétaires fonciers tend à s'accroître avec le développement de la population, aux dépens de l'intérêt du capitaliste et du salaire des ouvriers manuels.

Stuart Mill, né à Londres le 20 mai 1806, mort le 7 mai 1873, n'est pas moins célèbre que Ricardo, dont il se proclamait l'ami et le disciple. Il a énoncé une théorie des salaires qui a illustré son nom, la théorie du fonds des salaires que nous exposerons plus loin.

J.-B. Say et l'école française. — J.-B. Say, né à Lyon le 5 janvier 1764, mort à Paris le 15 novembre 1832, doit être rangé au nombre des fondateurs de l'économie politique, à côté des maîtres de l'école anglaise. C'est à lui qu'on doit la distinction fondamentale des matières économiques en quatre parties : production, répartition, circulation et consommation. Il est sans contredit le chef de l'école classique française. Il faut placer à côté de lui deux économistes qui ont occupé un rang distingué dans la science :

Dunoyer, rendu surtout célèbre par son ouvrage sur la *Liberté du travail;*

Frédéric Bastiat, le populaire auteur des *Harmonies économiques*.

TROISIÈME PÉRIODE. — *Les doctrines contemporaines.*

Les principales écoles d'après leur tendance. — Les économistes contemporains peuvent être groupés, d'après leur tendance, en trois écoles principales[1] :

1º L'école classique ou non interventionniste ;
2º L'école socialiste;
3º Les écoles interventionnistes.

1º Ecole classique ou non interventionniste. — L'école classique, qu'on appelle aussi libérale ou orthodoxe, compte encore beaucoup de partisans en France, bien qu'elle perde chaque jour du terrain ; mais elle n'a plus guère d'adhérents à l'étranger. Sa principale doctrine consiste à écarter comme malfaisante toute intervention de l'Etat dans le domaine industriel, et à laisser l'initiative individuelle s'exercer dans toute son indépendance. Sa formule est : Laissez faire.

2º Ecole socialiste. — L'école socialiste, qui prend le contre-pied absolu de l'école classique, repose principalement sur la négation du droit de propriété : négation complète pour les communistes, négation partielle, en ce qui concerne les capitaux seulement, pour les collectivistes. Son but est la suppression de l'autonomie patronale et la socialisation de tous les moyens de production par la nationalisation des mines, des voies ferrées, etc.

3º Les principales écoles interventionnistes. — *Caractère commun.* — Le caractère commun de toutes les écoles interventionnistes consiste à considérer l'Etat comme un agent naturel du progrès économique et à le faire intervenir dans la solution des questions sociales, afin de défendre le faible contre le fort, de maintenir un juste équilibre entre les différents facteurs de la production et d'assurer une meilleure répartition des richesses.

Les principales écoles interventionnistes sont :

1. Paul Pic, *Traité élémentaire de législation industrielle*, p. 15.

L'école historique ou allemande;

L'école coopérative;

Et l'école solidariste.

a) École historique ou allemande. — L'école historique ou allemande, qu'on appelle aussi quelquefois le socialisme de la chaire, a pris naissance en Allemagne; ses chefs actuels sont MM. Schmoller, Wagner et Brentano. Elle nie l'existence des lois naturelles immuables et universelles. Pour elle, rien n'est absolu ni invariable dans le domaine économique; tout est, au contraire, sujet à variation, suivant les mœurs, le droit, la religion et la constitution politique de chaque pays. L'État doit intervenir pour organiser dans l'avenir, par des mesures législatives, une répartition des richesses basée sur des idées de justice et d'humanité.

b) École coopérative. — L'école coopérative, de création récente, a pour principal chef en France M. Charles Gide, dans ses conférences de propagande. D'après le savant professeur, l'antagonisme existant actuellement entre le capital et le travail viendrait principalement de ce que le travail, qui a la plus grande part dans la production, ne profite nullement des bénéfices de l'entreprise. Il trouve un remède à l'organisation actuelle dans le développement indéfini des associations coopératives de production; par ce moyen, les instruments de production pourraient être transportés, sans révolution et d'une façon pacifique, de leurs détenteurs actuels à la masse des travailleurs.

c) École solidariste. — L'école solidariste repose sur une idée qui a été mise en relief par M. Léon Bourgeois dans son opuscule *Sur la solidarité.* « Je crois, dit-il, qu'il y a au-dessus de nous, nous enserrant de toute manière, une solidarité naturelle, dont nous ne pouvons nous dégager. Nous naissons tous débiteurs les uns des autres. »

En conséquence, les partisans de cette école demandent qu'à la lutte des classes et à la concurrence impitoyable dont nous souffrons actuellement, on substitue l'union pour la vie entre tous les habitants d'un même pays. Pour eux comme pour les adeptes de l'école coopérative, l'association libre des travailleurs paraît être le moyen le plus propre à améliorer la condition de la classe ouvrière, sans contrainte ni révolution. Enfin, ils estiment que l'Etat doit intervenir, soit pour réglementer le travail, soit pour inculquer aux masses les principes de la solidarité, en favorisant ou en créant de toutes pièces des institutions d'assurance et de prévoyance.

Divisions de l'économie politique. Plan de l'ouvrage. — De la définition que nous avons donnée plus haut de l'économie politique, il résulte que son étude comporte quatre grandes divisions : — la production, la répartition, la circulation et la consommation des richesses, — auxquelles on peut rattacher une étude sur le rôle de l'Etat en matière économique, financière et coloniale.

Notre ouvrage sera ainsi divisé en cinq parties :

    I. Production de la richesse.

    II. Répartition.

    III. Circulation.

    IV. Consommation.

    V. Du rôle de l'Etat en matière économique, financière et coloniale.

QUESTIONNAIRE 1 sur l'Introduction et l'Historique.

1. Qu'est-ce que l'économie politique ? — 2. Qu'est-ce qu'elle étudie ? — 3. Est-elle une science ? — 4. Quel est son double but ? — 5. Quels rapports a-t-elle avec les autres sciences ? — 6. En quoi diffère-t-elle du droit et en quoi lui ressemble-t-elle ? — *Historique.* 7. Comment peut-on diviser l'histoire de la science économique ? — 8. Qu'est-ce que le mercantilisme ? — 9. Dites ce que vous savez sur l'école des physiocrates. — 10. Quel est le chef de l'école anglaise ? — 11. Quels furent ses principaux successeurs ? — 12. Quel est le chef de l'école française ? — 13. Quelles sont les principales doctrines contemporaines ? — 14. Quelle est la formule résumant les données de l'école classique ? — 15. Qu'est-ce qui caractérise l'école socialiste ? — 16. Quelles sont les principales écoles interventionnistes ? — 17. Que prétend l'école historique ou allemande ? — 18. Que propose l'école coopérative ? — 19. Sur quelle idée repose l'école solidariste ? — 20. Quelles sont les grandes divisions de l'économie politique ?

RÉSUMÉ 1. — L'économie politique.

I. Définition.	Science des phénomènes sociaux relatifs aux richesses.
II. But.	1° De l'ensemble des phénomènes économiques, dégager des lois générales et permanentes. 2° Fournir des indications précieuses en vue d'assurer l'ordre et la prospérité au sein des familles et des États.
III. Rapports avec les autres sciences.	Etudiant l'homme, être intelligent et libre, on la range, comme la morale et le droit, dans le groupe des sciences morales et politiques.

IV. Rapports avec le droit.

- 1° *Différence.*
  - Le droit est la science du *juste.*
  - L'économie politique, la science de l'*utile.*
- 2° *Ressemblances.*
  - *a.* Les deux sciences dictent à l'homme les règles de conduite qu'il doit suivre dans ses rapports avec ses semblables.
  - *b.* Elles étudient à peu près les mêmes matières.
  - *c.* Les deux notions du juste et de l'utile se complètent l'une par l'autre.

V. Histoire de la science économique ; 3 périodes :

- 1° Origines.
  - *a. Mercantilisme :* la monnaie source de toute richesse.
  - *b. Physiocrates :* la terre, principale richesse.
- 2° Fondateurs de la science.
  - *a. Ecole anglaise :* Adam Smith.
  - *b. Ecole française :* J.-B. Say, Dunoyer, Bastiat.
- 3° Doctrines contemporaines.
  - *a. Ecole classique ou non interventionniste :* Laissez faire.
  - *b. Ecole socialiste :* négation du droit de propriété.
  - *c. Ecoles interventionnistes.*
    - Ecole historique ou allemande.
    - Ecole coopérative.
    - Ecole solidariste.

PREMIÈRE PARTIE

PRODUCTION DE LA RICHESSE

—

Notions générales sur la richesse, le phénomène de la production et les éléments de la production.

Section I. La terre et les agents naturels, ou la nature
Section II. Le travail et l'industrie.
Section III. Le capital.

NOTIONS GÉNÉRALES

Notion particulière de la richesse en économie politique. — Le mot « richesse » n'a pas en économie politique le même sens que dans le langage vulgaire.

Dans le langage vulgaire, on entend par richesse un certain état, celui de l'homme qui possède, en grande quantité, les choses indispensables à l'existence ; ce mot est synonyme d'abondance, d'opulence, et il éveille dans l'esprit l'idée d'inégalité sociale[1].

En économie politique, au contraire, le mot « richesse » désigne les objets qui réunissent certains caractères déterminés.

Eléments constitutifs de la richesse. — Pour qu'un objet soit considéré comme une richesse, il faut qu'il réunisse trois caractères :

1° Il faut que ce soit un objet *matériel ;*
2° Il faut que ce soit un objet *utile ;*
3° Il faut que ce soit un objet *approprié.*
1° *L'objet doit être matériel :* en sorte que les choses incor-

—

1. Gide, *Principes d'économie politique,* pages 33 et 41.

porelles, immatérielles, telles que les droits de créance, le talent d'un avocat, la clientèle d'une maison de commerce, ne sauraient être regardées par l'économiste comme des richesses. Ce sont plutôt des moyens de s'en procurer [1].

2° *L'objet doit être utile.* — Un objet est utile lorsqu'il est de nature à satisfaire un besoin de l'homme, soit qu'il s'agisse d'un besoin de première nécessité, tel que le vêtement ou le logement, ou les objets d'alimentation, soit qu'il s'agisse d'un besoin de luxe : tels sont les diamants ou les riches étoffes de soie et de cachemire.

Par là, on voit que la notion d'utilité est intimement liée à la notion de besoin. Si le besoin cessait de se faire sentir, l'objet cesserait en même temps d'être utile et ne constituerait plus une richesse.

3° *L'objet doit être approprié.* — Un objet est approprié lorsqu'il est possédé par une personne qui en dispose d'une façon exclusive pour la satisfaction de ses besoins.

Tant qu'un acte d'appropriation n'a pas été exécuté par l'homme, l'objet, pour si utile qu'il soit, ne saurait être considéré comme une richesse : il en est ainsi, par exemple, à l'égard du fruit tant qu'il pend à l'arbre avant la cueillette, et des minerais enfouis dans la terre, tant qu'ils n'ont pas été extraits.

Il suit de là que l'expression de *richesses naturelles* est défectueuse si l'on désigne ainsi les choses que la nature offre spontanément à l'homme, telles que les fruits, les minerais dont nous parlions tout à l'heure. Jusqu'à ce que l'homme ait approprié ces choses par son travail, on ne saurait les regarder comme des richesses.

De même, les objets qui ne sont pas susceptibles d'appropriation, comme l'air, les rayons du soleil, la force du vent, ne peuvent être rangés au nombre des richesses. Ce sont des éléments de la production, mais ce ne sont pas des richesses [2].

---

1. Gide, *op. cit.*, p. 44 ; Beaurogard, *Précis d'économie politique*, p. 19 ; Cauwès, *Précis du cours d'économie politique*, nos 150 et 151.
2. Cauwès, *op. cit.*, n° 155.

En quoi consiste le phénomène de la production? — Produire n'est pas créer. Créer, c'est, tirer quelque chose du néant; l'homme n'en a pas le pouvoir.

Mais l'homme peut produire.

La production consiste: soit à s'approprier une chose utile (extraction de minerais), soit à transformer une matière première en une chose utile à l'homme (coton ou soie en étoffes), soit à augmenter l'utilité d'une chose (par le commerce et le transport).

Des éléments de la production. — Trois éléments concourent à la production des richesses :

1º La terre et les agents naturels, ou la nature;

2º Le travail;

3º Le capital.

Ce sont les titres mêmes des trois sections que nous allons étudier successivement.

SECTION PREMIÈRE. — La terre et les agents naturels ou la nature.

La terre[1] et les agents naturels qu'elle renferme, ou plus simplement la nature est le premier élément qui concourt au phénomène de la production des richesses.

Ce que la nature fournit à l'homme. — La nature fournit à l'homme :

1º L'emplacement;

2º Le milieu physique;

3º Les matières premières;

4º Les agents naturels.

1. L'expression *la terre* pour désigner la nature est due à l'école économiste du XVIIIe siècle connue sous le nom de « physiocrate ». Les physiocrates (Voir p. 5) considéraient que la terre était la source de toute richesse, et que, dans la nature, elle seule jouait le rôle de facteur de la production. Employée ainsi, cette expression est inexacte, parce qu'elle est trop étroite; jointe aux mots *agents naturels*, elle exprime une idée suffisamment complète.

1° L'emplacement. — La nature fournit tout d'abord à l'homme l'emplacement, c'est-à-dire l'espace nécessaire pour se tenir et marcher, pour établir sa demeure, faire vivre ses animaux, installer ses usines et tirer de la terre sa subsistance.

La surface totale des terres habitables du globe terrestre est évaluée à 13 milliards d'hectares, inégalement distribués entre les cinq parties du monde. Dans chacune de ces parties le territoire est possédé par des Etats régulièrement organisés, comme en Europe, ou habité par des peuplades sauvages, comme dans l'intérieur de l'Afrique, ou enfin complètement inoccupé.

Il est peu à redouter qu'il arrive un moment où la surface du globe soit insuffisante pour contenir ses habitants. Il n'est pas non plus à craindre que ses produits ne soient pas assez considérables pour les nourrir, malgré les appréhensions de certains économistes, dont nous aurons à exposer et à combattre la théorie plus loin[1].

Mais ce qu'il faut constater, c'est que sur certains points particuliers du globe, sur le territoire de certains Etats, la population augmente d'une façon considérable et n'est plus en rapport avec l'espace occupé. A l'intérieur de chaque Etat, un phénomène analogue se produit dans la capitale et dans les principales villes ; il s'opère dans ces grands centres une agglomération de population qui n'est pas en rapport avec l'étendue du territoire.

Dans ces cas particuliers, la question de l'emplacement prend un caractère d'une gravité particulière, qui se traduit par la misère des populations agricoles, comme en Belgique, ou par la cherté excessive du terrain, comme à Paris.

2° Le milieu physique. — En second lieu, la nature procure à l'homme le milieu physique, c'est-à-dire les climats, la situation géographique, la constitution du sol[2], dont l'action est si puissante sur les forces productives de l'homme.

1. Voir *infra* la théorie de Malthus sur le principe de la population, p. 170.
2. Gide, *op. cit.*, pages 104 et 105.

Les climats. — La nature du climat influe d'une façon considérable sur la production et sur le développement économique des peuples.

Au premier abord, le climat des tropiques paraît le plus favorable à la production. En effet, sous l'action bienfaisante du soleil, la terre produit en abondance tout ce qui est nécessaire à l'homme pour vivre, presque sans culture, et d'une façon à peu près spontanée.

Il n'en est rien cependant. Précisément parce qu'il obtient sans effort tout ce dont il a besoin pour vivre, l'homme n'est pas incité à travailler; son énergie est engourdie par cette générosité de la nature. D'autre part, la trop grande chaleur du climat énerve et paralyse ses forces physiques.

Dans les pays froids, l'activité musculaire est certainement plus grande que partout ailleurs, mais, en revanche, la nature y est plus rebelle et ne répond pas aux efforts tentés par l'homme.

C'est donc le pays dont le climat est tempéré qui est le plus propice au développement économique et aux progrès de l'humanité.

Là, en effet, la nature, sans être avare de ses produits, comme dans les pays froids, ne les donne pas sans compter, comme dans les régions tropicales. Il faut que l'homme exerce sur elle une action intelligente et continue, pour qu'elle lui livre ses secrets et lui ouvre ses trésors : l'homme se trouve ainsi contraint au travail, et son énergie physique n'est nullement annihilée ou amoindrie par l'effet de la température[1].

La situation géographique. — L'influence exercée sur la production par la situation géographique d'un État n'est pas moins grande que celle qui résulte des conditions climatériques.

Un État qui, comme l'Angleterre, est composé de plusieurs îles portera nécessairement tous ses efforts vers le commerce et donnera tous ses soins au développement de sa marine. A ce point de vue, la France est privilégiée à l'égard des États

---

1. Beauregard, *op. cit.*, p. 22 et 23 ; Cauwès, *op. cit.*, n° 129.

du centre de l'Europe, en raison de son établissement aux bords de deux mers largement ouvertes aux navires.

L'existence d'un réseau de fleuves navigables mettant les côtes en communication avec l'intérieur des terres n'est pas moins importante. C'est à la distribution merveilleuse de leurs rivières que l'on peut attribuer les progrès si rapides que les deux Amériques ont réalisés au point de vue commercial et industriel, tandis que l'Afrique, avec ses cataractes infranchissables et ses lacs sans issue vers la mer, est encore, en grande partie, plongée dans la barbarie des premiers âges.

La constitution du sol. — La constitution du sol, suivant qu'il est fertile ou stérile, ainsi que la richesse plus ou moins grande du sous-sol, joue un rôle également important dans l'œuvre de la production.

Si l'Angleterre occupe la première place dans le monde, au point de vue industriel, elle le doit en grande partie à la constitution de son sous-sol, si riche en minerais de fer et en gisements houillers, et l'on comprend aisément les craintes inspirées aux hommes d'État et aux économistes anglais par l'épuisement continu de ses mines. Car, le jour où l'on mettra en complète exploitation les houillères de l'Amérique, celles de l'Australie et de la Chine[1], la prépondérance de l'Angleterre sera bien près de disparaître.

8° Les matières premières. — Nous avons dit que l'homme ne pouvait pas créer, mais seulement produire, c'est-à-dire transformer. C'est encore la nature qui met à sa disposition les matières sur lesquelles s'exerce son activité; les graines qu'il confie à la terre, pour en faire sortir le blé, l'orge, l'avoine; les métaux précieux, la houille, le fer, qu'il extrait des profondeurs du sol; la laine et la peau des animaux, le coton et la soie qu'il file et qu'il tisse pour en faire de riches étoffes, etc.

---

1. Les houillères d'Amérique ont une superficie égale à la France; celles d'Australie, une étendue aussi grande que les gisements houillers de toute l'Europe (62,000 kil. carrés).

4° Les agents naturels. — Enfin, l'homme serait condamné à une impuissance presque complète sans le secours des agents naturels, c'est-à-dire des moyens d'action que la nature offre à l'homme : les réactions chimiques et les forces motrices.

C'est grâce aux propriétés naturelles des corps que la semence, confiée à la terre, germe et produit les récoltes nécessaires à la nourriture de l'homme et à celle des animaux domestiques. C'est grâce aux mêmes propriétés que l'homme a pu faire jaillir la première étincelle du feu en frottant une pierre contre une autre pierre, qu'il a pu produire la chaleur par la combustion de la houille, tirer du charbon le gaz qui nous éclaire, et faire naître l'électricité, dont la lumière est aussi brillante que celle du jour.

Quant aux forces naturelles, l'homme a tout d'abord mis en œuvre sa force musculaire, puis celle des animaux qu'il est parvenu à dompter. Plus tard il a utilisé la force du vent et celle de l'eau, notamment par l'établissement des moulins; enfin, il s'est rendu compte du profit qu'il pouvait tirer de l'expansion des gaz, et la machine à vapeur a été inventée.

Mais l'électricité[1] et la vapeur ne sont actuellement produites que par la combustion de la houille. Or, c'est une matière première dont l'emploi est coûteux, et qui ne se renouvelle pas indéfiniment; il est donc à craindre que l'homme n'en soit complètement privé un jour. Aussi dans ces dernières années la science a trouvé le moyen de s'en passer en utilisant la force motrice[2] des chutes d'eau et des torrents descendant des glaciers, qu'elle a transformée en énergie électrique, qui sert à l'éclairage des villes, à la traction des tramways, ou qui est distribuée à domicile, dans les mêmes conditions que l'eau ou le gaz, pour actionner des machines. Un jour viendra peut-être où on pourra aussi tirer parti de la

---

1. Il est bien entendu que nous ne parlons pas ici de l'électricité produite par réaction chimique.

2. On appelle « houille blanche » la force motrice de ces chutes d'eau. Cette expression, employée par l'ingénieur Bergès en 1889, a fait fortune et a été rapidement vulgarisée.

force des marées et des rayons solaires. Une semblable découverte assurerait une supériorité aux Etats dont le territoire est situé aux bords de la mer et soumis à l'action bienfaisante du soleil.

Influence réciproque de la nature sur l'homme, de l'homme sur la nature. — De tout ce qui précède il résulte que la nature exerce une influence puissante sur l'homme, sur son être physique, sur son développement social et économique. Mais, de son côté, l'homme n'est pas sans action sur la nature :

1° Il améliore et rend le sol plus productif par l'emploi de procédés scientifiques, engrais naturels ou artificiels ;

2° Les rades exposées à la force des courants sont dangereuses pour les navires ; l'homme y remédie en creusant des ports ; il augmente le réseau des voies fluviales en établissant des canaux de navigation pour obvier à l'innavigabilité de certaines portions de ses fleuves, ou pour faire communiquer deux mers, comme à Suez, à Corinthe, et bientôt, peut-être, à Panama ; il fait disparaître les obstacles naturels que les chaînes de montagnes mettent aux communications entre les peuples, par le percement des tunnels, comme au mont-Cenis et au Saint-Gothard.

3° Il rend des climats plus salubres, par le reboisement des forêts, le dessèchement des marais, l'assainissement des terres humides ;

4° En ce qui concerne les matières premières, l'action de l'homme semble plus limitée, en ce qu'il ne peut créer un atome de matière ; mais, à l'aide de combinaisons savantes, il a la faculté de produire avec des matières premières, que la nature lui donne en grande quantité, d'autres matières dont elle s'est montrée moins prodigue : c'est ainsi que des recherches scientifiques récentes permettent d'espérer qu'on pourra un jour obtenir artificiellement le diamant.

D'autre part, il arrive assez souvent qu'à la place d'une matière première qui fait défaut ou que l'homme possède en petite quantité, l'homme trouve à employer une matière première similaire, présentant des propriétés analogues. C'est ainsi que, l'ivoire animal devenant rare, on a imaginé de le remplacer par l'ivoire végétal.

QUESTIONNAIRE 2 sur la richesse, la terre et la nature.

1. Qu'entend-on par richesse en économie politique? — 2. Quels éléments constituent la richesse? — 3. En quoi consiste le phénomène de la production? — 4. Quels sont les éléments qui concourent à la production des richesses? — 5. Que fournit la nature à l'homme? — 6. De quelle importance est l'emplacement? — 7. Le milieu physique? — 8. Énumérez les principales matières premières. — 9. Du rôle que jouent les agents naturels; que peut-on prévoir pour l'avenir? — 10. Quelle est l'influence réciproque de la nature sur l'homme, de l'homme sur la nature?

I. Richesse.	*Définition.*	Objets qui réunissent les 3 caractères de	a. Matérialité.
			b. Utilité.
			c. Appropriation.

II. Production.

1° *Consiste.*
- a. Ou à s'approprier une chose utile (minerais).
- b. Ou à transformer une matière première en une chose utile à l'homme (coton, soie).
- c. Ou à augmenter l'utilité d'une chose (commerce et transport).

2° *Trois éléments.*
- a. La terre et les agents naturels ou la nature.
- b. Le travail.
- c. Le capital.

III. La terre et les agents naturels ou la nature.

1° *Emplacement.* Espace nécessaire à l'homme pour établir sa demeure, faire vivre ses animaux, installer ses usines, etc.

2° *Milieu physique.*
- a. Les climats. { Trop chauds (tropiques). Trop froids (pôles). Tempérés. }
- b. Situation géographique.
- c. Constitution du sol et du sous-sol.

3° *Matières premières.* Choses fournies par la nature et sur lesquelles l'homme exerce son activité : graines, houille, minerais, laine, coton, etc.

4° *Agents naturels.* Réactions chimiques. Forces physiques (vapeur, électricité).

IV. Action réciproque.

1° *De la nature sur l'homme.*
- a. Sur son être physique.
- b. Sur son développement social et économique.

2° *De l'homme sur la nature.*
- a. Amélioration du sol (engrais).
- b. Création des ports, canaux, chemins de fer.
- c. Salubrité plus grande des climats.
- d. Transformation des matières premières, etc.

SECTION II. — Le travail et l'industrie.

Division de la section. — Nous diviserons cette section en deux chapitres :
Chapitre Ier. — Du travail.
Chapitre II. — De l'industrie.

CHAPITRE PREMIER. — Du travail.

Division du chapitre. — Nous étudierons :
§ 1. — La notion économique du travail.
§ 2. — L'organisation du travail au sein de la société.
§ 3. — Les conditions de la productivité du travail. — Liberté du travail.

§ 1er. — Notion économique du travail.

Définition. — Le travail est tout effort volontaire de l'homme en vue de se procurer les moyens de satisfaire ses besoins.

Conditions requises pour qu'il y ait travail. — De cette définition il résulte que deux conditions doivent se trouver réunies pour qu'il y ait travail :

1° Il faut un *effort volontaire*, c'est-à-dire un effort raisonné et conscient. L'homme seul travaille : le castor qui construit sa hutte, l'oiseau qui fait son nid, mus par un instinct irréfléchi, ne travaillent pas.

2° Il faut que l'effort de l'homme ait un but déterminé : *se procurer les moyens de satisfaire ses besoins*. L'homme ne travaille pas lorsqu'il fait un effort, même des plus pénibles, en vue de se procurer un plaisir.

EXEMPLE. — Le touriste qui opère l'ascension d'une montagne sous la conduite d'un guide, dépense une activité musculaire aussi grande, sinon plus grande, que le guide qui l'accompagne ; cependant, comme il n'agit que pour la jouissance physique ou intellectuelle que lui procure son excursion, il ne travaille pas, tandis que le guide qui dirige les pas de l'excursionniste pour gagner sa vie, se livre à un travail réel.

Caractère pénible du travail. — L'homme est naturellement porté à l'inaction : tout effort, tout travail lui semble pénible. Et cependant, il est obligé de travailler pour se procurer les choses indispensables à la satisfaction de ses besoins. C'est une loi de sa nature.

Assurément, il y a là une contradiction.

Mais cette contradiction est la source la plus féconde du progrès dans l'industrie. C'est parce que l'homme craint l'effort et redoute la fatigue qu'il est arrivé à inventer des machines qui suppléent si puissamment à ses forces musculaires.

Travail intellectuel, invention et travail manuel ou musculaire. — On a quelquefois proposé de diviser le travail en travail intellectuel et en travail manuel ou musculaire. Mais cette distinction est loin d'être absolue. Aucun travail ne peut être considéré comme exclusivement intellectuel, ou comme exclusivement matériel ; tout travail implique le concours des muscles et de l'intelligence.

Pour ne prendre qu'un exemple, le paysan qui cultive son champ doit évidemment déployer une activité physique assez grande pour tourner et retourner sa terre, l'ensemencer et faire enfin la récolte. Mais c'est sa volonté qui commande à ses muscles ; c'est son intelligence de la culture des champs qui dirige sa main et lui fait connaître l'époque à laquelle les travaux de labour, les semailles et la récolte doivent être faits, les plants qui conviennent à chaque terre, suivant le climat et suivant le degré de fertilité du sol, l'ordre à suivre dans les cultures, etc.

On peut ajouter que tout travail qui au premier abord paraît être purement matériel, suppose nécessairement un travail préalable, purement *intellectuel* ou *d'invention*. Ce mot doit être pris ici dans le sens le plus large. Il faut entendre par là l'acte par lequel un individu quelconque, aussi bien un savant qu'un artisan de l'ordre le plus inférieur, découvre les moyens d'atteindre un résultat déterminé.

Ainsi le manœuvre dont l'emploi consiste uniquement à transporter des matériaux d'un point à un autre, développe sans doute une force musculaire très grande, mais il doit, auparavant, rechercher à l'aide de quel procédé et par quelle disposition de son corps il pourra obtenir le maximum de résultats avec le minimum de fatigue et d'effort.

Tout ce qu'on peut dire, c'est que certains travaux, comme ceux du laboureur, du manœuvre, etc., demandent surtout l'emploi de la force physique, tandis que d'autres, comme ceux du savant, du professeur, etc., exigent surtout l'usage des facultés intellectuelles.

C'est à ce point de vue seulement qu'il est exact de parler de travaux manuels ou musculaires et de travaux intellectuels.

Tous les travaux concourent-ils à la production ? — C'est là une question très débattue de savoir si tous les travaux de l'homme concourent à la production des richesses.

Une distinction fondamentale s'impose tout d'abord :

1° Il y a des travaux qui tendent directement et immédiatement à la production des richesses, c'est-à-dire de choses matérielles, utiles et appropriées.

Tel est le travail de l'ouvrier mineur, et, d'une façon générale, de tout ouvrier employé dans l'industrie.

Les travaux de cette première catégorie sont appelés travaux *industriels*.

2° Il y a des travaux qui ne tendent pas à produire des richesses, et dont les résultats ne s'incorporent pas en des choses matérielles et tangibles : ils se traduisent par des *services* rendus soit à une personne déterminée, soit au corps social tout entier.

Ainsi, les magistrats, les militaires, les médecins, les avocats, les savants, les professeurs, etc., rendent des services; leur fonction est éminemment utile, puisqu'elle tend à satisfaire des besoins naturels de sécurité, de santé, de défense et d'instruction ; mais, leur œuvre ne donnant pas naissance à une chose matérielle, on ne peut admettre qu'ils produisent des richesses [1].

Est-ce à dire pour cela que les travaux de cette seconde catégorie sont indifférents au point de vue de la production de la richesse ? En aucune façon. S'ils ne tendent pas à la production immédiate d'une richesse, ils exercent une influence considérable, quoique indirecte, sur le phénomène social de la production, en augmentant les forces productives de l'homme. C'est pour cette raison qu'on a pu les appeler travaux *indirectement productifs* [2].

Les navigateurs et les explorateurs qui découvrent des contrées nouvelles, de même que les savants qui recherchent les lois de la matière, agissent puissamment pour perfectionner le premier élément qui concourt à la production, la nature et les agents naturels.

Le médecin qui soigne et guérit un ouvrier ; l'inventeur qui trouve un procédé nouveau ; le législateur qui établit des règles pour assurer l'hygiène et la sécurité des travailleurs ; le magistrat qui veille à l'observation des engagements particuliers, et le gendarme qui est préposé au maintien de l'ordre et à la poursuite des criminels, tendent tous également, quoique d'une façon différente, à augmenter la puissance productive du travail.

1. Cette distinction importante entre les richesses et les services est mise en relief par M. Cauwès, *op. cit.*, n° 6. Le savant auteur divise les services en deux catégories : les services publics, organisés par l'État (magistrats, armée), et les services privés (médecins, avocats, savants, etc.). Il subdivise les services privés en trois classes : ceux qui ont pour objet le corps (médecins, dentistes, domestiques, etc.) ; ceux qui ont pour objet les facultés intellectuelles ou morales (savants, ingénieurs, avocats, professeurs de sciences ou belles-lettres, etc.) ; ceux qui sont les auxiliaires d'un travail de production (caissiers, commis voyageurs, etc.), *op. cit.*, n°° 150 à 152.

2. Par opposition aux travaux précédents qu'on appelle *travaux directement productifs*, Beauregard, *op. cit.*, page 33 ; Gide, *op. cit.*, pages 122 à 128.

En ce qui concerne le capital, nous verrons que cet agent si important de la production est créé et s'accroît dans une certaine mesure par l'épargne. Or, d'une part, l'esprit de prévoyance ne se développe que dans un pays où la législation, par une bonne réglementation du commerce de banque, assure au capitaliste qui épargne les moyens de conserver intact le produit du capital épargné; d'autre part, seul un gouvernement vigilant et fort, en faisant régner l'ordre à l'intérieur, inspire confiance aux capitalistes et fait naître ou augmente chez eux l'esprit d'entreprise.

Importance respective des deux catégories de travaux. — On a même pu affirmer avec raison que les travaux qui consistent dans des services rendus, ou les travaux indirectement productifs, donnaient des résultats plus considérables que les travaux directement productifs :

1° Les travaux directement productifs, agissant sur les matières existantes, ont un champ nécessairement limité. Au contraire, on ne peut assigner de bornes aux autres : car nul ne peut dire où s'arrêtera l'esprit d'initiative et de découverte de l'homme.

2° Les travaux directement productifs donnent naissance à des objets qui ne profitent qu'à un petit nombre d'individus et dont la durée est limitée.

Ainsi, un entrepreneur construit une maison : voilà une richesse qui sera utilisée par un nombre plus ou moins considérable, mais nécessairement restreint, de personnes, et qui est destinée à disparaître par l'action du temps. La remarque serait plus saisissante encore si nous parlions du vêtement, ou des aliments préparés par la main de l'homme.

Il en est bien autrement du résultat des travaux indirectement productifs. On peut dire qu'ils profitent à l'humanité tout entière dans le présent et dans l'avenir.

Dans le présent, parce que dès qu'une invention utile voit le jour, elle ne tarde pas à se répandre dans le monde entier, et à être appliquée sur toute la surface du globe pour la production des richesses ;

Dans l'avenir, en ce que cette idée nouvelle fait désormais partie du patrimoine de l'humanité et se transmettra, en se perfectionnant, de génération en génération, à l'infini[1].

QUESTIONNAIRE 3 sur la notion économique du travail.

1. Qu'est-ce que le travail au point de vue économique? — 2. Quelles sont les conditions requises pour qu'il y ait travail? — 3. En quoi consiste le caractère pénible du travail? — 4. Peut-on distinguer d'une manière absolue le travail intellectuel du travail manuel? — 5. Tous les travaux concourent-ils à la production? — 6. Montrez par des exemples l'utilité des travaux *indirectement productifs*. — 7. Quelle est l'importance respective des deux catégories de travaux, *directement ou indirectement productifs?*

Beauregard, *op. cit.*, p. 33.

RÉSUMÉ 3. — Notion économique du travail.

I. Définition. { Tout effort volontaire de l'homme en vue de se procurer les moyens de satisfaire ses besoins.

II. Conditions requises.
- 1° Qu'il y ait un effort volontaire, raisonné et conscient.
  - *Ex. :* le castor et l'oiseau ne travaillent pas.
- 2° Que cet effort ait un but déterminé.

III. Division.
- 1° Travail intellectuel, invention.
- 2°   —   manuel ou musculaire.

IV. Tous les travaux concourent à la production des richesses.
- 1° *Directement* et immédiatement.
  - *Ex. :* travaux industriels : celui du mineur.
- 2° *Indirectement*, en se traduisant par des services rendus, soit à une personne, soit à la société.
  - *Ex. :* savants, médecins, professeurs, etc.

V. Importance respective des deux catégories de travaux.
- 1° Les *premiers* ont un champ limité ; on ne peut assigner de bornes aux *seconds*.
- 2° Les *premiers* produisent des objets utiles à un petit nombre d'individus et fatalement sont exposés à disparaître un jour.
- Les *seconds* profitent à l'humanité tout entière, dans le présent et l'avenir.

§ 2. — Organisation du travail au sein de la société.

Phénomène de la coopération sociale. Ses différentes formes. — Au sein de la société, l'homme ne travaille pas d'une façon isolée à produire tout ce qui est indispensable à la satisfaction de ses besoins : logement, vêtement, nourriture, etc. Il s'établit entre les travailleurs une coopération, soit simple, soit complexe.

Coopération simple. — Il y a coopération simple lorsque plusieurs individus unissent leurs forces pour produire un même résultat. On peut citer comme exemple le fait de plusieurs matelots qui tirent sur une corde pour amener un bateau sur la plage, ou le fait des ouvriers qui, ensemble, élèvent à l'aide d'amarres et de poulies un fardeau jusqu'à une certaine hauteur.

L'effort dépensé par chacun est le même, ainsi que le résultat poursuivi. Le rôle de la coopération simple est considérable, car elle permet d'accomplir ce que l'action d'un seul, même répétée à l'infini, serait impuissante à produire. C'est grâce à cette combinaison que les fameux monuments d'Egypte ont pu être exécutés.

Mais son importance tend à diminuer avec les progrès de l'industrie, au fur et à mesure que les forces musculaires de l'homme sont remplacées par l'emploi des machines.

Coopération complexe ou division du travail. — La coopération complexe ou division du travail se présente sous deux formes différentes : la division ou spécialisation des professions, et la division des tâches.

Division ou spécialisation des professions. — Dans toute société, même la plus rudimentaire, la séparation des professions apparaît comme un phénomène économique nécessaire : chaque individu se livre, suivant ses aptitudes et ses goûts naturels, à un métier déterminé. Celui-ci s'adonne à la culture des champs, celui-là construit des maisons, un autre est boulanger; quelques-uns exercent des professions libérales et se font avocats, magistrats, médecins, professeurs, etc.

Plus la civilisation se développe, plus le nombre des professions tend à augmenter, et, dans chaque profession, des classifications nouvelles s'établissent, donnant naissance à autant d'emplois différents.

C'est ainsi que le corps médical offre, à l'heure actuelle, la plus grande variété de professions distinctes. La médecine proprement dite s'est séparée de la chirurgie, et dans chacune de ces deux branches on peut dire que le nombre des spécialités correspond, à peu de chose près, au nombre des organes essentiels : oculistes, auristes, orthopédistes, etc.

Cette spécialisation ne se produit pas seulement dans l'intérieur de chaque État, elle se manifeste également dans les rapports respectifs des peuples entre eux, en ce que chacun d'eux se livre plus particulièrement à une branche déterminée de la production, suivant le *climat*, la *nature du sol* ou les qualités de sa race ; l'un sera surtout agriculteur, l'autre surtout industriel ; celui-ci se livrera particulièrement à l'extraction des richesses contenues dans son sous-sol ; celui-là s'appliquera uniquement à la transformation des matières premières apportées de l'étranger.

Il en résulte que les hommes dans la société, ainsi que les peuples dans le monde, comptent respectivement les uns sur les autres pour se procurer par l'échange les richesses qu'ils ne produisent pas. C'est là une des expressions les plus saisissantes de la solidarité humaine [1].

Division des tâches. — La division des tâches est une forme de coopération non moins importante que la spécialisation des professions. Elle se produit à l'intérieur de l'atelier, et consiste dans la décomposition du travail à exécuter en un nombre plus ou moins grand de tâches qu'est chargé d'accomplir chaque ouvrier séparément.

La division des tâches ressemble à la coopération simple

1. Jourdan, *Cours analytique d'économie politique*, page 97.

ou travail combiné, en ce que dans les deux cas il y a union de plusieurs forces en vue du même résultat à produire : c'est un bateau à tirer sur la grève, par exemple, dans le premier cas ; une épingle à fabriquer, dans le second cas.

Mais il existe entre ces deux procédés une différence essentielle : c'est que, dans le travail combiné, l'action produite par tous les travailleurs est la même : c'est un mouvement identique, plus ou moins puissant, suivant l'énergie propre à chacun d'eux. Il n'en est pas ainsi dans la division des tâches ; chaque ouvrier travaille à un objet particulier et distinct de son voisin, demandant plus ou moins d'habileté et d'expérience, et la plupart du temps à l'aide d'instruments différents.

Exemple pratique. — Pour bien faire comprendre ce qui précède, nous allons donner un exemple emprunté à la filature du coton teint en bourre.

Filature du coton teint en bourre. — La filature du coton teint en bourre présente une division très complète du travail. La production est le résultat de 12 opérations successives, et à chacune d'elles correspond une catégorie distincte d'ouvriers et de machines.

1ʳᵉ catégorie. — Le coton comprimé en balles, provenant des champs d'exploitation, est reçu à la filature et placé dans des magasins.

2ᵉ catégorie. — Il sort des magasins pour passer au *battage*, première opération ayant pour but d'enlever les plus grosses impuretés ou les corps étrangers qu'il peut contenir.

3ᵉ catégorie. — Après avoir été battu et ouvert, le coton est envoyé à la teinture, où il subit l'opération du *décreusage*, destinée à le rendre apte à recevoir les mordants.

4ᵉ catégorie. — Le coton est lavé, puis essoré.

5ᵉ catégorie. — Il est ensuite *mordancé*, et placé dans des bains de teinture ; après quoi, il subit encore un lavage et un essorage.

6ᵉ catégorie. — Il entre alors au *séchoir*.

7ᵉ catégorie. — Du séchoir il repasse sur un *batteur* destiné à le mettre en rouleau, afin de pouvoir être cardé.

8ᵉ catégorie. — Le coton est *cardé* une ou deux fois suivant sa qualité, de façon à paralléliser les fibres et à enlever tous les boutons.

9ᵉ catégorie. — Après le cardage, il subit trois passages d'*étirage*, qui ont pour but de produire une nappe d'un poids régulier.

10ᵉ catégorie. — De l'étirage, le coton passe par trois séries de *barres à broches*, où il reçoit une première torsion; il en sort à l'état de boudins gros comme le petit doigt de la main.

11ᵉ catégorie. — Sous l'action du *métier à filer*, il devient un fil ténu, léger.

12ᵉ catégorie. — Enfin, il entre au *métier à tisser* et en sort sous forme de tissus de toutes sortes.

Avantages de la spécialisation des professions. — La spécialisation des professions présente un double avantage :

1º Elle permet à chacun de se livrer au travail qui convient le mieux à ses goûts et à ses aptitudes particulières;

2º Elle facilite le développement de l'habileté professionnelle; à force de faire constamment la même besogne, on finit par y acquérir une sûreté et une dextérité parfaite.

Avantages de la division des tâches. — Les deux avantages que nous venons d'indiquer résultent également de la division des tâches. Elle en produit d'autres qui ne sont pas moins importants à noter :

1º La division des tâches augmente la productivité du travail dans d'énormes proportions.

Ainsi, Adam Smith constatait que dans une fabrique d'épingles comprenant 10 ouvriers ayant chacun une tâche distincte, ils produisaient ensemble 48,000 épingles, soit 4,800 par ouvrier; tandis que s'ils avaient travaillé séparément, faisant chacun les diverses opérations nécessaires à la fabrication complète de l'épingle, ils n'en auraient peut-être pas produit vingt en un jour.

Cette productivité provient de diverses causes :

a) La division du travail réduit la besogne de chaque ouvrier à un acte simple et uniforme, qu'il accomplit très rapidement, au bout d'un certain temps, par l'effet de l'habitude ;

b) On évite la perte de temps résultant du changement d'outils et de la « mise en train » lorsqu'on passe d'une occupation à une autre ;

c) Elle rend possible l'emploi des machines, qui ne peuvent être utilisées qu'à accomplir automatiquement des tâches simples.

2° La division **du travail** permet un emploi simultané des **diverses parties de l'outillage.** Des outils spéciaux étant attribués à chaque tâche parcellaire, tout le matériel est utilisé d'une façon continue, tandis que lorqu'un ouvrier travaille seul, l'emploi des outils ou des machines est nécessairement intermittent ; car, l'ouvrier étant obligé de passer successivement de l'un à l'autre .de ces outils à tour de rôle, les uns sont utilisés, et les autres, momentanément, laissés de côté.

3° La division du travail, en astreignant chaque ouvrier à faire constamment les mêmes actes, développe chez chacun d'eux des qualités de précision et de sûreté de main vraiment remarquables. Chaque ouvrier acquiert ainsi une connaissance approfondie des procédés du travail, qui le met à même de découvrir des inventions merveilleuses.

4° Enfin, la division du travail permet de tirer parti de toutes les aptitudes par la variété des tâches entre lesquelles l'œuvre à faire se trouve décomposée, et de procurer de l'ouvrage aux femmes et aux enfants, pour les occupations qui exigent plutôt de la dextérité et de la patience que de la force.

Inconvénients de la division des tâches. — Ces avantages ne sont pas sans certains inconvénients. Le plus considérable consiste en ce que chaque ouvrier ne sait faire qu'une besogne déterminée ; lorsqu'il est renvoyé de l'atelier où il travaille, il trouve difficilement à se replacer chez un autre patron. C'est pourquoi il serait à désirer qu'avant de se spécialiser, l'ouvrier eût fait un apprentissage général de

toutes les opérations qui concourent à la production de tel
ou tel objet.

Causes qui influent sur la division du travail. — Quatre
causes principales influent sur la division du travail : la nature de l'industrie ; l'importance des débouchés ; la concentration des entreprises ; la concentration des capitaux.

1° *Nature de l'industrie.* — Toutes les industries ne se
prêtent pas également à la division du travail. Elle est particulièrement limitée pour l'industrie agricole : on ne peut la-
bourer, faucher, moissonner toute l'année ; en sorte que, sous
peine de rester inoccupé une partie du temps, le paysan est
obligé d'avoir une autre occupation et de se faire tisserand,
cordonnier ou horloger, pendant le chômage forcé que l'hiver lui impose, surtout dans les contrées du Nord.

2° *Densité de la population et importance des débouchés.*
— La densité de la population exerce une influence directe
sur la spécialisation des professions. Ce n'est que dans les
grandes villes où le nombre des habitants est assez élevé que
l'on voit se produire la spécialisation à l'infini dans chaque
catégorie de métier : à la campagne, le même individu fait
fonction de médecin et de pharmacien, tandis qu'à la ville
non seulement le médecin est distinct du pharmacien, mais
pour chaque espèce de maladie on peut rencontrer un médecin spécialiste.

L'importance des débouchés n'a pas moins d'action sur la
division des tâches. Il est certain, en effet, que si le fabricant d'épingles n'a de débouchés sur le marché que pour
10,000 épingles, il aura besoin d'opérer une moins grande
division des tâches dans l'atelier que s'il avait à en fournir
un chiffre double ; autrement les ouvriers seraient inoccupés
pendant une partie de la journée.

3° *Concentration des entreprises.* — La concentration des
entreprises agit sur la division du travail d'une façon analogue à l'importance des débouchés.

Supposons qu'il existe quatre manufactures d'épingles et
que les besoins du marché s'élèvent à 40,000 épingles : cha-

cune d'elles n'aura à produire que pour 10,000 épingles; si, au contraire, ces manufactures viennent à se fondre en une seule, celle-ci aurait à produire à elle seule 40,000 épingles, soit quatre fois plus qu'auparavant. La division du travail sera favorisée par cette augmentation de production.

4° *Concentration du capital.* — La concentration du capital n'est pas moins nécessaire : car la division du travail nécessite l'emploi d'un matériel compliqué et coûteux, de nombreux ouvriers et des matières premières en grande quantité[1].

QUESTIONNAIRE 4 sur l'organisation du travail.

1. Qu'est-ce que la coopération du travail ? — 2. Quand y a-t-il coopération simple? — 3. Coopération complexe ? — 4. Quelles sont les deux formes de la division du travail? — 5. Quels avantages présente la spécialisation des professions? — 6. Et la division des tâches? — 7. Donnez un exemple pratique de la division du travail. — 8. Quels sont les inconvénients de la division des tâches? — 9. Quelles causes influent sur la division du travail ?

1. Cauwès, *op. cit.,* t. Ier, n° 55.

RÉSUMÉ 4. — **Organisation du travail au sein de la société.**

I. Formes de la coopération sociale.	1° *Simple* ou travail combiné.	Plusieurs individus unissent leurs forces pour produire un même résultat.
	2° *Complexe* ou *division* du travail.	*a. Spécialisation des professions.* Ex. : le corps médical. *b. Division des tâches*, consistant dans la décomposition du travail à exécuter en un certain nombre de tâches. Ex. : filature du coton teint en bourre.

II. Avantages de la spécialisation.
1° Permet à chacun de se livrer au travail qui convient le mieux à ses goûts et à ses aptitudes.
2° Développe l'habileté professionnelle.

III. Avantages de la division des tâches.
1° Augmentation de la productivité du travail.
2° Emploi simultané des diverses parties de l'outillage.
3° Développement des qualités de précision et de sûreté de main.
4° Utilisation de toutes les aptitudes : femmes, enfants.

IV. Causes influant sur la division du travail.
1° Nature de l'industrie.
2° Densité de la population.
3° Importance des débouchés.
4° Concentration des entreprises.
5°   —   capitaux.

§ 3. — Conditions de productivité du travail. — Liberté du travail.

Idée générale. — Pour être productif, le travail doit être énergique, habile et soutenu.

Circonstances qui influent sur cette productivité. — De nombreuses circonstances influent sur l'énergie, l'habileté et la constance du travailleur :

1° Tout d'abord, le développement des forces physiques, dont l'influence tend cependant à diminuer sans cesse avec les progrès de l'industrie et avec l'emploi des machines.

2° La durée du travail. Au début, le travail est difficile et peu productif; c'est la période de la mise en train. Passé cette première période, le travail atteint bientôt son maximum de rendement. Mais, si le travail se prolonge au delà d'une certaine durée, la production décroît et devient nulle. Il ne faut donc pas que le travail dure trop peu ni trop longtemps.

3° Le développement des facultés intellectuelles.

4° Certaines causes d'ordre purement moral ou social, telles que : *l'esprit de prévoyance*, le *sentiment de la sécurité* et la *liberté du travailleur.*

L'esprit de prévoyance fait que nous travaillons, non pas en vue des besoins actuels, mais en vue de l'avenir, pour le temps où la maladie ou bien la vieillesse nous condamnera au repos; c'est le même esprit de prévoyance qui nous fait songer à la femme et aux enfants que nous pourrions laisser après nous, en cas de mort prématurée.

Un autre moteur de notre activité est le *sentiment de la sécurité* que l'ordre social et les lois existantes inspirent au travailleur, désireux de conserver l'épargne qu'il peut réaliser sur le produit de son travail.

Enfin, et surtout, la *liberté du travailleur*, à laquelle nous allons consacrer les développements qui vont suivre.

Liberté du travailleur : en quoi elle influe sur la production. — La liberté du travailleur influe d'une façon considérable sur la production.

L'homme, avons-nous dit, est partagé entre deux sentiments opposés : l'amour du repos et la répugnance de tout effort d'une part, le besoin de travailler pour subvenir aux nécessités de l'existence d'autre part.

Pour vaincre cette répugnance de l'effort, il faut que l'homme soit actionné par un puissant mobile. Or, il n'en est pas de plus grand que l'intérêt personnel.

Le travailleur libre travaille plus et travaille mieux que l'esclave, parce que c'est pour lui et pour les siens qu'il produit. Il sait que plus il se donnera de peine, plus il produira, plus il se procurera les objets nécessaires à son existence quotidienne, plus il augmentera ses jouissances et son bien-être. Au contraire, l'esclave travaille pour son maître; tout ce qu'il acquiert appartient en propre à celui-ci ; il n'a pas de famille dont le sort puisse le préoccuper; qu'il travaille beaucoup ou qu'il produise peu, sa condition reste la même, ni meilleure ni pire. Dès lors, il n'est nullement incité à bien faire, la peur des châtiments corporels est le seul mobile de ses actes, et son unique préoccupation est de les éviter, en fournissant à cet effet le moindre effort possible.

On peut ajouter que l'esclave est traité par son maître comme une machine de peu de valeur, dont il ne cherche pas à économiser la force musculaire, en inventant des agents mécaniques plus puissants; d'où il suit que la production est peu abondante et que l'art industriel reste stationnaire [1].

L'économie politique se trouve donc d'accord avec la science du droit pour condamner l'esclavage au nom de l'utile, de même qu'il est réprouvé, au nom de la morale et du droit, comme une institution contraire à la nature.

De l'esclavage dans l'antiquité grecque et romaine. — Malgré cela, l'esclavage apparaît comme la condition normale du travailleur dans les sociétés primitives, en Grèce et à Rome.

La source principale de l'esclavage était la captivité. Au lieu de mettre à mort les vaincus qu'on avait faits prisonniers pen-

---

1. Cauwès, *op. cit.*, t. Ier, n° 85.

dant la guerre, on leur laissait la vie sauve, mais on leur enlevait la liberté. L'esclave était une chose pour son maître, au même rang que ses bêtes de somme; il n'avait aucune personnalité juridique, et ne pouvait avoir ni patrimoine ni famille. Le maître avait sur son esclave le droit absolu d'un propriétaire : il pouvait le faire travailler, louer ses services, le vendre, le donner en gage, et même, primitivement, le mettre à mort.

Mais il arrivait en fait que la situation de l'esclave était améliorée par l'institution du *pécule*. On entendait par là un ensemble de biens dont le maître confiait l'administration et abandonnait la jouissance à son esclave. Le maître restait propriétaire de ces biens, et il pouvait les enlever à son esclave quand bon lui semblait; mais il était d'usage que ces biens restaient à l'esclave quand il était affranchi.

Vers la fin de la législation romaine, sous le Bas-Empire, apparaît une forme nouvelle de servitude, le *colonat*. Le colon n'est pas attaché à la personne du maître, comme l'esclave; il est attaché à une terre déterminée, à laquelle ni lui ni son maître ne peuvent l'enlever.

Sa situation est meilleure que celle de l'esclave; le colon a une famille et il a un patrimoine.

Du servage au moyen âge et dans notre ancien droit. — L'esclavage n'existe plus au moyen âge dans notre ancien droit; il est remplacé par le *servage*. La condition du serf ressemble beaucoup à celle du colon romain du Bas-Empire. Comme lui, il est attaché à la glèbe; comme lui, il a un patrimoine et une famille. Mais les corvées qu'il est obligé d'exécuter pour le compte de son seigneur, les redevances qu'il doit lui payer, le droit de mainmorte qui permet au seigneur de s'emparer de sa succession, sont autant de causes qui diminuent, chez le serf, le ressort puissant de l'intérêt individuel, et l'empêchent de produire avec énergie.

Esclavage dans les colonies. — Nous savons que la Révolution française[1] abolit le servage, comme conséquence du

1. Voir nos *Notions d'instruction civique*, page 13 (édit. Ch. Delagrave).

principe de liberté individuelle. Mais elle n'osa pas, dans les colonies, toucher à l'esclavage, qui paraissait se justifier par des raisons particulières : la supériorité de la race blanche sur la race noire, et la nécessité de concentrer un nombre considérable de bras pour les grandes cultures sucrières des colonies agricoles.

La condition de l'esclave y était plus misérable qu'à Rome, et le traitement qu'on lui infligeait des plus rigoureux.

Cette institution ne disparut que sous la République de 1848, en vertu de la loi d'émancipation du 27 avril 1848. Loin de souffrir de cette réforme, les colonies ont vu commencer pour elles une ère de prospérité, sous le régime de la liberté du travail; les émigrants libres remplacèrent avec avantage les anciens esclaves.

Liberté du travail. — Mais il ne suffit pas, pour que le travail devienne productif, que le travailleur soit libre, il faut que le travail lui-même soit librement organisé au sein de la société; il faut que chacun puisse exercer, suivant son goût et ses aptitudes, le métier qui lui convient ; il faut, en outre, donner libre carrière à l'initiative individuelle en laissant au producteur le soin de déterminer les procédés de fabrication.

Ces deux conditions faisaient défaut dans notre ancienne France, avec le régime des corporations.

Aperçu historique : les corporations ; les compagnies privilégiées. — Dans notre ancien droit, la liberté du travail n'existait pas; la petite industrie était soumise au régime des corporations, la grande industrie au régime des monopoles concédés à des compagnies privilégiées.

Les corporations. — Les corporations étaient des associations d'artisans et de négociants exerçant la même profession. Chaque industrie correspondait à une corporation séparée, et souvent une même industrie était répartie entre plusieurs corporations [1].

---

1. C'est ainsi que, pour la chaussure seulement, on comptait trois corporations distinctes : celles des cordonniers, des bottiers et des savetiers.

Chaque corporation avait le droit exclusif de fabriquer les objets compris dans la branche d'industrie qui lui était attribuée : d'où une foule de procès interminables entre les corporations, pour cause d'empiétements respectifs.

Il fallait nécessairement faire partie d'une corporation pour exercer un métier, et dans chaque corporation le travailleur devait commencer par être apprenti, pendant un temps plus ou moins long; il devenait ensuite ouvrier ou compagnon; enfin, pour arriver à la dignité de maître, il fallait qu'il exécutât un chef-d'œuvre, et payât des droits très élevés à la caisse de la corporation et au trésor royal.

Les fils de maîtres étaient favorisés, en ce que ces conditions étaient pour eux notablement adoucies.

Un autre trait caractérise le système corporatif : c'est la *réglementation rigoureuse* des procédés du travail. Le mode de fabrication était déterminé dans tous ses détails, ainsi que les matières premières à employer et la largeur des étoffes.

Primitivement, ces règlements étaient faits par les *jurandes,* dans chaque corps de métier; mais au xviiᵉ siècle, le roi lui-même s'arrogea le droit de les faire en son conseil. Ce régime fut développé à l'excès par Colbert, et l'histoire l'a appelé pour cela le *colbertisme.* On le justifiait par le désir de protéger les consommateurs contre les fraudes des industriels, en obligeant ceux-ci à fabriquer d'après un type déterminé.

Les compagnies privilégiées. — La grande industrie échappait au régime des corporations, mais elle n'était pas libre pour cela. Elle était aux mains de compagnies privilégiées auxquelles le roi, par des *lettres patentes,* concédait le monopole de fabrication et d'exploitation sur toute une contrée.

Appréciation des corporations au point de vue économique. — Les corporations ont produit un effet salutaire, au point de vue politique, en luttant contre le pouvoir féodal et en faisant aboutir le mouvement d'émancipation des communes. Mais on ne peut que critiquer leur influence au point de vue économique :

1º Le nombre des corporations étant limité et chacune d'elles ayant un monopole, la libre concurrence faisait défaut; et les maîtres n'avaient aucune raison pour améliorer les procédés de fabrication et produire dans de meilleures conditions; ils s'obstinaient dans la routine.

2º En outre, le travailleur étant obligé de se conformer strictement aux règlements de la corporation pour la fabrication de ses produits, l'esprit d'invention était arrêté dans son essor. Ceux qui découvraient des procédés ou des produits nouveaux étaient dans la triste nécessité de s'exiler soit en Angleterre, soit en Hollande, pour pouvoir tirer librement parti de leurs découvertes.

Réformes de Turgot. — C'est à Turgot que revient l'honneur d'avoir cherché à remédier à cet état de choses. En février 1776, il fit rendre par le roi Louis XVI un édit, célèbre dans l'histoire, sur les jurandes et les maîtrises.

Cet édit proclamait la liberté du travail; les corporations étaient dissoutes, ainsi que les jurandes et les maîtrisés, et, de peur de les voir renaître par la force de l'habitude, défense était faite aux artisans de former des associations.

Désormais, pour pouvoir exercer un métier, il suffisait de faire une simple déclaration à l'autorité compétente sauf pour certaines professions déterminées.

La grande industrie restait soumise au régime des monopoles, mais avec de grandes améliorations.

Cette réforme souleva de vives protestations; il fallut un lit de justice, le 12 mars 1776, pour faire enregistrer l'édit au parlement. Deux mois après, Turgot étant tombé du pouvoir, Louis XVI eut la faiblesse de rapporter l'édit de son ministre; les corporations furent rétablies, avec d'importantes réformes cependant; et il fallut attendre la Révolution pour voir proclamer d'une façon définitive le principe de la liberté du travail, par un décret de l'Assemblée constituante des 2 et 17 mars 1791.

RÉSUMÉ 5. — **Conditions de productivité du travail. — Liberté du travail.**

I. Conditions générales.	Le travail doit être :	Energique. Habile. Soutenu.

II. Circonstances influentes.
- 1° Développement des forces physiques.
- 2° — — intellectuelles.
- 3° Causes morales ou sociales.
  - *a.* Esprit de prévoyance.
  - *b.* Sentiment de sécurité.
  - *c.* Liberté du travailleur : intérêt personnel.

III. Historique.
- 1° *Esclavage antique* (Grèce, Rome).
  - Source : captivité à la guerre.
  - L'esclave était une chose, une bête de somme.
  - N'avait ni patrimoine ni famille.
- 2° *Colonat* sous le Bas-Empire.
  - Colon attaché à la glèbe.
  - A une famille et un patrimoine.
- 3° *Servage* au moyen âge.
  - Comme le colon, mais les corvées, les redevances, annihilent l'énergie du serf.
- 4° *Esclavage* dans les colonies.
  - Condition misérable, traitements rigoureux.
  - Loi d'émancipation du 27 avril 1848.

IV. Corporations.
- Association d'artisans et de négociants exerçant la même profession.
- Apprenti. — Compagnon. — Maître.
- Réglementation rigoureuse des procédés du travail.

V. Compagnies privilégiées.
- Les compagnies privilégiées avaient le monopole de fabrication et d'exploitation sur toute une contrée.

VI. Appréciation des corporations.
- 1° Au point de vue *politique*, effet salutaire.
  - *a.* Contre le pouvoir féodal.
  - *b.* En faveur de l'émancipation des communes.
- 2° Au point de vue *économique*, influence néfaste.
  - *a.* Pas de concurrence possible, obstination et routine.
  - *b.* Esprit d'invention arrêté dans son essor.

VII. Réformes de Turgot.
- 1° Edit de février 1776 abolissant les jurandes et les maîtrises. — Turgot renversé.
- 2° Décret des 2 et 17 mars 1791. — La Constituante proclame la liberté du travail.

QUESTIONNAIRE 5 sur les conditions de productivité du travail.

1. Que doit être le travail pour qu'il soit productif? — 2. Quelles sont les circonstances qui influent sur cette productivité? — 3. Insistez sur les causes d'ordre moral ou social. — 4. En quoi la liberté du travailleur influe-t-elle sur la production? — 5. Dites ce que vous savez sur l'esclavage dans l'antiquité grecque et romaine. — 6. Sur le servage au moyen âge et dans notre ancien droit. — 7. Sur l'esclavage dans les colonies. — 8. Suffit-il que le travailleur soit libre? — 9. Que savez-vous sur les corporations? — 10. Sur les compagnies privilégiées? — 11. Appréciez les corporations au point de vue économique. — 12. Quelle fut l'importance des réformes de Turgot?

CHAPITRE II. — De l'Industrie.

Division. — Nous diviserons ce chapitre en trois paragraphes :

§ 1. — Classification des industries.
§ 2. — Du commerce et des transports.
§ 3. — Des machines.

§ 1er. — Classification des industries.

Définition. — Le mot industrie est pris dans deux sens différents :

Au sens étroit, l'industrie est opposée à l'agriculture; elle désigne uniquement l'industrie manufacturière, qui a pour but de transformer les matières premières en leur donnant de la valeur.

Dans un sens large, au contraire, le mot industrie s'entend de tous les travaux qui ont pour objet la production des richesses.

C'est dans ce second sens que nous emploierons cette expression, au cours des explications qui vont suivre.

Des cinq classes d'industries. — On est d'accord pour ranger les industries en cinq classes :

1° Les industries *extractives*, qui se bornent à la préhension d'objets utiles à l'homme, sans leur faire subir aucune modification ni transformation.

Telles sont les industries de la pêche, de la chasse, des mines et des carrières.

2° L'industrie *agricole*, qui a pour objet de faire produire au sol les choses indispensables à la nourriture de l'homme et des animaux qui lui fournissent la viande, le cuir, la laine, etc., et certaines matières premières, telles que les plantes textiles : le coton, le lin, le chanvre, etc.

3° L'industrie *manufacturière*, qui consiste à transformer les matières premières.

4° L'industrie des *transports*, qui a pour but d'assurer le déplacement et la transmission des matières premières ou des produits achevés d'un lieu dans un autre.

Elle comprend tous les modes de transports usités : transports par terre, par voie ferrée, par mer, ou par les fleuves, les rivières ou les canaux de navigation.

5° L'industrie *commerciale*, qui tend à mettre les produits à la disposition des consommateurs.

Dépendance étroite qui existe entre les diverses industries. — Entre les diverses industries il existe un lien de dépendance étroit, qui fait qu'elles comptent respectivement les unes sur les autres pour vivre et se développer.

Il est évident, par exemple, que l'industrie manufacturière ne pourrait pas fonctionner si l'industrie extractive et l'industrie agricole ne lui fournissaient pas les matières premières sur lesquelles elle travaille et qu'elle transforme; et, réciproquement, l'industrie extractive et l'industrie agricole produiraient inutilement des matières premières et tendraient à disparaître, si ces matières premières n'étaient pas employées et rendues utiles à l'homme par la transformation. Quant aux industries de transports ou de commerce, elles seraient sans objet, si les autres industries ne leur donnaient pas de produits à transporter ou à échanger..

Importance respective des diverses industries. — Cependant, toutes les industries n'ont pas la même importance, et ne sont pas, à un égal degré, indispensables.

Dans l'ordre d'importance et d'utilité, on doit ranger en première ligne l'industrie agricole, qui fournit à l'homme la nourriture et le vêtement; puis les industries extractives; en troisième lieu, l'industrie manufacturière, qui ne fait que mettre en œuvre, en les façonnant, les éléments que lui procurent les deux premières; puis les transports, et en dernier lieu le commerce.

§ 2. — De l'industrie des transports et du commerce.

Industrie des transports. — Sa productivité. — On a prétendu que l'industrie des transports n'était pas productive, et pour cela on a dit qu'elle ne faisait subir aux produits aucune transformation. La compagnie de chemin de fer remet la marchandise au destinataire dans le même état qu'elle l'a reçue de l'expéditeur

C'est là une erreur. Sans doute l'industrie des transports a une importance moindre que l'industrie agricole ou manufacturière, mais il faut se garder de méconnaître le rôle considérable qu'elle joue dans la production :

1º En enlevant un produit d'un lieu où il est très abondant pour le placer dans un lieu où il fait complètement défaut, ou bien où il est rare, l'industrie du transport lui donne une utilité qu'il n'avait pas, ou augmente cette utilité; elle produit donc réellement.

2º L'industrie du transport augmente la productivité des autres industries en étendant à l'infini le cercle des débouchés. Les agriculteurs et les manufacturiers n'ont pas à craindre de produire au delà des besoins de la consommation locale; ce qui ne sera pas consommé sur place sera transporté au loin, dans d'autres centres de consommation.

3º C'est grâce aux transports que chaque pays peut se dispenser de tirer de son sol les produits alimentaires que ce sol pourrait difficilement lui donner pour la nourriture de ses habitants; l'insuffisance de la production nationale est comblée largement par l'arrivage des produits que l'étranger jette en grande quantité sur son marché; il en est de même pour les matières premières. La France reçoit d'Amérique le blé que son sol ne peut lui fournir en quantité suffisante, et le coton qu'il ne pourrait produire dans des conditions avantageuses, et l'Angleterre lui fournit le fer qui sort ouvragé de nos usines métallurgiques.

4º Grâce aux transports, chaque industrie peut choisir l'emplacement qui lui est le plus favorable, soit au point de vue de la situation, soit au point de vue des dispositions naturelles des habitants, sans se préoccuper de la distance des lieux de consommation ou des centres de production des matières premières.

5º Enfin, pour se faire une idée exacte de l'influence

qu'exerce l'industrie des transports dans le bien-être général, il suffit de se représenter la perturbation qui résulterait d'une grève venant à se produire tout d'un coup dans cette industrie; qu'on juge des effets qui en seraient la conséquence dans une ville comme Paris, qui tire de l'extérieur tous ses moyens d'approvisionnement et de production. Non seulement le commerce en serait profondément atteint, mais l'existence matérielle des habitants deviendrait difficile. Après quelques jours de gêne, si la grève se prolongeait, les subsistances atteindraient des prix tels que beaucoup seraient condamnés à la faim ou réduits à la mendicité. Aussi la grève des employés de chemins de fer est une de celles que les pouvoirs publics redoutent le plus de voir se produire.

Dangers de la trop grande extension des transports. — Malgré l'utilité que présentent les moyens de transport, il y aurait un très grand inconvénient à leur donner un développement trop considérable. Ils doivent suivre les progrès des autres industries, et ne s'étendre que dans la mesure où les besoins de la production ou de la consommation l'exigent exactement.

Il est mauvais, au point de vue économique, que des lignes de chemins de fer soient établies là où il n'y a aucun produit à transporter. Le capital et le travail qui ont été employés à les construire et qui servent à son exploitation restent improductifs, alors qu'ils auraient pu être utilement employés dans une autre branche de la production des richesses.

Du commerce. — **Son rôle et sa productivité.** — L'industrie du commerce, pas plus que l'industrie des transports, n'agit sur la matière pour la transformer; elle se borne à accumuler dans des magasins les produits que lui livrent les autres industries; à les conserver, à les subdiviser, à les disposer, et à les offrir aux consommateurs.

On a prétendu également que l'industrie du commerce était improductive parce qu'elle n'opérait aucune transformation de la matière; mais c'est encore là une opinion erronée. Le commerce exerce sur la production une influence considérable :

1° Sans l'industrie du commerce, le consommateur serait obligé de s'adresser directement au producteur, et d'acheter à l'avance et en grandes quantités.

2° De son côté, le producteur serait obligé d'assurer lui-même l'écoulement de sa marchandise, et d'avoir, à cet effet, des comptoirs, des employés, une comptabilité minutieuse; il en résulterait pour lui un surcroît de travail qui nuirait à sa production, et il serait obligé de distraire de sa fabrique ou de son atelier des capitaux qui doivent y trouver un emploi naturel et plus avantageux.

3° L'industrie du commerce est intimement liée à l'industrie des transports; car, si les compagnies de chemins de fer sont appelées à amener des produits en grand nombre des lieux de production sur les centres de consommation, c'est à l'instigation des commerçants.

4° Le commerce donne d'utiles enseignements aux producteurs, en leur fournissant de précieuses indications sur le goût du public, sur la variété à donner aux produits, sur les caprices de la mode, et surtout sur le ralentissement ou l'activité à imprimer à la production en raison de l'augmentation ou de la baisse des demandes.

Dangers de la trop grande extension du commerce. — Pour toutes les raisons qui précèdent, il n'est pas exact de prétendre, comme l'ont fait les socialistes, que les commerçants sont des intermédiaires parasites. Mais il faut éviter le trop grand développement de ces intermédiaires; parce que, chacun d'eux réclamant une rémunération, l'augmentation du nombre des commerçants tend à rendre le produit plus coûteux.

QUESTIONNAIRE 6 sur l'industrie.

1. Que désigne le mot industrie pris au sens étroit? — 2. Au sens large? — 3. En combien de classes range-t-on les industries? — 4. Montrez l'indépendance étroite qui existe entre les diverses industries. — 5. Quelle est leur importance respective? — 6. Quel rôle joue l'industrie des transports? — 7. N'y a-t-il pas danger à la trop grande extension des transports? — 8. Quel rôle joue le commerce?. — 9. Quels sont les dangers de la trop grande extension du commerce?

RÉSUMÉ 6. — De l'industrie.

I. Définition.
- 1° Sens étroit. — Opposée à l'agriculture, l'industrie manufacturière, qui, en transformant les matières premières, leur donne une utilité.
- 2° Sens large. — Tous les travaux qui ont pour objet la production des richesses.

II. Classification des industries.
- 1° *I. extractives* : mines, carrières, etc.
- 2° *I. agricole* : produits du sol, animaux, etc.
- 3° *I. manufacturières.*
  - I. alimentaires.
  - I. du vêtement.
  - I. du bâtiment, etc.
- 4° *I. des transports* : voie ferrée, routes, fleuves, canaux.
- 5° *I. du commerce* : met les produits à la disposition des consommateurs.
- Ces cinq groupes dépendent étroitement les uns des autres.

III. Productivité des transports.
- 1° Donne ou augmente l'utilité de certains produits.
- 2° Augmente les débouchés.
- 3° Comble l'insuffisance ou remédie à l'absence de certains produits d'un pays.
- 4° Chaque industrie choisit l'emplacement qui lui est favorable.
- *Règle :* les transports ne doivent s'étendre que progressivement, dans la mesure où les besoins de la production ou de la consommation l'exigent.

IV. Productivité du commerce.
- 1° Le consommateur peut acheter par petites quantités.
- 2° Le producteur peut facilement écouler ses produits.
- 3° Le commerce est intimement lié aux transports.
- 4° Il donne d'utiles enseignements aux producteurs.
- *Règle :* les commerçants, n'étant que des intermédiaires, ne doivent pas être trop nombreux, afin de ne pas augmenter le prix des produits.

§ 3. — Des machines.

Ce que c'est qu'une machine. Différence avec l'outil. — Pour travailler, l'homme se sert des outils ou des machines. Une machine est un instrument mû par des forces naturelles et opérant mécaniquement.

L'outil est un instrument tenu à la main, qui n'opère pas de lui-même, mais par l'action intelligente de l'ouvrier qui le manie.

Exemples : un moulin à vent, un moulin à eau, sont des machines.

Une aiguille, un marteau, une scie, la meule du rémouleur, sont des outils.

La machine à coudre et la machine à écrire doivent être rangées dans la catégorie des machines, et non dans la catégorie des simples outils.

Il est vrai que ces instruments ne sont pas mus par des forces naturelles ; ce sont les mains ou les pieds du travailleur qui les mettent en mouvement ; mais le rôle de l'homme se borne uniquement à donner l'impulsion à l'instrument ou à le diriger convenablement ; sous cette impulsion ou sous cette direction, le travail s'opère automatiquement, en dehors de l'homme, et sans qu'il agisse d'une façon immédiate sur la matière.

Des machines-outils. — L'expression machine-outil est prise dans un double sens. En général, on entend par là des machines actionnées par des forces inorganiques, qui transmettent le mouvement à des organes analogues à des outils : tours, fuseaux, navettes, etc. Quelquefois aussi on donne ce nom aux machines à travailler ou à façonner les métaux (planeuses, perceuses, raboteuses, poinçonneuses, mortaiseuses, etc.).

Avantages résultant de l'emploi des machines. — L'emploi des machines présente des avantages considérables :

1° Elles ont une puissance productive merveilleuse : elles produisent avec régularité, précision, rapidité, et elles exécutent avec beaucoup d'aisance les besognes les plus pénibles, que l'effort combiné de plusieurs hommes ne pourrait jamais accomplir.

2° Elles concourent, dans une large mesure, à la vente à bon marché des produits :

D'abord parce que, produisant en grande quantité, l'entrepreneur peut se contenter sur chacun d'eux d'un faible profit.

Ensuite, parce que l'entretien des machines est moins coûteux que le salaire des ouvriers.

3° L'emploi des machines permet la division des tâches à l'infini.

Prétendus inconvénients de l'emploi des machines. — Malgré ces avantages évidents, l'emploi des machines a été très critiqué, et de tout temps l'apparition d'un engin semblable a soulevé, de la part des travailleurs, de violentes réclamations, quelquefois même des émeutes très graves.

Il suffit de se rappeler à ce sujet ce qui se produisit en Angleterre pour les machines d'Arkwright et de Heargreaves, en France pour l'invention du métier Jacquart.

Bien mieux, un économiste distingué, M. de Sismondi[1], s'est laissé toucher par ces réclamations, et a fait le procès en règle des machines.

Voici les principaux griefs qu'on invoque ; nous verrons qu'il est facile de les combattre :

1° La machine exproprie l'ouvrier de son travail et le prive de son salaire, puisque la besogne que l'ouvrier était chargé d'accomplir est faite automatiquement par la machine.

C'est là le reproche le plus sérieux qui ait été formulé[2]. Il est possible cependant d'y répondre d'une façon satisfaisante.

---

1. *Cours d'économie politique*, I, p. 60.
2. Dans une circonstance relativement récente, cette objection a été assez puissante pour faire écarter l'adoption d'une machine pour la fabrication des allumettes. C'était en 1896 ; le ministre des finances, M. Doumer, s'était assuré, par une convention avec un inventeur américain, l'usage exclusif d'une machine qui, disait-on, était un véritable prodige mécanique. Elle était construite de telle façon que si on mettait à l'entrée un bloc de bois d'une dimension déterminée, il en sortait à l'autre extrémité des boîtes

On peut faire observer que les souffrances éprouvées par la population ouvrière, il y a cinquante ou soixante ans, à la suite de la transformation subite des procédés de l'industrie, ne sont guère à redouter aujourd'hui. L'outillage se perfectionne chaque jour davantage; mais il ne se renouvelle que d'une façon lente et successive : d'abord, parce que ces améliorations entraînent de grandes dépenses pour l'entrepreneur; ensuite ce n'est qu'à la longue et après une expérience de quelque temps que la confiance dans le nouveau procédé de fabrication s'affermit et finit par le faire adopter.

Il se produit ainsi un moment pendant lequel l'ouvrier peut se retourner, et diriger son activité vers une autre branche de l'industrie, s'il craint de se trouver sans travail, le jour où la machine nouvelle aura fait son apparition définitive à l'atelier.

Il faut ajouter que l'emploi des machines entraîne comme conséquence immédiate l'abaissement du prix du produit. Il en résulte un accroissement dans la consommation; la production augmente dans une égale proportion, et la demande du travail humain s'en trouve accrue du même coup. En sorte que, loin d'exproprier l'ouvrier de son travail, l'emploi de la machine lui crée des occupations nouvelles.

Ce phénomène s'est produit lors de la découverte de l'imprimerie, et, plus récemment, lors de l'invention des chemins de fer. Il est certain que ces inventions ont fourni aux ouvriers une plus grande somme de travail qu'elles ne leur en ont enlevé.

d'allumettes phosphorées toutes prêtes à être livrées à la consommation. L'adoption de cette machine présentait des avantages appréciables : les allumettes auraient été meilleures que celles que fabriquait précédemment la régie, elles auraient coûté moins cher, enfin les ouvriers auraient été à l'abri de la terrible maladie de la nécrose qui faisait à ce moment des ravages dans la population ouvrière des usines d'allumettes. Malgré tous ces avantages, le ministre dut renoncer à son projet, en raison de l'opposition qu'il souleva de la part des députés socialistes. Le fonctionnement de la nouvelle machine devait, en effet, avoir pour conséquence de faire licencier les deux tiers des ouvriers : sur 2,200, 1,400 environ auraient dû être renvoyés; au lieu des six ou huit usines qui fonctionnaient à ce moment, il n'y en aurait plus eu que deux.

On peut remarquer, en outre, que l'ouvrier profite, comme consommateur, de l'abaissement de valeur que permet d'obtenir la production en grande quantité résultant de l'emploi des machines. Son existence matérielle se trouve ainsi améliorée.

Enfin, lorsqu'il s'agit d'une machine peu coûteuse, comme la machine à coudre, l'ouvrier peut lui-même en faire l'acquisition et augmenter par là sa propre force de production.

2° On a dit que l'emploi des machines avait pour conséquence de rabaisser le rôle de l'ouvrier à une besogne mécanique de nature à atrophier sa santé, son intelligence et sa moralité.

Asservi, pendant toute l'existence, à une tâche uniforme, s'il acquiert une très grande dextérité dans la partie du métier qui lui est confiée, c'est au détriment de ses facultés en général.

C'est là une critique qui s'adresse également à la division du travail et à l'emploi des machines.

Il est facile d'y répondre. Loin de réduire l'ouvrier à une tâche abrutissante, les machines ont cet avantage considérable de lui éviter les travaux les plus pénibles, ceux qui demandent une grande force musculaire, pour ne lui laisser que les fonctions de direction et de surveillance. Or, ce sont là des attributions qui exigent des qualités personnelles et des connaissances spéciales qui ne s'acquièrent qu'à la longue.

Il est évident, par exemple, que l'activité et l'intelligence déployées par un mécanicien du chemin de fer pour conduire son train à destination ne sont pas à comparer avec l'habileté professionnelle qui est nécessaire au conducteur d'une diligence pour diriger son équipage.

3° Enfin, a-t-on dit, l'emploi des machines est dangereux, parce qu'il entraîne facilement le producteur à fabriquer au delà des besoins de la consommation; il en résulte une *surproduction* qui engendre des crises industrielles et commerciales très graves.

On peut répondre à cela que l'abus est à redouter en toute matière; et que plus l'instrument est puissant, plus il y a à craindre d'en mal user; et qu'en tout cas ce n'est pas une raison parce qu'il peut se rencontrer des entrepreneurs imprudents, pour condamner un engin, aussi merveilleux à tous égards.

De la grande et de la petite production. — A la question des machines se rattache l'étude de la grande et de la petite production. Mais comme elle suppose la connaissance du capital, nous la renvoyons à la fin de la première partie, nous proposant de la traiter au sujet de l'union du capital et du travail.

QUESTIONNAIRE 7 sur les machines.

1. Qu'est-ce qu'une machine? — 2. Quelle différence y a-t-il entre la machine et l'outil? — 3. Qu'entend-on par machine-outil? — 4. Quels avantages résultent de l'emploi des machines? — 5. Quels en sont les prétendus inconvénients? — 6. Montrez par un exemple l'influence de certains préjugés contre les machines. — 7. Est-il exact de dire que les machines exproprient l'homme de son travail, et qu'elles rabaissent le rôle de l'ouvrier à une besogne mécanique?

RÉSUMÉ 7. — Des machines.

I. Définition. { *Machine.* — Instrument mû par des forces naturelles opérant mécaniquement.
{ *Outil.* — Instrument simple manié par l'homme.

II. Avantages.
- 1° Puissance productive merveilleuse : { Régularité. { Précision. { Rapidité.
- 2° Production d'objets nombreux, variés et à bon marché.
- 3° Division des tâches à l'infini.

III. Critiques.
- 1° Elles exproprient l'ouvrier de son travail.
- 2° Elles le privent de son salaire.
- 3° Elles atrophient : { Sa santé. { Son intelligence. { Sa moralité.
- 4° Elles facilitent la surproduction et provoquent les crises industrielles èt commerciales.

IV. Réfutation des critiques.
- 1° Aujourd'hui l'emploi trop brusque de nouvelles machines n'est plus à craindre.
- 2° Les machines procurent souvent à l'ouvrier plus de travail qu'elles ne lui en enlèvent.
- 3° L'ouvrier, comme consommateur, profite du bon marché.
- 4° Il fait des travaux moins pénibles, son intelligence doit être plus grande pour diriger les machines.
- 5° Les entrepreneurs doivent mettre un frein à la surproduction.

SECTION III. — Le capital.

Division. — Le capital est le troisième élément qui concourt à la production des richesses.

Nous nous proposons de lui consacrer trois paragraphes :

§ 1. — De la notion du capital.

§ 2. — Différentes espèces de capitaux.

§ 3. — Comment l'épargne forme, accroît et conserve le capital.

§ 1er. — De la notion du capital.

Deux points de vue à considérer. — Le capital doit être considéré à deux points de vue distincts, si on veut en avoir une notion très nette :

1. — Au point de vue social.

2. — Au point de vue individuel.

1° *Notion du capital au point de vue social.*

Définition. — Au point de vue social, le capital est une richesse servant de matière ou d'instrument à la production.

Deux conditions requises. — Il suit de cette définition que deux conditions sont requises pour qu'une chose puisse être considérée comme un capital :

1° Il faut que ce soit une richesse.

2° Il faut que cette richesse serve directement à l'œuvre de la production.

1re condition. — Il faut, tout d'abord, que ce soit une richesse. Tout capital est donc une richesse.

Il en résulte que, comme toute richesse, le capital ne peut s'entendre que des choses matérielles. Les idées, les perfectionnements, l'habileté professionnelle réalisés par chaque génération et transmis à la génération suivante, ne doivent pas être considérés comme des capitaux. Ils forment ce qu'on a appelé le *fonds intellectuel*, par opposition au *fonds matériel*, dans lequel sont compris les capitaux.

2e *condition*. — Il faut, en second lieu, que la richesse serve de matière ou d'instrument à la production. En sorte que si tout capital est une richesse, la réciproque n'est pas exacte : toute richesse ne constitue pas un capital.

A ce point de vue, on peut dire que les richesses se divisent en deux catégories :

Les unes sont destinées à donner satisfaction aux besoins personnels de l'homme, logement, nourriture, vêtement, etc.; elles forment le fonds de *consommation* ou de *jouissance*.

Les autres servent de matière ou d'instrument pour faciliter ou augmenter la production des objets utiles à l'homme. Elles constituent le fonds de *production* ou de *capitaux*.

Richesses et capitaux. — Il y a des richesses qui ne sont jamais des capitaux, d'autres qui sont par elles-mêmes des capitaux, en raison de leur nature propre; d'autres enfin qui, suivant l'usage auquel elles sont affectées, sont ou ne sont pas des capitaux.

1° Sont toujours, par eux-mêmes, des capitaux, en raison de leur nature propre :

Les outils, les machines, les matières premières, les voies de communication, les chemins de fer, les canaux de navigation, la monnaie.

2° Ne sont jamais des capitaux : les vêtements, les denrées alimentaires, tout ce qui ne peut servir qu'à satisfaire un besoin de l'homme.

3° Enfin, certains objets tantôt peuvent être considérés comme des capitaux, tantôt n'ont pas ce caractère.

Ainsi, le charbon est un capital lorsqu'il est employé à chauffer une machine; il n'est pas un capital quand il brûle dans une cheminée pour chauffer un appartement.

Un immeuble est un capital lorsqu'il est aménagé en atelier. Ce n'est pas un capital lorsqu'il sert de maison d'habitation.

Du rôle du capital dans l'œuvre de la production. — Le rôle du capital est un rôle passif, comme celui de la nature. L'homme seul, par son énergie, son habileté, son expérience, agit sur la matière et la transforme.

C'est pour ce motif, nous le verrons, que les socialistes refusent de reconnaître au capitaliste un droit sur le produit.

Mais, s'il est vrai que le capital est par lui-même inerte et improductif, il est un facteur indispensable sans lequel la production serait impossible.

C'est grâce aux armes que son ingéniosité a pu forger, que l'homme primitif a pu se défendre contre les dangers extérieurs; grâce aux engins de chasse ou de pêche qu'il a réussi à façonner, qu'il a pu se procurer plus aisément sa nourriture. Ce sont les premiers capitaux de l'humanité.

Sans le capital, l'homme civilisé ne peut rien produire; il n'a d'autre ressource, pour ne pas mourir de faim, que de se mettre, en qualité de salarié, au service d'un capitaliste.

C'est avec le capital-monnaie que l'entrepreneur se procure les matières premières, les outils, les machines, et le combustible, qu'il paye le salaire des ouvriers et le loyer de l'atelier ou de l'usine. C'est le capital dont il dispose qui lui permet de produire d'avance, sans interruption, et sans avoir besoin d'attendre le profit réalisé sur la vente des produits fabriqués.

2. — *Notion du capital au point de vue individuel.*

Définition. — Au point de vue individuel, le capital est cette portion du patrimoine que le particulier ne dépense pas pour satisfaire à ses besoins d'existence ou de luxe, mais qu'il tient prudemment en réserve et qu'il entend faire rapporter.

Le capital est tout ce qui produit un intérêt, des revenus ou des fruits.

C'est dans ce sens que l'on dit que le prodigue est l'individu qui entame son capital [1].

Richesses qui sont des capitaux, au point de vue général comme au point de vue individuel. — Certaines richesses ont le caractère de capitaux au point de vue général comme au point de vue individuel.

1. Voir nos *Notions de droit usuel*, p. 210.

Telles sont : les machines, les terres cultivées, les bâtiments servant à l'industrie, etc.

Richesses qui sont des capitaux au point de vue individuel, mais ne sont pas des capitaux au point de vue général. — Au contraire, certaines richesses qui, pour l'individu, sont considérées comme des capitaux, ne présentent pas ce caractère au point de vue social.

Ainsi, pour le particulier, une maison d'habitation est un capital ; ce n'est pas un capital pour l'économiste au point de vue social.

Le pain que le boulanger a dans sa boutique constitue un capital pour le boulanger. Ce n'est pas un capital en économie politique.

Pour le particulier, une somme d'argent prêtée à un prodigue moyennant intérêt sera un capital ; cette même somme d'argent n'est pas un capital pour l'économiste, parce que, le prodigue la dépensant en consommations inutiles, elle ne concourt en rien à l'œuvre de la production.

§ 2. — Différentes espèces de capitaux.

Capital fixe et capital circulant. — On distingue deux espèces de capitaux :

1° Les capitaux fixes ;

2° Les capitaux circulants.

Pour bien saisir cette distinction, il faut encore envisager successivement le point de vue social ou de l'économie politique, et le point de vue individuel ou de l'économie domestique.

1. — *Au point de vue social.*

Définitions. — Au point de vue social, on entend par *capital circulant* celui qui ne sert qu'une fois à la production, soit parce qu'il s'incorpore à l'objet fabriqué, comme les matières premières, soit parce qu'il cesse d'exister, après avoir fait son œuvre, comme le combustible, les salaires des ouvriers, etc.

On entend par *capital fixe* celui qui sert plusieurs fois, et

4

souvent même pendant un temps indéfini, à des actes successifs de production, sans perdre son identité et sans disparaître. Ce sont les outils, les machines, etc.

Le premier est dit circulant, parce qu'il est voué par sa nature même à une mobilité constante. Le fabricant achète des matières premières, il paye ses ouvriers, puis, le produit achevé, il le vend pour acheter de nouveau des matières premières et payer ses ouvriers ; en sorte qu'il s'opère un phénomène non interrompu d'entrée et de sortie.

Au contraire, le capital fixe ne bouge pas. Il demeure le même, et il continue à produire, jusqu'au jour où, à force de fonctionner, il se trouve hors d'usage, ou bien jusqu'au jour où on le remplace par un engin nouveau, plus perfectionné.

Intérêts pratiques de la distinction. — La distinction du capital fixe et du capital circulant est intéressante à deux points de vue :

1° Le capital circulant devant disparaître pour produire, il faut le renouveler sans cesse. D'une façon continue, le fabricant doit s'approvisionner de matières premières, acquitter les salaires aux mains des ouvriers, alimenter les chaudières de combustible.

Au contraire, le capital fixe n'est pas détruit dans le travail de la production, mais il s'use et se détériore à la longue, et à un moment donné il faut qu'il soit remplacé. C'est pourquoi l'industriel doit l'*amortir*.

Amortir un capital fixe, c'est chaque année mettre en réserve, sur la somme qu'a rapportée la vente du produit, une certaine part qui représente l'usure causée par la production. Cette somme doit être calculée de façon à ce que le montant total des réserves faites soit suffisant à acheter une autre machine lorsque celle qui fonctionne ne pourra plus rendre de services.

2° Le capital circulant et le capital fixe n'entrent pas d'une façon égale dans la détermination du prix de vente du produit fabriqué.

Le capital circulant doit y être compris pour sa valeur entière, puisqu'il entre tout entier dans le produit.

Le capital fixe ne doit, au contraire, être compté que pour ce qui est nécessaire à son amortissement.

Avantages et inconvénients réciproques du capital fixe et du capital circulant. — De tout ce qui précède il résulte bien clairement que le capital fixe présente un avantage considérable sur le capital circulant.

Le capital fixe coûte, sans doute, très cher à établir; ce sont des frais de premier établissement considérables : achat de terrains, construction de bâtiments, installations intérieures, acquisitions de machines, etc. Mais ce sont là des frais faits une fois pour toutes, ou au moins pour longtemps. Chaque année, grâce à un léger prélèvement sur les résultats des opérations réalisées, ce capital se reconstituera, insensiblement; et il peut arriver un moment où son usage sera complètement gratuit : parce que le capital initial aura été entièrement reconstitué, et que, malgré cela, l'installation primitive continuera à fonctionner et à produire pendant un certain temps encore.

Il n'en est jamais ainsi du capital circulant, qu'il faut toujours renouveler et dont l'emploi est toujours coûteux pour l'industriel. Cela est vrai.

Mais, à un autre point de vue, la situation est bien différente.

Les capitaux fixes sont inférieurs aux capitaux circulants au point de vue de leur manque de souplesse et de leur peu de convertibilité.

Les capitaux circulants sont plus souples, en ce que, suivant les besoins de la consommation, on peut les augmenter ou les diminuer. En temps de crise industrielle, lorsque la demande d'un produit s'arrête, l'industriel pourra renvoyer une partie de ses ouvriers, il limitera ses achats de matières premières ou de combustible. Il ne peut agir de même pour ses capitaux fixes. Il ne peut réduire momentanément son outillage, et diminuer proportionnellement la force productive de ses machines.

Les capitaux circulants sont plus convertibles, c'est-à-dire qu'on peut plus aisément les échanger, les convertir en sommes d'argent que les capitaux fixes. Lorsqu'un industriel veut réaliser son matériel, ses machines, son outillage, pour cesser l'exercice de sa profession, ou pour adopter de nouveaux engins perfectionnés, il ne peut le faire qu'en subissant de grosses pertes.

Equilibre à maintenir. — En raison de ces avantages et de ces inconvénients respectifs, il est indispensable, dans l'intérêt général, que l'équilibre soit maintenu entre les capitaux fixes et les capitaux circulants. Il y aurait de graves inconvénients à ce qu'une catégorie de capitaux reçût des développements exagérés au détriment de l'autre.

Si le capital fixe s'accroît trop rapidement, l'industrie se trouve dotée de moyens d'action puissants, voies ferrées, machines, outillage, etc., mais elle ne peut les mettre en œuvre, parce qu'elle n'a plus les ressources suffisantes pour s'approvisionner en matières premières, ou pour le payement des ouvriers.

A l'inverse, si le développement et le perfectionnement de l'outillage étaient négligés, la production resterait stationnaire.

2. — *Au point de vue individuel.*

Définitions. — Pour l'individu, le capital fixe est celui dont on peut tirer un bénéfice sans avoir besoin de l'aliéner.

Le capital circulant est celui dont on ne peut tirer profit qu'en l'aliénant et par voie d'échange.

Il y a certains objets qui ont le même caractère au point de vue individuel et au point de vue social.

Ainsi, à ces deux points de vue, on considère comme capitaux fixes : les immeubles.

D'autres objets ont, au contraire, un caractère différent suivant le point de vue auquel on se place.

Ainsi, une machine, un outil, constituent toujours un capital fixe au point de vue social. Au point de vue individuel, cela dépend : ils constituent un capital fixe pour l'industriel qui les place dans son usine et s'en sert comme instrument de travail. Mais pour celui qui les fabrique, ce sont des capitaux circulants, puisqu'il n'en tire parti que par l'échange.

De même, la monnaie est pour le particulier un capital essentiellement circulant. C'est, au contraire, au point de vue social, un capital fixe, puisqu'il sert à un nombre indéfini d'actes de production [1].

Exemple pratique. — Pour mieux faire comprendre encore toutes les explications que nous avons données au sujet du capital fixe et du capital circulant, nous allons prendre l'exemple d'une filature de coton écru de 15,000 broches, filant n° 28 chaîne. Nous déterminerons :

1° Les frais de premier établissement ;

2° Les frais d'exploitation, annuels ;

3° Les bases à l'aide desquelles est fixé le prix du produit fabriqué.

I. *Frais de premier établissement.*

1° Terrain				100,000 fr.
2° Construction				250,000
3° Matériel industriel.	Battage et mélange..	20,000		
	Cardage	20,000		
	Etirage	30,000	450,000	
	Bancs à broches	100,000		
	Métiers à filer	150,000		
	Accessoires	130,000		
4° Moteurs.	Générateurs	40,000		
	Machines à vapeur ..	50,000	100,000	
	Accessoires	10,000		
5° Eclairage électrique : 1 fr. par broche....				15,000
6° Chauffage				5,000
7° Transmissions				50,000
8° Divers				30,000
			Total	1,000,000 fr.

(CAPITAL FIXE)

---

1. Sur tous ces points, consulter Cauwès, t. Ier, n° 239 ; Beauregard, p. 92 et 93.

II. *Frais d'exploitation, chaque année.*

<table>
<tr><td rowspan="8">CAPITAL CIRCULANT</td><td>1° Matières premières.............................</td><td>300,000 fr.</td></tr>
<tr><td>2° Appointements et salaires ....</td><td>80,000</td></tr>
<tr><td>3° Houille...</td><td>30,000</td></tr>
<tr><td>4° Graissage......................................</td><td>4,000</td></tr>
<tr><td>5° Assurances...................................</td><td>3,000</td></tr>
<tr><td>6° Impositions...................................</td><td>3,000</td></tr>
<tr><td>7° Frais généraux et divers.................</td><td>10,000</td></tr>
<tr><td>8° Intérêts 5 0/0................................</td><td>15,000</td></tr>
</table>

Total............................... 445,000 fr.

<table>
<tr><td rowspan="3">Part du capital fixe.</td><td rowspan="2">Amortissement du capital fixe.</td><td>5 0/0 sur le matériel......</td><td>32,500</td></tr>
<tr><td>2 0/0 sur les constructions.</td><td>5,000</td></tr>
<tr><td colspan="2">Intérêts d'argent 5 0/0 sur 1.000.000..........</td><td>50,000</td></tr>
</table>

Total général............. 532,500 fr.

III. *Bases pour la détermination du prix de revient du produit fabriqué, par kilogramme.*

Il faut partir de cette donnée que notre filature produit, par jour, 1,100 kilogrammes de coton filé.

Soit, en comptant 300 jours de travail, 330,000 kilogrammes par an.

Voyons quels sont les éléments qui serviront à établir le prix de revient par kilogramme.

<table>
<tr><td rowspan="4">Part du capital circulant.</td><td>1° Matières premières. Coût par kilogr.</td><td>0 fr. 85</td></tr>
<tr><td>2° Déchets.......................................</td><td>0 fr. 04</td></tr>
<tr><td>3° Façons et frais généraux.............</td><td>0 fr. 39</td></tr>
<tr><td>4° Intérêt du fonds de roulements.....</td><td>0 fr. 04</td></tr>
<tr><td rowspan="3">Part du capital fixe.</td><td>5° Amortissement...........................</td><td>0 fr. 11</td></tr>
<tr><td>6° Intérêt......................................</td><td>0 fr. 15</td></tr>
<tr><td>7° 2 0/0 d'escompte
1 0/0 de commission sur le prix de vente.......................</td><td>0 fr. 08</td></tr>
</table>

Total .... 1 fr. 66

Le kilogramme de coton filé revient donc à 1 fr. 66.

Si l'entrepreneur le vend à ce prix, il ne perdra pas, mais il ne gagnera rien. S'il ne trouve à le vendre que 1 fr. 65 ou 1 fr. 60, ou moins encore, il est en perte.

Pour qu'il réalise un bénéfice, il faut qu'il trouve à le vendre au-dessus de 1 fr. 66.

§ 3. — Comment se forme, s'accroît et se conserve le capital.

Formation du capital. — Le capital, nous l'avons vu, est une richesse. Comme toute richesse, il est formé par le concours de la nature et du travail, à l'aide des capitaux préexistants. C'est un facteur dérivé, tandis que le travail et la nature sont des facteurs originaires de la production. C'est ce qu'on exprime quelquefois en disant que le capital est du travail aggloméré, ou du travail « cristallisé », suivant le terme énergique de Karl Marx.

Rôle de l'épargne dans la formation, dans l'accroissement et la conservation du capital. — *Notion économique de l'épargne.* — L'épargne est l'acte par lequel une personne, au lieu de consommer tout le produit de son travail, en tient une partie en réserve, en vue de l'avenir.

Ainsi, on dit que l'ouvrier épargne lorsque, gagnant 6 fr. par jour, il ne dépense que 5 francs et met 1 franc de côté, pour les jours de maladie et de chômage.

De l'épargne au point de vue individuel. — Au point de vue individuel, il est facile de comprendre que l'épargne accroît et conserve le capital.

Le travailleur qui consomme au fur et à mesure le produit qu'il retire de son travail ne peut jamais voir sa situation s'améliorer; et lorsque le chômage, la maladie ou la vieillesse l'empêche de travailler, il est voué à la misère et aux privations les plus pénibles.

Au contraire, celui-là qui sait limiter ses jouissances, et qui, sagement, sur ce qu'il gagne, réserve une certaine somme qu'il place en vue d'en retirer un intérêt, celui-là se met à l'abri du besoin, en cas de chômage ou de maladie. Il se forme ainsi un capital qui chaque jour s'augmente des nouvelles économies réalisées. Quand il mourra, il laissera à ses enfants une aisance suffisante qui leur permettra de s'établir, ou tout au moins de se faire une situation plus lucrative que celle de leurs parents. A leur tour, s'ils sont économes, ils augmenteront le capital qu'ils ont reçu et, ayant accru ce capital de leurs épargnes personnelles, ils le transmettront à leurs propres héritiers. C'est ainsi que, grâce à l'épargne, les fortunes privées se fondent, et la situation sociale des particuliers s'améliore de génération en génération.

De l'épargne au point de vue social. — Au point de vue social, il est plus difficile de se rendre compte du rôle joué par l'épargne dans la formation du capital.

En effet, nous l'avons dit plus haut, un capital est une richesse. Or, toute richesse est produite par trois facteurs essentiels : le travail, la nature et les capitaux existants. On ne voit pas ce que viendrait faire ici ce nouvel élément, l'épargne, dont nous n'avons pas encore parlé.

D'ailleurs, l'épargne est un fait purement négatif, c'est une pure abstention, une abstinence dans la consommation. Et il est difficile de concevoir qu'un homme puisse produire la moindre richesse seulement en s'abstenant.

Enfin, on peut ajouter que l'épargne ne peut porter que sur le fonds de consommation, mais non sur le fonds de capitaux; on peut bien épargner des aliments, un vêtement, mais on n'épargne pas un outil ou une machine[1].

Pour toutes ces raisons, il serait inexact de dire que le capital se forme par l'épargne.

Cependant, il y aurait une réelle exagération à prétendre que l'épargne soit sans influence sur la formation du capital, son accroissement et sa conservation. Son rôle est, au contraire, considérable :

1° C'est l'épargne qui a permis à l'homme primitif d'avoir

---

1. Beauregard, p. 95.

des loisirs pour se construire les premiers outils et les premières machines.

2° C'est grâce à l'épargne, qui lui permet de vivre sans avoir besoin de produire les choses nécessaires à l'existence de chaque jour, que l'inventeur peut se livrer sans relâche à ses travaux de recherches, et doter sans cesse l'humanité de procédés nouveaux de fabrication et d'engins perfectionnés.

3° Enfin, c'est le produit de l'épargne de chaque individu, confié à de grandes entreprises industrielles, sous forme d'actions et d'obligations, qui permet de construire des machines, d'établir des lignes de chemins de fer, de percer des canaux, etc.

Voilà dans quelle mesure seulement l'épargne forme, accroît et conserve le capital.

QUESTIONNAIRE 8 sur le capital.

1. Qu'est-ce que le capital au point de vue social ou économique ? — 2. A quels points de vue doit être considéré le capital ? — 3. Quelles sont les conditions requises pour qu'une chose puisse être considérée comme un capital ? — 4. Montrez que certaines richesses ne sont pas des capitaux. — 5. Quel est le rôle du capital dans l'œuvre de la production ? — 6. Qu'est-ce que le capital au point de vue individuel ? — 7. Qu'est-ce que le capital fixe ? — 8. Le capital circulant ? — 9. Montrez par un exemple pratique la différence entre le capital fixe et le capital circulant. — 10. Comment se forme, s'accroît et se conserve le capital ? — 11. Quel est le rôle de l'épargne dans cette formation ? — 12. Quel est son rôle au point de vue social ?

RÉSUMÉ 8. — Le capital.

I. Notion du capital.

- **1° Point de vue social.**
  - Richesse servant de matière ou d'instrument à la production.
  - Deux conditions :
    - a. Que ce soit une richesse.
    - b. Que cette richesse serve directement à la production.
  - Rôle passif, mais puissant levier pour la production : « Travail cristallisé. »
- **2° Point de vue individuel.**
  - Portion du patrimoine que le particulier met en réserve pour le faire rapporter.
  - Exemples :
    - Une maison d'habitation.
    - Le pain du boulanger.
    - La somme d'argent prêtée à un prodigue.

II. Deux espèces de capitaux.

- **1° Point de vue social.**
  - a. Circulant.
    - Celui qui ne sert qu'une fois à la production (matières premières).
    - Doit être renouvelé sans cesse.
  - b. Fixe.
    - Sert plusieurs fois et pendant un certain temps ; machines.
    - Doit être amorti.
    - Peut devenir gratuit.
- **2° Point de vue individuel.**
  - a. Circulant.
    - Celui dont on peut tirer un bénéfice en l'échangeant : machines fabriquées par un industriel.
  - b. Fixe.
    - Celui dont on peut tirer un bénéfice sans l'aliéner : une machine à tisser.

III. Epargne.

- **1° Définition.**
  - Acte par lequel une personne, au lieu de consommer tout le produit de son travail, en tient une partie en réserve, en vue de l'avenir.
- **2° Comment elle forme, accroît et conserve le capital.**
  - a. Au point de vue individuel.
    - Facile à comprendre pour l'ouvrier économe.
  - b. Au point de vue social.
    - 1. A l'homme primitif, elle a créé des loisirs et permis la construction de machines.
    - 2. L'inventeur peut se livrer à ses recherches.
    - 3. Sous forme d'actions et d'obligations dans les grandes compagnies, elle permet d'accomplir de gigantesques travaux.

SECTION IV. — Union du capital et du travail. Ses résultats.

Idée générale. — Nous venons de voir qu'en dehors des agents naturels, il faut la réunion du travail et du capital pour produire une richesse.

Or, dans la pratique, ces éléments ne se trouvent pas réunis entre les mêmes mains : les uns possèdent les immeubles, les matières premières, les machines, ce sont les propriétaires et les capitalistes; les autres n'ont pas de capital, mais ils ont leurs bras, leur habileté et leur énergie physique, ce sont les travailleurs.

Seul, le travailleur ne pourrait pas produire. Son activité et son talent s'exerceraient en pure perte, s'il n'avait pas des matières premières à transformer et des instruments pour les mettre en œuvre.

Quant au capitaliste, à quoi lui servirait d'avoir des engins puissants, s'ils restaient inutilisés ?

Il se forme donc nécessairement des associations entre les propriétaires et les capitalistes d'une part, et les travailleurs d'autre part.

Ces associations se produisent dans des conditions différentes selon qu'il s'agit de la grande industrie ou de la grande production, ou selon qu'il s'agit de la petite industrie ou de la petite production.

De la grande industrie ou de la grande production. — Ses caractères. — La grande industrie ou la grande production se caractérise par les traits principaux suivants :

1º Le capital engagé est considérable ;

2º Les instruments de travail sont des machines puissantes ;

3º Le travail est divisé à l'infini, entre un grand nombre d'ouvriers ;

4º La production a lieu dans d'énormes proportions.

Tendance vers la grande industrie. — Il s'est manifesté une tendance marquée vers la grande industrie, dans la seconde moitié du XIXᵉ siècle.

Depuis l'emploi de la vapeur comme force motrice, et l'utilisation de la houille pour produire la vapeur, il s'est formé de vastes établissements industriels dans les centres miniers, les uns occupés à extraire le charbon du sol, les autres à utiliser ce charbon dans les manufactures. Des villes entières se sont ainsi créées, où une légion d'ouvriers vit à côté de quelques grands industriels[1].

Ce mouvement de concentration a gagné facilement l'industrie des transports dès l'invention des chemins de fer. De puissantes compagnies se sont établies pour construire et exploiter les lignes concédées par l'État, en se partageant le territoire du pays : Compagnie du Nord, Compagnie de l'Ouest, Compagnie de l'Est, Compagnie du Midi, etc.

Enfin, depuis une vingtaine d'années, l'industrie commerciale a été, à son tour, gagnée à ce mouvement. De vastes magasins ont été organisés, occupant un espace énorme, ayant un personnel nombreux, et débitant une variété infinie d'articles de tous genres. Il suffit de citer le Bon Marché, le Louvre, le Printemps, etc.

Les capitaux nécessaires à la création et au fonctionnement de ces usines, de ces manufactures ou de ces magasins sont si considérables que la fortune d'un seul ne peut y suffire. Dès lors l'industrie tend de plus en plus à affecter la forme de sociétés par actions, soit anonymes, soit en commandite, dans lesquelles le patron disparaît pour faire place à un être purement fictif, la société ou la compagnie.

En sorte qu'à la concentration des entreprises correspond la concentration des capitaux.

Avantages de la grande industrie. — La grande industrie présente des avantages importants :

1º Au point de vue du capital, par la formation des sociétés par actions, elle permet au capitaliste de limiter ses risques à une portion déterminée de sa fortune.

1. Témoin la ville du Creusot.

2º Au point de vue du travail, elle donne lieu à une véritable hiérarchie des fonctions industrielles : direction, administration, contrôle et exécution.

Et c'est au plus intelligent et au plus habile que les fonctions de direction sont confiées, et non au plus riche.

D'autre part, la situation des ouvriers peut souvent être améliorée dans ces grandes sociétés, parce que le sacrifice à faire par chaque associé sur les bénéfices de l'opération est peu sensible, en raison du grand nombre d'associés.

3º Enfin, c'est grâce à la grande industrie que le produit peut être vendu dans des conditions exceptionnelles de bon marché.

D'abord, produisant en grande quantité, à l'aide des moyens mécaniques, un léger profit sur chaque produit suffit à l'entrepreneur pour réaliser des bénéfices suffisants. Ensuite, les *frais généraux* et les *frais spéciaux* sont bien moindres dans la grande industrie, eu égard à la production.

On entend par *frais généraux* ceux qui sont relatifs à la constitution même de l'entreprise : le loyer de l'usine, de la manufacture ou du magasin, l'acquisition et l'entretien des machines, etc.

On entend par *frais spéciaux* ceux qui consistent dans l'achat des matières premières, du combustible, etc.

Les frais généraux sont moins élevés dans la grande industrie que dans la petite. Supposons, en effet, vingt petits ateliers : il faudra pour chacun d'eux un local, un personnel de direction, de comptabilité, un outillage complet, c'est-à-dire les mêmes frais généraux répétés vingt fois.

Si ces vingt ateliers se trouvaient réunis en un seul, il n'y aurait besoin que d'un seul local, d'un seul personnel de direction et d'administration et d'un seul outillage. Sans doute ces dépenses de loyer, de personnel et d'outillage seraient plus considérables pour cet atelier unique que pour chacun des vingt ateliers; mais comme elles seraient loin d'être vingt fois plus élevées, il y aurait une notable économie réalisée.

Quant aux frais spéciaux, il est certain qu'ils augmentent

avec la production. Plus l'atelier ou l'usine produit, plus il est nécessaire d'augmenter l'approvisionnement de combustible et de matières premières. Mais cette dépense est proportionnellement moindre dans la grande industrie :

D'abord, parce qu'en achetant en grande quantité, on paye moins cher les matières premières;

Puis, parce qu'on peut attendre pour s'approvisionner que les cours soient peu élevés.

Inconvénients de la grande industrie. — Malgré ces avantages incontestables, la grande industrie a eu ses détracteurs, et on lui a adressé plusieurs reproches :

1° C'est elle, a-t-on dit, qui, en permettant l'emploi des enfants et des femmes dans les manufactures, a compromis pour l'ouvrier la vie de famille, et l'a poussé à chercher au cabaret les distractions que son intérieur ne pouvait plus lui procurer.

2° Elle nécessite l'emploi d'un personnel si considérable que la vigilance de celui qui est placé à la tête de l'entreprise, sollicitée par des préoccupations de toutes sortes, ne peut s'assurer du zèle et de la probité de chacun et empêcher les abus et le *coulage*.

3° Pour soutenir la concurrence avec les industries rivales, la production doit se faire en grande quantité et au plus bas prix possible.

Il en résulte, d'une part, un excès dans la production, et, d'autre part, un avilissement du prix de la main-d'œuvre.

Il y a certainement une part de vérité dans les critiques que nous venons de résumer. Il est certain notamment qu'avec la puissance de l'industrie moderne les crises résultant d'une production exagérée et de la fermeture inopinée des débouchés sont plus à redouter, et que, lorsqu'elles éclatent, les effets en sont plus désastreux. Il ne faudrait pas cependant exagérer la portée de ces griefs. Comme nous l'avons montré en traitant la question des machines, ce sont là des inconvénients qui tiennent plutôt au mauvais usage ou à l'emploi imprudent qu'on fait de l'instrument, qu'à l'instrument lui-même.

Avantages de la petite industrie. — Si la petite industrie est dans un état d'infériorité, par rapport à la grande industrie, sur les différents points que nous avons signalés plus haut, elle offre des avantages appréciables pour la production des objets qui exigent plutôt des qualités de goût, d'élégance et de perfection que de bon marché.

1º Le patron se trouvant en relations constantes avec ses ouvriers, travaillant lui-même avec eux, ayant lui-même fait l'apprentissage du métier et été ouvrier, il y a moins à redouter l'antagonisme que crée dans la grande industrie la distance qui sépare l'ouvrier des administrateurs et des directeurs de l'usine ou de l'atelier.

2º Dans la petite industrie, l'ouvrier peut espérer s'élever un jour à la situation de patron, parce que les capitaux qu'il est nécessaire d'avoir pour s'établir à son compte sont peu élevés. Tout espoir de ce genre lui est fermé dans la grande industrie; l'ouvrier est voué toute sa vie à la situation de salarié.

3º Dans la petite industrie, l'autorité et la responsabilité se trouvant concentrées entre les mains d'un seul, une surveillance active empêchera le gaspillage ou le détournement de matières premières, ayant un grand prix; les inventions auront plus de chance d'être adoptées.

Du rôle de l'entrepreneur dans la production. — *Ce que c'est que l'entrepreneur.* — L'entrepreneur est toute personne qui se trouve à la tête d'une opération commerciale, industrielle ou agricole, et qui prend à sa charge les risques pouvant en résulter.

Tantôt, comme il arrive le plus souvent dans la petite industrie, c'est une personne physique, tantôt, comme dans la grande industrie, l'entrepreneur est un être fictif, une société commerciale, sous différentes formes, société en nom collectif, société en commandite simple ou par actions, société anonyme[1].

---

1. Voir sur ce point nos *Éléments de droit civil*, pages 138 et 139.

Ainsi, on doit considérer comme entrepreneurs, aussi bien le rémouleur des rues que le coutelier ayant une brillante devanture, ou la société fondée pour la fabrication des ciseaux, couteaux, etc. ; aussi bien l'individu qui, avec deux chevaux et une diligence, fait le service de transport d'une commune à une autre, que la Compagnie d'omnibus ou la Compagnie de chemins de fer qui dispose de capitaux immenses.

Son rôle. — Le rôle de l'entrepreneur dans la production est des plus importants et des plus variés :

1º C'est lui qui détermine, suivant les chances probables de succès, la branche de l'industrie qu'il entend exploiter.

2º Cela fait, il cherche l'emplacement le plus favorable à l'établissement du magasin, de l'usine ou de l'atelier.

3º Puis, il procède à son installation, après avoir loué ou fait construire à ses frais les locaux reconnus indispensables et s'être procuré l'outillage professionnel nécessaire : matériel, machines, etc.

4º Il achète les matières premières et il loue les ouvriers dont il a besoin.

5º Il dirige la production, en se tenant constamment au courant des procédés nouveaux de fabrication, des machines perfectionnées, et toujours exactement renseigné sur l'état du marché, sur les besoins de la consommation, activant ou ralentissant la production d'après l'offre des concurrents et la demande des consommateurs.

6º Le produit une fois fabriqué, c'est encore l'entrepreneur qui est chargé de l'écouler. Pour cela, il faut qu'il se soit assuré au préalable des débouchés suffisants. Il faut surtout qu'il ait réglé sa fabrication avec une précision telle qu'il puisse laisser l'objet au même prix que ses concurrents, non seulement sans perte, mais encore avec un bénéfice pour lui-même.

7º Enfin, nous le verrons en étudiant la répartition de la richesse, c'est l'entrepreneur qui a les risques de l'opération. Seul, il est responsable des résultats qui peuvent se produire.

Que ses affaires prospèrent ou périclitent, peu importe ; il sera toujours obligé de payer au propriétaire le loyer de son immeuble, au capitaliste les intérêts de l'argent prêté, aux ouvriers le salaire qui leur est dû.

Quant à l'entrepreneur, il en est tout différemment.

Si ses affaires réussissent, il peut s'enrichir.

Si elles tournent mal, au contraire, il peut être ruiné et déclaré en faillite.

Malgré cela, on a nié l'utilité de l'entrepreneur ; on a été jusqu'à soutenir que c'était un être inutile, un parasite de la société, prélevant injustement ses bénéfices sur le gain des ouvriers, et on a essayé de le supprimer en organisant des *associations coopératives de production*. Mais nous verrons plus loin combien il est difficile à ces associations de se former et de fonctionner, parce que d'une part les ouvriers peuvent difficilement se procurer les capitaux qui leur seraient nécessaires, et parce que, d'autre part, ils ne possèdent aucune des conditions qui sont indispensables au patron pour réussir.

QUESTIONNAIRE 9 sur l'union du capital et du travail.

1. Quelle idée générale peut-on se faire de l'union du capital et du travail ? — 2. Quels sont les caractères de la grande industrie ou de la grande production ? — 3. N'y a-t-il pas une tendance vers la grande industrie ? — 4. Quels sont les avantages de la grande industrie ? — 5. Qu'entend-on par frais généraux et par frais spéciaux ? — 6. Quels sont les inconvénients de la grande industrie ? — 7. Quels sont les avantages de la petite industrie ? — 8. Quel est le rôle de l'entrepreneur dans la production ?

RÉSUMÉ 9. — **Union du capital et du travail.**

I. Grande industrie ou grande production.
1° Capital engagé considérable.
2° Machines puissantes.
3° Travail divisé à l'infini.
4° Production énorme.

II. Avantages.
1° Les sociétés par actions permettent au capitaliste de limiter ses risques.
2° Hiérarchie des fonctions : direction, administration, contrôle, etc.
3° Produits vendus à bon marché, grâce à la diminution des frais généraux.

III. Inconvénients.
1° Compromet la vie de famille.
2° La vigilance des chefs est souvent mise en défaut, d'où abus et coulage.
3° Surproduction et avilissement du prix de main-d'œuvre.

IV. Avantages de la petite industrie.
1° Elle produit surtout des objets qui exigent des qualités de goût, d'élégance et de perfection.
2° Le patron est souvent un ancien ouvrier qui connaît bien le travail.
3° L'ouvrier peut espérer devenir patron.
4° Autorité et responsabilité entre les mêmes mains.

V. L'entrepreneur.

1° *Définition.* Toute personne ou toute société qui se trouve à la tête d'une opération commerciale, industrielle ou agricole et qui prend à sa charge les risques pouvant en résulter.

2° *Son rôle.*
1° Détermine les chances probables du succès.
2° Recherche l'emplacement le plus favorable.
3° Fait construire ou loue les locaux et le matériel.
4° Achète les matières premières.
5° Dirige la production et recherche des procédés nouveaux.
6° Doit écouler les produits fabriqués.
7° A les risques de l'opération.

DEUXIÈME PARTIE

RÉPARTITION DE LA RICHESSE

Section I. La propriété.
Section II. Les conventions.
Section III. Les associations ouvrières et les syndicats ouvriers.
Section IV. Le socialisme.
Section V. La question de la population dans ses rapports avec la distribution de la richesse.

Objet de la deuxième partie. — Une richesse étant produite par le concours de la nature, du capital et du travail, il s'agit de savoir comment seront rémunérés ces différents facteurs. C'est là l'objet de la deuxième partie, consacrée à la répartition de la richesse.

Dans l'état économique actuel, qui est celui de la libre concurrence, ce problème est résolu par le régime de la propriété individuelle et de la liberté des conventions. La liberté du travail, la propriété et la liberté des conventions, sont les principes fondamentaux sur lesquels repose le monde économique contemporain.

Mais nous verrons que ce système est vivement critiqué par les socialistes, en raison des inégalités choquantes qu'il entraîne dans la condition des individus au sein de la société; nous verrons, d'autre part, que des essais ont été tentés soit pour faire sortir l'ouvrier de sa condition de salarié, soit pour rendre sa situation moins précaire.

Enfin, nous aurons à étudier la question de la population dans ses rapports avec la répartition de la richesse : la pauvreté et le paupérisme.

Division de la deuxième partie. — La deuxième partie se trouvera ainsi divisée en cinq sections :

Ire section. La propriété.

IIe section. Les conventions.

IIIe section. Les associations ouvrières et les syndicats ouvriers.

IVe section. Le socialisme.

V^e section. La question de la population dans ses rapports avec la distribution de la richesse.

PREMIÈRE SECTION. — La propriété.

Evolution historique de la propriété. — Avant de définir et d'étudier la propriété, telle qu'elle est régie actuellement, il convient d'en donner un aperçu historique. L'histoire de la propriété est liée intimement à l'histoire de l'humanité. Elle a passé par les mêmes phases, subi les mêmes influences, traversé les même crises, et, à la même époque, elle a atteint le terme de son évolution.

De très bonne heure, la propriété sur les meubles fut admise. Il n'en fut pas de même de la propriété du sol ou propriété foncière. Elle a traversé cinq étapes successives :

1º La communauté agraire avec indivision ;

2º La communauté agraire avec lotissement périodique ;

3º La propriété familiale ;

4º La propriété régalienne ou féodale ;

5º La propriété individuelle.

1re étape. — Communauté agraire avec indivision. — Aux temps primitifs, l'homme vit de la chasse et de la pêche ; puis, lorsqu'il a pu réunir un troupeau, c'est le lait, la chair, la laine de ses animaux, qui lui procurent ce qui lui est nécessaire pour vivre.

C'est l'époque des peuples pasteurs et nomades.

L'homme ne se fixe pas sur un coin de terre ; il pousse devant lui son troupeau, et il cultive le sol uniquement afin de pourvoir à sa nourriture et à celle de ses animaux. Lorsqu'un terrain est épuisé, il l'abandonne pour en prendre un autre, qu'il laisse à son tour dès que ce sol lui refuse sa subsistance.

A cette époque, il ne peut être question d'appropriation exclusive. La terre appartient en communauté à la tribu, et chacun de ses membres en a la jouissance indivise.

2ᵉ étape. — Communauté agraire avec lotissement périodique. — La population finit par devenir plus sédentaire; elle se livre davantage à la culture, pour nourrir ses membres chaque jour plus nombreux. Alors, à l'exploitation indivise des terres se substitue un système nouveau, le lotissement périodique. Le sol continue à appartenir à la tribu; mais il est divisé en un nombre de parcelles égal au nombre des familles qui composent la tribu; et, à des époques déterminées, ces parcelles sont réparties entre ces familles, soit par voie de tirage au sort, soit par voie d'autorité.

C'est à cette seconde étape de la propriété foncière que se trouvaient les Germains avant leur établissement en Gaule, au témoignage de Tacite.

3ᵉ étape. — Propriété familiale. — Au fur et à mesure que les procédés de la culture se perfectionnent, les répartitions périodiques s'espacent davantage, les mêmes parcelles restant plus longtemps entre les mêmes mains; les lotissements deviennent ensuite de plus en plus rares, et il arrive un moment où ils n'ont plus lieu du tout. Chaque famille reste en possession définitive des terres qui lui ont été attribuées.

A ce moment, la propriété familiale est formée et remplace la propriété de la tribu.

C'est à la famille, en copropriété, qu'appartient la terre occupée et cultivée en commun par tous ses membres. Le chef de la famille n'en est que dépositaire et administrateur dans l'intérêt de tous : il n'en est pas le maître absolu et exclusif. Aussi n'en peut-il pas disposer au détriment de ses enfants, ni entre vifs, par vente, échange ou donation, ni à sa mort, par testament. Après lui, le patrimoine dont il a eu la garde doit être transmis intact à ses enfants.

Au moment de leur établissement en Gaule, les Germains passent du régime de la propriété collective de la tribu au régime de la copropriété familiale.

4° étape. — Propriété régalienne ou féodale. — La propriété régalienne ou féodale sert de transition entre le régime de la copropriété familiale et le régime actuel de la propriété individuelle.

La propriété est octroyée par le seigneur ou par le roi, qui conserve sur la terre un *domaine éminent*, n'accordant au possesseur que le *domaine utile*. L'individu a bien sur la terre qu'il détient un droit exclusif de possession et de jouissance, mais il est tenu envers le seigneur concédant ou le roi, son suzerain, à des charges très lourdes, dont il ne peut d'aucune façon se racheter.

Le régime de la propriété foncière est en tous points identique au régime des personnes : il y a une classification des terres correspondante à la classification des personnes.

De même que les personnes se divisent en nobles, en roturiers et en serfs, de même on distingue les tenures nobles ou fiefs, les tenures roturières ou *censives,* et les tenures *serviles.*

5° étape. — Propriété individuelle. — Enfin, lorsque l'individu a dégagé sa personne des liens qui le retenaient asservi à un maître, seigneur ou roi, et qu'il a conquis la liberté individuelle, à la même époque la propriété a brisé ses entraves et est devenue libre à son tour.

C'est ainsi que la Révolution française proclama en même temps la liberté individuelle, la liberté du travail et la propriété individuelle, comme trois principes indissolubles, formant la base de l'ordre économique et social des temps modernes.

Définition et caractères de la propriété individuelle. — La propriété individuelle peut être définie : le droit pour une personne de tirer directement d'une chose déterminée toute l'utilité juridique que cette chose peut procurer.

Elle présente des caractères essentiels :

1° C'est un droit absolu ;

2° C'est un droit exclusif;

3° C'est un droit perpétuel.

1° *C'est un droit absolu*[1] : en ce qu'elle confère à celui qui en est investi le droit de tirer de la chose tout le profit qu'elle peut procurer. Il peut s'en servir, lui faire produire des fruits ; il peut aussi la détruire, ou en disposer par vente, par donation ou autrement.

2° *C'est un droit exclusif* : en ce que le propriétaire d'une chose a seul un droit sur cette chose. Nul autre que lui ne peut s'en servir, en jouir ou en disposer.

3° *C'est un droit perpétuel* : en ce qu'aucun terme n'est assigné à son existence. Il n'est pas constitué pour un temps déterminé, mais pour toujours. Lorsque le propriétaire meurt, son droit ne s'éteint pas avec lui ; il se transmet à ses héritiers, par testament, ou par voie de succession *ab intestat*.

Causes de la supériorité économique de la propriété individuelle. — Au point de vue économique, le régime de la propriété individuelle est bien supérieur aux divers systèmes de propriété collective.

Le propriétaire étant maitre de sa chose, et pouvant librement en disposer, son intérêt personnel lui fera trouver de sa fortune le meilleur emploi qu'il y ait lieu d'en espérer.

Son droit étant exclusif et perpétuel, il n'hésitera pas à faire des dépenses d'amélioration de nature à rendre la terre plus productive et plus fertile, parce qu'il sait qu'il sera seul à en profiter, et que c'est pour lui-même qu'il travaille.

La propriété collective est un régime qui se comprend aux époques primitives : la population est clairsemée, les besoins sont limités, une production peu importante suffit, et il y a

---

1. Sauf, bien entendu, les restrictions établies par la loi dans un intérêt général, par exemple l'expropriation pour cause d'utilité publique, les servitudes légales, etc. (Voir nos *Éléments d'instruction civique et de droit usuel*, p. 221 à 318.)

assez de parcelles de terrain disponibles pour que chacun en ait sa part.

Mais lorsque, dans la suite, la population a augmenté et que les besoins de chaque individu ont été plus nombreux, la propriété individuelle est devenue nécessaire.

Exposé des principaux systèmes qui nient le droit de propriété. — Malgré ces avantages évidents, le droit de propriété a été vivement attaqué, et l'on verra plus loin que sa négation est comme le point de départ de toutes les théories socialistes. Nous nous bornerons, pour le moment, à l'exposé sommaire des deux systèmes les plus fameux qui tendent à l'exclure : le communisme et le collectivisme.

Du communisme. — La doctrine communiste voudrait que l'on en revint au régime de la communauté agraire des temps primitifs, où chaque individu, en possession d'une parcelle de terre, avait sa place au soleil, et pouvait pourvoir à sa subsistance et à celle de sa famille. Les aspirations de cette école ont été résumées dans la formule suivante : « A chacun suivant ses besoins. »

L'appropriation exclusive d'un objet par un homme, disent les partisans de cette opinion, est un acte de spoliation à l'égard des autres hommes. Car tout ce qui existe dans la nature a été créé pour l'humanité tout entière ; nul n'a le droit de s'emparer, à titre privatif, d'un objet quelconque.

On ajoute que le droit des propriétaires actuels se trouve entaché d'un vice originaire qui lui enlève tout caractère légitime. En effet, le partage des terres qui a eu lieu entre les familles, à la suite de la conquête, n'a pas été opéré d'une façon équitable. Les uns, par ruse ou par violence, ont dû se faire attribuer une part plus grande que celle des autres. Cette origine irrégulière compromettrait encore aujourd'hui le droit des possesseurs actuels.

Enfin, ce qui montre l'iniquité du régime de la propriété individuelle, c'est l'inégalité choquante des conditions sociales qu'il engendre nécessairement. Avec la communauté des biens, le prolétariat n'existe pas, chacun est en possession d'un col de terre, pour lui et sa famille, tandis que, sous le régime de la propriété individuelle, les uns ont le superflu. et d'autres. manquent du plus strict nécessaire.

Du collectivisme. — Le collectivisme fait une distinction : il admet la propriété sur les produits, mais il rejette la propriété sur le sol et, d'une façon générale, sur tous les instruments de travail.

On comprend, disent les partisans de cette doctrine, que l'homme qui a labouré, ensemencé la terre, soit propriétaire de la récolte que son travail a produite. Mais il est injuste qu'il puisse s'approprier, à titre privatif, le fond productif lui-même, sol ou mines, parce que ce sont là des choses qui ne sont pas le résultat de son travail, mais qui sont l'œuvre de la nature, et dont la jouissance doit rester accessible à tous. Ce système a été résumé dans cette formule énergique : « A chacun suivant ses œuvres. »

On appuie ce raisonnement, purement théorique, de considérations historiques. Dans les temps primitifs, a-t-on dit, la terre est la propriété collective de la tribu, parce que l'action combinée ou collective de tous les membres de la tribu est nécessaire tant pour la mettre en œuvre que pour se défendre contre l'attaque des tribus rivales. Plus tard, la propriété individuelle se forme, lorsque, l'agriculture et l'industrie s'étant développées, l'homme a travaillé isolément et d'une façon individuelle, à l'aide d'instruments rudimentaires.

Mais aujourd'hui, par suite de la division du travail rendue nécessaire par l'emploi des machines et de la vapeur, le travail a cessé d'être individuel pour redevenir collectif. Ce sont des collectivités ouvrières qui, dans toutes les branches de l'industrie, ont remplacé l'ancien artisan produisant à domicile avec des métiers à bras.

Puisque le travail est redevenu collectif, la propriété doit logiquement, comme aux temps primitifs, redevenir aussi collective, au moins en ce qui concerne les instruments de travail.

Réfutation. — Aux arguments des socialistes les partisans du droit de propriété individuelle répondent par les arguments suivants :

Tout d'abord, s'il était vrai que nul ne pût prétendre à un droit exclusif sur un objet quelconque, parce que tout ce qui existe est l'œuvre spontanée de la nature, ce n'est pas seulement la notion de propriété individuelle qu'il faudrait rejeter, mais aussi la notion même de patrie. En effet, un peuple ne pourrait pas légitimement invoquer un droit de possession exclusif sur un territoire déterminé, puisque les autres peuples, qui font également partie de l'humanité, pourraient, en cette qualité, réclamer leur part de l'espace occupé par ce peuple.

Quant à contester la légitimité des titres des propriétaires actuels parce que les premiers occupants ont pu commettre des actes de fraude ou de violence pour s'emparer des terres qu'ils détiennent, on peut dire, en premier lieu, que la prescription a couvert les vices qui ont pu entacher la prise de possession des premiers occupants; on peut ajouter que les détenteurs actuels ont la plupart du temps acquis à titre onéreux, par vente ou par échange, les parcelles de terrain qu'ils ont dans leur patrimoine, et qu'ainsi on ne peut leur reprocher de s'être enrichis gratuitement, au détriment des autres hommes.

Il est une objection plus exacte : c'est celle qui est tirée des inégalités flagrantes que produit le régime de la propriété individuelle. On ne peut nier qu'elle crée des situations sociales très différentes : d'un côté, l'opulence ou l'aisance; de l'autre, la misère et la faim.

Mais c'est là une nécessité qui tient à la nature même de l'homme. De même qu'il est impossible de faire disparaître les inégalités dans l'ordre des qualités morales et intellectuelles, de même c'est une pure utopie que d'espérer arriver un jour au nivellement des individus au point de vue de leur situation matérielle dans la société [1].

1. Voir sur ce point nos *Éléments d'Instruction civique et de Droit usuel*, page 12.

Enfin, la distinction que font les collectivistes entre les capitaux et les produits repose sur une véritable confusion. Nous avons vu que le capital est, comme toute richesse, le résultat du travail, agissant de concert avec la nature et les capitaux préexistants. On ne comprend pas dès lors qu'on puisse faire une différence, au point de vue de la légitimité de la propriété, entre le capital et les autres richesses.

Il faut d'ailleurs remarquer ceci : c'est que le jour où l'individu se sentirait menacé d'être exproprié dans l'intérêt collectif, du capital qu'il aurait formé, conservé ou accru par son travail et son épargne, il cesserait de travailler avec autant d'énergie, l'intérêt personnel n'étant plus là pour le pousser à produire, et la source des richesses se trouverait tarie à jamais.

Légitimité de la propriété. — Mais il ne suffit pas de combattre les arguments invoqués par les socialistes, il faut encore faire, d'une manière directe, la preuve de la légitimité du droit de propriété.

Sur ce point, trois systèmes ont été proposés :

Ier système : système du droit naturel. — D'après un premier système, la propriété serait de droit naturel. L'homme, à l'état primitif et avant l'établissement de la société, aurait pu s'approprier légitimement ce qui était nécessaire à son existence, pourvu qu'il respectât les appropriations antérieurement réalisées par les autres hommes. C'est un droit inné, comme la liberté individuelle et la liberté du travail.

La propriété a eu pour origine l'occupation ; plus tard, comme causes normales d'acquisition, ont été pratiqués la vente, la donation, le testament, etc.

Objections. — Le système qui fait remonter le droit de propriété à la condition de l'homme dans l'état de nature doit être écarté.

Depuis longtemps, cette conception d'un état de nature ayant précédé l'état social a été démontrée fausse ; l'existence de la société est inhérente à la nature humaine ; l'homme n'apparaît nulle part, et à aucune époque de son histoire vivant d'une façon isolée.

2° système : système du travail[1]. — D'après une seconde opinion, la propriété aurait pour fondement le travail : travail d'appropriation, de culture, d'aménagement pour la terre, travail de transformation pour les produits manufacturés.

En effet, l'homme primitif qui s'est emparé, après une course effrénée, du gibier qu'il poursuivait pour satisfaire sa faim, doit être reconnu propriétaire de ce gibier, parce que c'est grâce à son énergie et à ses efforts qu'il est parvenu à s'en rendre maître. De même, lorsqu'il aura utilisé les loisirs que cette première capture lui aura laissés et qu'il se sera construit un filet pour la pêche, un carquois et des flèches pour la chasse, à lui seul appartiendront ces engins qu'il aura faits du travail de ses mains et qui constitueront son premier capital. La terre qu'il aura défrichée, qu'il aura aménagée de façon convenable pour y poser sa tente et y élever sa demeure, les récoltes que, sous l'action de la charrue et de ses amendements, la nature lui aura prodiguées, tous ces biens seront sa propriété légitime, parce qu'ils sont le résultat de son travail : travail de préhension et d'occupation du sol, d'abord, puis travail de défrichement, d'aménagement, de labour et d'ensemencement de la terre.

Plus tard, lorsque le cercle de la société se sera étendu, que les besoins de l'individu se seront multipliés, l'homme ne pourra plus produire par lui-même tout ce qui lui est nécessaire. Il se procurera ce qui lui manque en l'acquérant de ses semblables par l'échange de ce qu'il aura lui-même produit au delà de certains de ses besoins. Et, de même qu'il deviendra légitime propriétaire de ces choses, de même, à son tour, il transmettra légitimement à autrui, par échange, vente, donation ou autrement, son droit sur les choses qu'il aura produites par son travail.

Objections. — Le travail peut bien justifier l'appropriation du produit par celui qui a cultivé la terre; mais il ne peut servir à justifier la propriété du sol lui-même, qui est l'œuvre de la nature.

---

1. Cette théorie est développée d'une manière brillante dans l'ouvrage de M. Thiers, *la Propriété*. Dans ce sens, Cauwès, *op. cit.*, n° 959.

3ᵉ système. — La propriété individuelle est un phénomène économique qui s'est imposé comme le plus conforme aux besoins de la société moderne. On doit la considérer comme légitime, parce qu'elle est la condition indispensable des sociétés avancées, tant au point de vue économique qu'au point de vue politique[1].

Au point de vue économique, la propriété individuelle est la condition indispensable du progrès, en ce que seule elle crée entre l'homme et la terre des liens assez puissants pour développer l'énergie de l'homme et le déterminer à appliquer son travail et ses capitaux à la culture et à l'amélioration de la terre. Cette forme de la propriété s'est imposée le jour où l'augmentation de la population et la demande croissante de subsistances ont rendu nécessaires les procédés de la culture intensive. L'homme ne se serait pas décidé à faire les dépenses nécessaires d'engrais, de drainage, d'irrigation, etc., s'il n'avait pas eu la certitude de récupérer tous ces frais par une jouissance et une possession indéfinies de la terre. Même une possession de 99 ans ne produirait pas une sécurité et une confiance suffisantes chez le possesseur. Car, au fur et à mesure qu'on se rapprocherait du terme fatal, le possesseur éviterait de plus en plus de faire des dépenses d'amélioration pour conserver à la terre sa fertilité primitive.

On objecte que cette justification de la propriété foncière peut bien être invoquée lorsque le propriétaire cultive lui-même son sol, mais qu'elle n'a plus de valeur lorsque l'immeuble est loué à un fermier.

On peut répondre à cette objection que, même dans ce cas, le propriétaire représente les intérêts permanents de la terre ; il doit veiller à ce que le fermier n'épuise pas le sol, et il doit toujours faire les grosses réparations ou les grosses dépenses qui sont indispensables.

Au point de vue politique, la propriété individuelle est la plus forte garantie de l'indépendance individuelle et de la liberté politique. Avec la copropriété familiale, l'individu est

---

1. Dans ce sens, Beauregard, *op. cit.*, p. 119 et suiv. ; Gide, *op. cit.*, p. 519.

sous la tutelle de la famille; avec la propriété féodale et le droit de domaine direct reconnu à l'État, il est à la merci du seigneur ou du gouvernement. Seule la propriété individuelle lui assure une indépendance complète, tant comme individu que comme citoyen. C'est ce qui explique qu'au moment de la Révolution française, en même temps que la liberté politique a été conquise par l'homme, la propriété privée s'est dégagée de toutes les entraves qui la retenaient.

Fondement du droit de tester et de la succession ab intestat. — Le droit de tester est un attribut naturel et logique du droit de propriété. Il s'en déduit d'une façon nécessaire.

En effet, le propriétaire, ayant un droit absolu sur sa chose, peut l'échanger contre un autre objet; il a aussi la faculté de la céder, sans rien recevoir comme équivalent, à titre de donation entre vifs. Or, s'il peut la donner actuellement et irrévocablement, il n'y a aucune bonne raison pour ne pas lui permettre de la donner seulement au dernier instant de sa vie; rien ne s'oppose non plus à ce qu'il puisse la donner sous la condition que le donataire lui survivra, ou sous la réserve d'en conserver la possession et la jouissance jusqu'à sa mort. Dès lors, on ne voit pas pourquoi il lui serait interdit de faire un testament, c'est-à-dire de disposer de sa fortune pour l'époque où il ne sera plus, avec la faculté de révoquer ou de modifier les clauses de cet acte jusqu'à sa mort.

Sans doute, on peut craindre que le défunt choisisse mal son héritier, et qu'il laisse sa fortune à un homme indigne qui gaspillera dans l'oisiveté les biens qui lui seront transmis, au lieu de les conserver et de les accroître par le travail et par l'épargne. Cela est vrai. Mais, en agissant ainsi, le testateur ne viole le droit de personne, il ne commet aucune spoliation. Il pouvait détruire les biens qu'il avait acquis, à plus forte raison peut-il les transmettre à un héritier de son choix.

La succession *ab intestat* est une conséquence aussi nécessaire du droit de propriété que la faculté de tester. La succession *ab intestat* n'est pas, en effet, autre chose que le testament du défunt fait par la loi elle-même, suivant son intention présumée, lorsqu'une mort prématurée l'a empêché de le rédiger lui-même.

La transmission héréditaire est d'ailleurs un principe inhérent à la nature humaine; elle se retrouve dans l'ordre physique comme dans l'ordre intellectuel et moral. L'homme, en général, transmet à ses enfants ses aptitudes, son talent, ses qualités d'ordre, d'énergie, de travail; il est logique d'admettre qu'il lui fasse parvenir en même temps la fortune qu'il a pu amasser.

On peut d'ailleurs faire observer que si l'hérédité était supprimée, et si, à la mort d'une personne, ses biens revenaient à l'État pour être répartis entre tous les membres de la nation, la force productive du pays se trouverait atteinte dans sa source. L'homme ne travaille pas seulement pour lui; il travaille surtout en vue de l'avenir, afin de laisser aux siens une aisance suffisante pour vivre après sa mort. Le jour où ce mobile disparaîtrait, l'homme travaillerait tout juste assez pour subvenir à ses besoins personnels; il se reposerait quand il aurait amassé une somme suffisante de richesses pour vivre à l'abri des privations jusqu'à la fin de ses jours.

Des limitations à la liberté de tester. — La liberté absolue de tester n'existe pas dans notre législation. Une partie de la succession doit nécessairement revenir aux parents les plus proches, aux descendants et aux ascendants; c'est ce qu'on appelle la *réserve*. L'école de M. Le Play s'est vivement élevée contre cette restriction à la faculté de disposer du propriétaire. Pour M. Le Play, la réforme sociale doit être le résultat de la réorganisation de la famille souche et sa substitution à la famille instable qui existe actuellement et qui est le produit de nos lois successorales. Pour atteindre ce but, il suffirait que le père pût faire un héritier qu'il choisirait le plus capable; il prendrait la maison de famille et continuerait l'exploitation agricole des ancêtres. Les autres enfants, auxquels l'héritier devrait payer une indemnité, seraient poussés à émigrer pour coloniser des pays neufs.

Que penser de cette question? la liberté de tester ne paraît pas avoir l'importance que lui attribue l'école de M. Le Play au point de vue de la solution de la question sociale. D'autre part, il faut remarquer que l'idée d'égalité entre les enfants est profondément entrée dans les mœurs françaises : il y a là un courant qu'il est difficile de remonter. Cela est si vrai, qu'à l'heure actuelle peu de pères de famille usent de la faculté qui leur est reconnue d'avantager un enfant dans la mesure de la quotité disponible. La seule réforme désirable est que le père puisse répartir ses biens entre ses enfants sans être obligé d'attribuer à chacun d'eux une égale quantité de meubles ou d'immeubles, comme le prescrit l'article 832 du Code civil. Il devrait pouvoir laisser à chacun la nature de biens qui convient le mieux à ses aptitudes et à la profession qu'il exerce. On éviterait aussi par là un morcellement trop étendu de la propriété rurale, parfois regrettable.

QUESTIONNAIRE 10 sur la propriété.

1. Quel est l'objet de la répartition des richesses? — 2. Parlez de l'évolution historique de la propriété. — 3. Que savez-vous sur la communauté agraire avec indivision? — 4. Sur la communauté agraire avec lotissement périodique? — 5. Sur la propriété familiale? — 6. Sur la propriété régalienne ou féodale? — 7. Sur la propriété individuelle? — 8. Après avoir défini la propriété individuelle, dites quels en sont les caractères? — 9. Quelles sont les causes de la supériorité économique de la propriété individuelle? — 10. Qu'est-ce que le communisme? — 11. Qu'est-ce que le collectivisme? — 12. Comment peut-on réfuter les systèmes qui nient le droit de propriété individuelle? — 13. Quels sont les systèmes proposés pour légitimer la propriété? — 14. Comment peut-on expliquer que le droit de tester soit un attribut logique du droit de propriété? — 15. La liberté absolue de tester existe-t-elle dans notre législation? — 16. Qu'est-ce que la réserve?

RÉSUMÉ 10. — La propriété.

I. Evolution historique.
- 1° Communauté agraire avec indivision.
- 2° — — lotissement.
- 3° Propriété familiale.
- 4° — régalienne ou féodale.
- 5° — individuelle.

II. Définition.
Droit pour une personne de tirer directement d'une chose déterminée toute l'utilité juridique que cette chose peut procurer.

III. Caractères essentiels.
- 1° C'est un droit absolu.
- 2° — — exclusif.
- 3° — — perpétuel.

IV. Négation du droit de propriété individuelle.

1° *Communisme.* « A chacun selon ses besoins. »
- a. L'appropriation exclusive d'un objet est une spoliation.
- b. Vice originaire : la violence.
- c. La propriété engendre le prolétariat.

2° *Collectivisme.* « A chacun suivant ses œuvres. »
- a. Ne reconnaît que la propriété sur les produits.
- b. Rejette la propriété sur le sol et les instruments du travail, qui devraient être à la collectivité.

V. Réfutation.
- 1° Il faudrait nier la notion de patrie.
- 2° La plupart des propriétaires actuels ont acquis à titre onéreux.
- 3° L'égalité des situations matérielles est une utopie.
- 4° Plus d'intérêt personnel, plus de richesses.

VI. Légitimité du droit de propriété individuelle.
- 1° Système du droit naturel.
- 2° Système du travail.
- 3° Système d'obligation pour les besoins de la société moderne.

VII. Fondement.
Du droit de tester et de la succession *ab intestat.* { Sont tous deux un attribut naturel et logique du droit de propriété.

SECTION II. — Les conventions.

Du principe de la liberté des conventions. — Des quatre classes de copartageants. — Si tous les éléments qui concourent à la production de la richesse se trouvaient réunis entre les mêmes mains, la question de la répartition de la richesse ne se poserait pour ainsi dire pas. Il suffirait de formuler cette règle que celui qui a donné naissance à un produit doit en être considéré comme le légitime propriétaire.

Mais la plupart du temps l'œuvre de la production est le résultat d'une association entre plusieurs personnes :

L'un fournit la terre : c'est le propriétaire foncier ;

L'autre, le capital en argent : c'est le capitaliste, le banquier ;

L'autre, son travail : c'est l'ouvrier ;

Enfin, un quatrième, l'entrepreneur, servant comme de trait d'union entre le capital et le travail, a l'initiative de la production, exerce les fonctions de direction et assume tous les risques.

Dans l'état économique actuel, ce sont les parties elles-mêmes qui, librement, par des accords formels, déterminent le montant de la rémunération qui doit leur revenir.

Mais, dans cette détermination, elles ne sont pas absolument maîtresses de leur volonté ; elles sont soumises à des lois générales dont elles ne peuvent pas s'écarter : ce sont les lois économiques.

A chaque catégorie de copartageants correspond une rémunération d'une nature spéciale, ayant ses caractères propres, et étant fixée par des règles particulières :

Au propriétaire foncier, le fermage ou le loyer et la rente foncière ;

Au capitaliste, l'intérêt ;

A l'entrepreneur, le profit ;

A l'ouvrier, le salaire.

Nous consacrerons un chapitre à l'étude de chacune de ces questions.

CHAPITRE PREMIER. — De la part du propriétaire foncier. Le fermage et le loyer.

Division. — Nous diviserons le chapitre premier en quatre paragraphes :

§ 1. — Du fermage, du loyer et de la rente du sol.

§ 2. — Des différents modes d'exploitation de la terre.

§ 3. — Des différents systèmes de culture, de la grande et de la petite culture.

§ 4. — Des inconvénients d'un trop grand morcellement ou d'une concentration excessive des terres.

§ 1ᵉʳ. — Du fermage, du loyer, et de la rente du sol.

Le fermage. — *Définition.* — La part du propriétaire foncier dans la distribution de la richesse s'appelle fermage ou loyer.

Le fermage est ce qu'un entrepreneur agricole ou fermier paye au propriétaire pour avoir le droit de cultiver la terre de celui-ci et d'en recueillir les fruits.

Comment il se détermine. — Le montant du fermage est fixé librement par l'entente du propriétaire et du fermier.

Il est plus ou moins élevé, comme le prix de toute richesse, suivant son utilité et sa rareté.

Son *utilité*, c'est-à-dire le degré de fertilité plus ou moins grand de la terre, le profit plus ou moins considérable que l'entrepreneur agricole espère tirer de la terre.

Sa *rareté*, c'est-à-dire que le fermage sera élevé s'il y a moins de terres offertes en location par les propriétaires que d'entrepreneurs agricoles demandant à les louer ; le fermage sera, au contraire, minime s'il y a moins d'entrepreneurs agricoles que de terres disponibles. C'est ici une application de la *loi de l'offre et de la demande,* dont nous aurons à parler plus loin au sujet de la théorie de la valeur.

Tendance du fermage. — Si on consulte les statistiques agricoles de ce siècle, on constate que le taux des fermages a été en hausse vers 1879, mais que depuis cette époque il y a eu baisse de 11,25 p. 100. Et ce phénomène n'est pas spécial à la France; il se manifeste dans tous les pays. En Angleterre, où n'existent pas de droits protecteurs, la baisse a été jusqu'à 15,37 p. 100.

La valeur vénale de la propriété non bâtie a subi la même fluctuation; vers le milieu du siècle dernier, il y a eu une hausse de valeur; mais depuis une vingtaine d'années il s'est produit un mouvement accentué de baisse.

Du loyer. — *Définition.* — Le loyer est ce qu'un locataire paye au propriétaire d'un immeuble bâti pour avoir le droit de l'habiter.

Comment il se détermine. — Comme le fermage, il est fixé librement par l'entente entre le propriétaire et le locataire.

Comme lui également, il se détermine, comme la valeur de toute richesse, d'après son utilité et sa rareté.

L'utilité est représentée ici par l'emplacement de l'immeuble, le luxe, le confort ou la simplicité de l'installation, l'étage et le nombre de pièces dont se compose l'appartement.

La rareté est représentée par le nombre de locaux offerts en location par comparaison avec la population de la localité.

Tendance des loyers. — Il y a une tendance générale des loyers à s'élever dans les grandes villes, par suite de l'augmentation de la population. Cependant, dans certaines localités il y a eu baisse des loyers, soit parce que la ville est en décadence, soit parce qu'on y a construit trop de maisons en trop peu de temps. D'autre part, dans certaines villes comme Paris, il y a des quartiers où les loyers ont augmenté pendant qu'ils diminuaient sur d'autres points de la capitale. Ainsi, de 1890 à 1900, les loyers ont augmenté dans la proportion de 15,25 p. 100 dans le quartier du Petit-Montrouge (XIV° arrondissement), alors que dans la même période ils ont diminué de 9,97 p. 100 dans le quartier de Bercy (XII°)[1].

Cette augmentation générale des loyers a entraîné une

____

1. *Le Livre foncier de Paris* (1re partie), publié par la commission des contributions directes graphique, n° 13.

6

hausse de la valeur vénale de la propriété bâtie ; la baisse générale du taux de l'intérêt a, en outre, contribué à ce résultat ; le placement en immeubles bâtis paraissant plus avantageux que l'achat d'obligations, d'actions ou de rentes sur l'État, les capitaux se sont jetés de ce côté. Cependant, depuis quelques années un mouvement de recul parait se dessiner. Les transactions sur les immeubles sont plus lourdes. Cela tient en grande partie aux craintes que les attaques contre le capital et les taxes récentes établies sur le capital immobilier par les villes de Lyon et de Paris font peser sur les propriétaires.

La rente du sol. — *Définition.* — On entend par rente du sol la partie du revenu foncier qui n'est pas la rémunération du travail ou du capital, mais qui tient à la situation privilégiée dont jouit une terre, soit en raison de sa fertilité exceptionnelle, soit en raison de la richesse de son sous-sol, soit en raison de son emplacement particulièrement favorable à la construction et à l'installation.

Exemples. — Des derniers termes de cette définition il résulte que la rente peut s'appliquer soit à une terre de culture, soit à une mine, soit à des terrains à bâtir ou même à des propriétés bâties.

Ainsi, supposons qu'en Sologne un hectare de terrain produise 5 quintaux de blé, coûtant 20 francs à produire. Prenons une autre terre, aux Etats-Unis, produisant 30 quintaux de blé, coûtant chacun 10 francs de frais essentiels et 10 francs de transport et de douanes pour être amenés sur le marché français. Enfin, voici une terre de Flandre produisant également 30 quintaux à l'hectare et coûtant chacun 10 francs de frais de production. Si le blé se vend sur le marché de Paris à raison de 20 francs le quintal, la terre de Flandre aura un bénéfice de monopole égal à 10 francs ; la rente de sa terre sera de 50 p. 100. Les deux autres terres, au contraire, ne rapporteront pas de rente.

La même observation peut être faite à l'égard des terrains à bâtir. A Paris, en 1862, le quartier de la Plaine-Monceau, qui a une superficie de 121 hectares 45 ares, ne comprenait que 439 propriétés bâties, dont la valeur locative totale était de 1,515,260 francs. En 1900, le nombre des propriétés bâties était de 3,487, représentant une valeur locative totale de 17,350,106 francs. Les terrains qui avaient été achetés à des prix très faibles, à peine 10 francs le mètre carré, sont vendus couramment aujourd'hui 400, 500 et même davantage. Ces terrains donnent une rente à leur propriétaire[1].

Causes de la rente. — La rente apparaît comme un pur don de fortune, comme une chance heureuse qui assure au propriétaire foncier une situation privilégiée.

Elle a aussi des causes naturelles : la fertilité du sol, la richesse de son sous-sol ou son emplacement.

Elle a des causes sociales : l'augmentation de la population[2], qui oblige les hommes à mettre en culture des terres de moins en moins fertiles, ou qui nécessite la construction de nouvelles habitations dans les villes ; l'établissement de voies de communication, de chemins de fer, la création de ports marchands, etc. « Vous pouvez, dit un socialiste anglais, Henry George, si vous possédez quelques acres au milieu de l'emplacement sur lequel une ville nouvelle se bâtit, y dormir, ou planer en ballon au-dessus, sans vous soucier de rien ; le prix de votre morceau n'en augmente pas moins. »

Remarques. — Il convient de faire, cependant, deux observations.

1° Les chances heureuses qui procurent au propriétaire une rente sont compensées par des risques en sens inverse.

---

1. Rapport de M. Albert Fontaine, président de la commission des contributions directes, à M. le préfet de la Seine au sujet de la suppression des droits d'octroi (1898), p. 38.

2. « Il y a cinquante ans, la Californie n'était qu'un désert. La découverte des mines d'or lui a donné une énorme population : comme le sol était fertile et le climat favorable, cette population est restée dans le pays après l'épuisement des placers... Au début, le terrain ne valait rien. Le gouvernement le cédait à qui en voulait... Les spéculateurs qui ont été assez avisés pour se les assurer à temps les revendent à des prix fabuleux ou en tirent, sans y avoir jamais mis un sou, des loyers et des fermages énormes. » (MÉTIN, *le Socialisme en Angleterre,* p. 165.)

Telle terre qui, en raison de sa fertilité, avait donné pendant un certain temps un produit de monopole, peut ne plus rapporter de rente au propriétaire, soit parce qu'elle est épuisée, soit parce qu'une maladie comme le phylloxera a détruit les plantations et rendu de nouvelles cultures très coûteuses. De même l'emplacement des terrains à bâtir peut perdre de sa valeur par suite d'un mouvement de la population d'une ville. C'est ainsi que de 1890 à 1900, dans le quartier de Bercy (XII° arrondissement), les loyers ont baissé de 9,97 p. 100.

2° Il ne faut pas perdre de vue que la rente ne profite réellement qu'à celui qui était propriétaire au moment où les circonstances heureuses que nous avons signalées plus haut se sont réalisées. Ceux qui viennent après n'en retirent aucun avantage personnel, puisqu'ils ont acquis la terre moyennant un prix plus élevé, à raison de la plus-value qu'elle avait obtenue.

Loi de la rente de Ricardo. — *Son origine.* — La fameuse loi de la rente qui a contribué à rendre célèbre le nom de Ricardo avait été formulée pour la première fois, avant lui, par un économiste écossais, Anderson. Mais c'est Ricardo qui a eu le mérite de lui donner tout son développement.

Son point de départ. — Le point de départ de cette théorie est le suivant : lorsque sur le même marché sont vendus des produits identiques, le prix tend à se rapprocher du coût de production le plus élevé.

Ainsi, sur le même marché, trois propriétaires portent leur blé à vendre ; l'un d'eux ne peut le donner qu'à raison de 20 francs l'hectolitre, pour couvrir ses frais, tandis que le second pourrait le vendre 18 francs, et le troisième 16 francs. Le prix de l'hectolitre s'établissant d'après le coût de production le plus élevé, l'hectolitre de blé se vendra 20 francs. Dans ces conditions, le second propriétaire gagnera 2 francs, et le troisième 4 francs par hectolitre de plus que le premier.

Son exposé. — Au début, les hommes ont mis en culture les meilleures terres ; mais à ce moment, la terre étant en abon-

dance, ils ne pouvaient retirer de leur exploitation un produit
supérieur au coût de production, soit par exemple 10 francs
par hectolitre de blé.

Mais, la population s'étant accrue, pour satisfaire une demande croissante de produits, il a fallu mettre en culture des
terres moins fertiles ou plus éloignées, sur lesquelles le coût
de production était plus élevé, soit 15 francs par hectolitre.
Comme le prix du produit sur le marché se mesure d'après le
coût de production maximum, il résulte que ce prix, qui cor-
respondra exactement, pour les terres les moins fertiles, à la
rémunération du capital et du travail, laissera un excédent de
produit pour les terres de la première classe, soit 5 francs
par hectolitre.

La population se développant de plus en plus, on est obligé
d'exploiter des terres de moins en moins fertiles ou de plus
en plus éloignées, dont le coût de production s'élève constamment, soit 17, 18, 20 francs par hectolitre. Comme le prix se
règle toujours d'après le coût de production maximum, on
constate le résultat suivant : les terres qui étaient précédemment de la dernière catégorie montent d'une classe, et rap-
portent une rente, et celles des classes supérieures voient
leur rente constamment augmenter. « A chaque accroissement
de population qui force un peuple à cultiver des terrains d'une
qualité inférieure pour en tirer des subsistances, le loyer des
terrains supérieurs haussera. »

Conséquences pessimistes de cette théorie. — Le développement constant de la population augmentant la demande de
subsistances d'une façon continue, on est dans la nécessité
soit de forcer la production sur les terres déjà exploitées,
soit d'étendre l'exploitation à des terres moins productives
ou plus éloignées. Il en résulte une élévation des frais, ame-
nant une hausse du prix des denrées agricoles, au détriment
du capitaliste et du travailleur.

Réfutation de la théorie de Ricardo. — La théorie de Ricardo a été vivement combattue par un économiste américain,
Carey, et par un économiste français, Bastiat.

Il nous suffira de résumer les principales objections qu'on a adressées à cette théorie.

1° La classification que Ricardo imagine d'établir entre les terres d'une même région, suivant le degré de fertilité plus ou moins grande, est purement théorique et ne correspond à rien de réel. Dans un rayon déterminé, le sol est à peu près partout doué des mêmes qualités; et, en tout cas, il est possible d'atténuer les inégalités qui peuvent exister et même de les faire disparaître par des amendements ou des procédés de culture.

2° De plus, Ricardo a le tort de supposer immuable ce qui est essentiellement variable et changeant. La fertilité du sol tend, en effet, à se modifier constamment; telle terre qui autrefois produisait beaucoup, aujourd'hui est épuisée et donne à peine au propriétaire de quoi rémunérer ses frais de culture. Telle autre terre, au contraire, paraissant mauvaise tout d'abord, peut, à un moment donné, produire en abondance, par suite d'une invention nouvelle ou de l'essai d'une plantation différente de celle qui avait été tentée jusque-là.

3° L'économiste Carey a démontré combien l'ordre de succession dans les cultures imaginé par Ricardo était en opposition avec la vérité historique. Il a observé ce qui s'est passé dans tous les pays, soit en Europe, soit en Amérique, pour la colonisation du Far-West, et il a établi que ce sont les terres sèches et légères des plateaux, plus faciles à cultiver, mais moins productives, que les colons ont exploitées en premier lieu. Puis, lorsque les capitaux et les bras sont devenus plus nombreux, ces mêmes colons sont descendus dans les vallées et ont entrepris le défrichement des terres d'alluvion couvertes d'épaisses forêts, qui sont les plus productives, mais aussi les plus malaisées à aménager et à cultiver.

4° Il est également inexact de déterminer le prix d'un produit, comme le fait Ricardo, uniquement d'après le coût de production des terres les moins fertiles. Évidemment c'est là un des éléments qui entrent dans la détermination du prix d'une marchandise; mais nous verrons plus loin, en étudiant la théorie de la valeur, que le producteur n'est pas libre de fixer le prix des choses à sa convenance, en raison de la concurrence des autres producteurs ; c'est sous l'empire de la loi de l'offre et de la demande, à laquelle nous avons déjà fait allusion, que le prix se fixe.

Plus les marchandises sont nombreuses, la demande des consommateurs restant stationnaire, moins cher se vend le produit.

C'est ce qui est arrivé. La concurrence faite aux produits d'Europe par les produits agricoles des pays neufs a amené une baisse du prix de ces denrées. Ce qu'on redoute le plus aujourd'hui, ce n'est pas la cherté, mais plutôt le bon marché.

5° Il suit de là que la mise en culture des terres les moins fertiles ne peut que diminuer le revenu des terres anciennement cultivées, loin de l'augmenter, comme le prétend Ricardo ; les marchandises augmentant, le prix tend à s'avilir de plus en plus, et c'est à peine si le propriétaire foncier retire, à l'heure actuelle, 2 à 2 1/2 p. 100 du capital qu'il a placé dans le sol.

6° Quant à supposer qu'un jour viendra où toutes les terres seront accaparées au profit d'un petit nombre de propriétaires, c'est une crainte qui, longtemps encore, peut être considérée comme chimérique. Il y a beaucoup de terres non encore occupées en Amérique, en Australie et dans d'autres parties du monde connu, et il est bien difficile de prévoir le moment où elles seront toutes mises en valeur.

QUESTIONNAIRE 11 sur les conventions et la part du propriétaire foncier.

1. Quel est le principe de la liberté des conventions ? — 2. Quel est le rôle du propriétaire foncier ? — 3. Celui du capitaliste ? — 4. Celui de l'ouvrier ? — 5. Celui de l'entrepreneur ? — 6. Quelle rémunération revient à chacun des copartageants ? — 7. Qu'est-ce que le fermage ? — 8. Comment se détermine-t-il ? — 9. Qu'est-ce que le loyer ? — 10. Comment se détermine-t-il ? — 11. Quelle est la tendance générale du fermage et du loyer ? — 12. Qu'est-ce que la rente du sol ? — 13. Donnez quelques exemples. — 14. Quelles sont les causes de la rente du sol ? — 15. Réfutez la théorie de Ricardo.

RÉSUMÉ 11. — **Part du propriétaire foncier; fermage.**

I. Fermage.

1° *Définition.* { Ce que le fermier paye au propriétaire pour avoir le droit de cultiver la terre de celui-ci.

2° *Détermination.*
- a. *Utilité* du sol : fertilité, produit, etc.
- b. *Rareté* du sol : offre et demande.

3° *Légitimité.*
- a. Indemnité due au propriétaire.
- b. Rémunération de travaux antérieurs.

II. Loyer.

1° *Définition.* Ce qu'un locataire paye au propriétaire d'un immeuble bâti.

2° *Détermination.*
- Fixé après entente.
- a. *Utilité* : emplacement, luxe, etc.
- b. *Rareté* des locaux.

III. Rente du sol.

1° *Définition.* Partie du fermage qui n'est pas la représentation d'un travail du propriétaire.

2° *Caractère.*
- Par don de fortune.
- Chance variable.

3° *Théorie de Ricardo.* Tous les propriétaires arriveront un jour à augmenter le prix des produits et à faire donner une rente à leurs terres.

4° *Réfutation de cette théorie.*
- a. La classification des terres, d'après Ricardo, est théorique.
- b. La fertilité du sol n'est pas immuable.
- c. Carey a démontré, par l'histoire, que les peuples cultivent d'abord les terres sèches, puis les terres lourdes plus fertiles.
- d. Le producteur n'est pas libre de fixer le prix des choses.
- e. La mise en culture des terres moins fertiles diminue le revenu des terres plus fertiles.
- f. De vastes étendues de terre sont encore inoccupées pour longtemps.

§ 2. — Des différents modes d'exploitation de la terre.

Faire-valoir et amodiation. — On peut concevoir deux modes différents d'exploitation de la terre :

Le faire-valoir,

Et l'amodiation.

Le *faire-valoir* consiste dans l'exploitation du sol par le propriétaire lui-même, soit seul, soit avec l'aide d'ouvriers agricoles qu'il dirige.

L'*amodiation*[1] consiste dans la concession faite par le propriétaire à une autre personne qui exploite à sa place, moyennant une redevance déterminée.

Dans le faire-valoir, le propriétaire réunit sur sa tête deux qualités : il est à la fois propriétaire et entrepreneur; aussi il a droit à une double rémunération : au fermage, en tant que propriétaire; au profit, en tant qu'entrepreneur.

Dans le cas d'amodiation, au contraire, le propriétaire n'est pas entrepreneur, il ne peut prétendre qu'au fermage.

Des diverses sortes d'amodiation. — L'amodiation peut affecter trois formes principales :

Le bail à ferme[2];

Le métayage ou colonage partiaire;

L'emphytéose.

Le bail à ferme est le contrat par lequel le propriétaire foncier concède la possession et la jouissance de sa terre, moyennant une redevance en argent.

Le colonage partiaire ou métayage existe lorsque le propriétaire a droit, non pas à une somme d'argent déterminée, mais à une quote-part des fruits. Il établit une sorte de société entre le propriétaire et le colon ou métayer.

Enfin l'emphytéose est un bail d'une durée très longue, en général de 99 ans.

---

1. *Amodier* a pour synonyme affermer; il vient du bas latin *admodiare*, de *ad*, et de *modus*, mesure.

2. La plupart des auteurs emploient l'expression *fermage;* nous préférons dire « bail à ferme », pour bien distinguer le contrat entre le fermier et le propriétaire, de la rémunération dont le fermier est tenu de s'acquitter entre les mains du propriétaire.

Appréciation des divers procédés d'amodiation. — Les diverses sortes d'amodiation présentent des avantages et des inconvénients, suivant les circonstances et les localités.

Emphytéose. — En ce qui concerne l'emphytéose, il suffit de faire observer que c'est là un procédé d'exploitation qui n'est d'une application fréquente que dans les pays neufs. Elle est, à leur égard, d'une utilité réelle, en ce qu'elle assure le défrichement et la mise en valeur des terres aux frais du concessionnaire qui n'hésite pas à faire des dépenses, même considérables, parce qu'il est à peu près certain d'en être rémunéré par la possession à longue échéance qui lui a été attribuée.

Bail à ferme et métayage. — Le bail à ferme présente les avantages suivants :

1° Le fermier est un véritable chef d'entreprise ; il agit librement et sans entrave, tandis que le métayer est un associé soumis au contrôle et à la surveillance du propriétaire ;

2° Le fermier agit dans son intérêt exclusif ; tous les risques sont à sa charge, tous les bénéfices sont pour lui. Dès lors, il est plus incité à travailler que le métayer, qui partage avec le propriétaire les profits qu'il peut réaliser et les pertes qu'il peut subir.

3° Avec le bail à ferme, les droits du propriétaire sont mieux assurés. La rémunération qui lui est due est fixée à l'avance, d'une façon invariable ; en sorte qu'il n'a à se préoccuper, comme dans le métayage, ni du partage de la récolte ni de la vente de la part des fruits qui lui est attribuée.

Cependant, à certains points de vue, le métayage peut être préféré au bail à ferme :

1° Dans le bail à ferme, il y a un certain antagonisme entre les intérêts du propriétaire et ceux du fermier : l'intérêt du propriétaire étant que la terre ne soit pas épuisée, et que, par une administration intelligente, il soit rendu à cette terre, sous forme d'engrais, ou par la variété des cultures, les éléments chimiques que la précédente récolte a pu lui enlever ; l'intérêt du fermier étant de faire produire au sol le plus possible, sans se préoccuper de la rendre stérile pour longtemps.

Dans le métayage, au contraire, il y a association, union intime des deux contractants, leurs intérêts sont identiques, puisqu'ils partagent les risques et les bénéfices de l'exploitation.

2° Le métayage offre un caractère plus stable; il n'est pas rare que le fils prenne la suite du métayage entrepris par son père, et transmette à son tour à ses propres enfants la terre à cultiver comme métayers; en sorte qu'il s'établit une continuité qui est très profitable à la culture. Le bail à ferme est, au contraire, établi pour une durée relativement courte, le propriétaire voulant se réserver la faculté d'augmenter le prix du fermage, pour profiter de la plus-value qu'à un moment donné la terre peut acquérir. Il en résulte le grave inconvénient que le fermier peut hésiter à faire une dépense pour augmenter ou conserver la fertilité du sol, de peur de n'avoir pas le temps, jusqu'à la fin du bail, de retirer le bénéfice des capitaux qu'il aura enfouis dans la terre.

De tout ce qui précède que faut-il conclure? Doit-on donner la préférence au bail à ferme ou au métayage?

En thèse générale, le bail à ferme est un mode d'exploitation supérieur au métayage, surtout lorsqu'il est conclu pour une durée suffisamment longue.

Mais le métayage est un bien, sinon une nécessité :

1° Lorsque le cultivateur a peu de numéraire;

2° Lorsque la récolte, exposée à des sinistres fréquents, comme les vignobles, peut varier d'une année à l'autre trop brusquement. Le fermier, dont la redevance est fixe, subirait des risques trop grands.

En France, c'est dans les départements du Centre, du Sud-Ouest et du Sud-Est que le métayage se rencontre le plus.

Appréciation économique de l'amodiation et du faire-valoir. — Le faire-valoir est de beaucoup préférable à l'amodiation, tant au point de vue économique qu'au point de vue social :

1° Le faire-valoir suppose la petite propriété et la petite culture, et nous verrons, dans les paragraphes suivants, que ce sont là les deux conditions désirables pour une bonne organisation agricole;

2° Le faire-valoir empêche l'antagonisme, si préjudiciable à la terre, qui existe dans le système de l'amodiation, entre l'intérêt du propriétaire foncier et celui du cultivateur. Le propriétaire qui travaille lui-même sa terre n'hésitera pas à faire toutes les dépenses d'amélioration, dont il sera seul à profiter, et il se gardera bien de lui imposer une production trop abondante, de peur de l'épuiser.

C'est le système du faire-valoir qui l'emporte en France.

En Angleterre, au contraire, c'est le système de l'amodiation.

§ 3. — Des différents systèmes de culture; de la grande et de la petite culture.

Principe fondamental de l'industrie agricole. — Il est une règle fondamentale, en matière agricole : c'est que l'homme doit rendre à la terre les éléments minéraux ou organiques que la culture lui enlève. Sinon, la terre épuisée, privée des principes fécondants dont la nature l'avait dotée, ne pourrait plus produire. C'est la *loi de la restitution*.

Évolution historique de l'industrie agricole. — On peut dire que l'industrie agricole est passée à cet égard par trois phases successives.

1re phase : la culture extensive. — La culture extensive consiste à abandonner une terre lorsqu'elle a suffisamment produit, et à étendre la culture sur de nouvelles terres qu'on défriche et qu'on abandonnera à leur tour à un moment donné.

Ce procédé n'est guère possible que dans les temps primitifs; la terre abonde, et la population est clairsemée; on dispose d'un espace pour ainsi dire illimité.

2e phase : le système de la rotation. — Dans les temps modernes, la culture extensive devient impossible : on a recours au système de la rotation, ou de la culture alterne, ou pratique de l'assolement triennal. On varie chaque année les plantations de façon à faire succéder à des plantes épuisantes,

comme les céréales, les plantes améliorantes, se nourrissant
par l'atmosphère, comme le trèfle et les plantes fourragères
légumineuses.

Ce système est combiné avec celui de la *jachère*, qui consiste à laisser reposer la terre, pour qu'elle puisse se refaire
sous l'action des phénomènes atmosphériques. Il fut pratiqué
en France jusqu'au xviiie siècle; il est encore usité dans certaines contrées.

3e phase : la culture intensive. — De nos jours, le système
de culture qui l'emporte est celui de la culture intensive. Elle
tend à réaliser une production élevée sur un espace restreint,
à l'aide des procédés scientifiques fournis par la chimie et
l'agronomie. Elle doit être employée avec beaucoup de cir-
conspection, parce qu'elle occasionne de grosses dépenses
et exige des capitaux importants. Il faut non seulement que le
sol s'y prête, mais que les débouchés et les prix de vente
soient en rapport avec les sacrifices pécuniaires que comporte
ce genre de culture.

Notons encore ceci : pendant très longtemps la production
agricole a eu en vue soit la consommation domestique, soit
l'approvisionnement d'un marché très rapproché. Il en est
autrement aujourd'hui. Le développement des transports et
l'abaissement des frais qu'ils comportent permettent à la Russie à l'Amérique, à l'Australie, d'envoyer sur nos marchés
principalement des céréales[1] et de concurrencer les produits nationaux. Ce qui est une des causes de la crise dont
souffre actuellement l'agriculture.

De la grande et de la petite culture. — De même que, pour
l'industrie manufacturière, on distingue la grande et la petite
industrie, de même, en matière agricole, on distingue la
grande, la moyenne et la petite culture.

La *grande culture* est celle qui se fait sur des domaines
étendus, ayant une superficie de 40 hectares au moins, et à

---

1. En dehors des céréales, les principales branches de la production agricole sont : la vigne, les pâturages, la culture maraîchère, l'horticulture, les
bois, la culture des plantes industrielles.

l'aide d'animaux et de machines que l'homme n'a qu'à diriger.

La *moyenne culture* s'entend des exploitations plus restreintes, variant entre 10 et 40 hectares, où l'homme emploie la charrue, mais travaille sans le secours des machines agricoles.

Enfin, *la petite culture* a lieu sur les parcelles de terrain inférieures à 10 hectares, à l'aide du petit matériel agricole et par les seules forces de l'homme.

Il faut noter que lorsque l'on compare les différents systèmes de culture, on a l'habitude de confondre la moyenne et la petite culture sous la même dénomination de *petite culture*, pour les opposer à la grande culture. C'est ce que nous ferons dans la suite de nos explications.

Supériorité de la petite culture sur la grande culture. — A plusieurs points de vue, la petite culture est supérieure à la grande culture :

1° La petite culture est presque toujours liée au faire-valoir; elle profite donc de tous les avantages que présente ce procédé d'exploitation; tandis que la grande culture entraîne ordinairement l'amodiation, avec tous ses inconvénients.

2° La petite culture est seule possible pour la culture maraîchère, qui nécessite des soins minutieux, des frais d'installation assez élevés (cloches, châssis, etc.), et qui se fait à proximité d'   villes, sur des terrains très chers.

3° Au p   de vue de la main-d'œuvre, la petite culture est également préférable à la grande. C'est le propriétaire lui-même, aidé de sa femme et de ses enfants, qui travaille d'une façon constante, avec cette passion que le paysan a pour la terre. Aussi fait-il produire au sol, à peu de frais, tout ce qu'il peut donner.

4° Car la petite culture l'emporte encore sur la grande en ce qu'elle donne un produit plus considérable. Elle peut nourrir la même population urbaine que la grande culture, mais en outre elle assure la subsistance à une population rurale plus nombreuse.

Objections contre la petite culture. — Malgré tous ces avantages, la grande culture a eu ses partisans convaincus, surtout en Angleterre, où elle est très développée, et elle a trouvé un ardent défenseur dans un économiste et agronome anglais, Arthur Young.

1° On a fait observer que la grande culture présentait les avantages propres à la grande industrie : emploi des machines, économie des installations, division du travail, etc.

Mais nous avons vu que ces avantages étaient bien moindres dans l'agriculture que dans l'industrie manufacturière.

Ensuite, les petits propriétaires peuvent se procurer une partie des résultats que procure la production en grand, par voie d'association. C'est ainsi que, dans le Jura français et en Suisse, des associations existent entre petits propriétaires pour l'exploitation en commun de fromageries. Tous les jours, chaque propriétaire porte au siège social le lait de ses animaux ; ce lait est pesé et mesuré, et le propriétaire a droit à une part proportionnelle du produit fabriqué. De pareilles associations donnent d'excellents résultats.

2° On a dit encore que la grande culture est seule favorable aux progrès et aux découvertes, tandis que la petite culture, tant par économie que par sa nature même, est asservie à la routine.

Cela est vrai dans une certaine mesure. Il est évident que le grand propriétaire foncier, disposant de capitaux importants, peut seul tenter les perfectionnements nouveaux. Mais il suffit pour cela qu'il y ait quelques grandes exploitations dans chaque région ; le grand propriétaire donnera l'impulsion, et le petit propriétaire suivra son exemple, lorsque les procédés expérimentés auront produit de bons résultats.

La grande culture se rencontre en Angleterre, aux États-Unis, en Australie.

En France, au contraire, les deux tiers du sol sont soumis au régime de la petite culture.

§ 4. — **Grande et petite propriété.** — Inconvénients d'un trop grand morcellement ou d'une concentration excessive des terres.

Grande et petite propriété. — En général, la grande culture est jointe à la grande propriété, et la petite culture à la petite propriété.

Il peut cependant en être autrement. On peut, en effet, supposer qu'un agriculteur organise une exploitation importante en affermant à plusieurs propriétaires fonciers des terres de peu d'étendue. Et, à l'inverse, il peut arriver que le propriétaire d'un domaine considérable le divise en parcelles restreintes, afin de trouver plus facilement à le louer.

Morcellement de la propriété en France : ses causes. — La France est, par excellence, un pays de petite propriété. Le sol y est morcelé à l'infini entre un nombre de propriétaires qu'on évalue à plus de 15 millions.

Le morcellement a pour cause principale le régime successoral actuellement en vigueur, qui établit le principe du partage égal entre les enfants, en le garantissant par l'obligation du rapport des donations entre vifs et des legs, et par la limitation du droit de tester.

Il résulte en outre de la pratique fréquente de vendre les grands domaines en lots, pour en tirer le prix le plus élevé possible.

Avantages de la petite propriété. — Le régime de la petite propriété présente une évidente supériorité au point de vue social.

Plus le nombre des individus qui sont propriétaires est grand, plus on a de garantie pour le maintien de l'ordre dans un État, parce que, d'une part, la masse est intéressée à éviter les secousses politiques, et parce que, d'autre part, la propriété moralise l'homme et lui inspire un sentiment très fort de respect pour le droit d'autrui.

L'avantage n'est pas moins grand au point de vue économique : la petite propriété permet l'application de la petite culture et du faire-valoir. Ensemble, ces trois systèmes assurent la bonne exploitation de la terre et la prospérité agricole d'un pays.

Inconvénients d'un trop grand morcellement de la propriété. — Il ne faudrait pas cependant exagérer les bienfaits de la petite propriété au point de la morceler à l'excès.

Le morcellement exagéré peut entraîner l'émiettement du sol, de telle sorte, a-t-on dit, qu'il puisse être réduit en poussière, ou, tout au moins, qu'il soit condamné à la *culture naine*. Et à ce sujet on a critiqué très vivement la disposition de l'article 826 du Code civil donnant à chaque héritier le droit de réclamer sa part de succession en nature. Il en résulte, en effet, qu'un champ qui était déjà très restreint pour le propriétaire décédé, se trouvera partagé encore en parcelles infimes entre ses héritiers.

Ce danger existe certainement, en théorie. Mais, dans la pratique, nous n'avons pas à le redouter beaucoup pour la France. Le morcellement excessif de la terre par suite des transmissions héréditaires trouve son correctif naturel dans la passion du paysan pour le sol : il épargne sans cesse dans l'unique pensée « d'arrondir » sa terre, en achetant les parcelles environnantes.

La grande propriété. Ses causes. — La Grande-Bretagne est la terre classique de la grande propriété. La concentration du sol y est telle que 5,000 personnes se partagent les deux tiers du territoire. On ne compte qu'un propriétaire sur 26 chefs de famille en Angleterre, 1 sur 52 en Irlande, et 1 sur 84 en Ecosse, tandis qu'en France sur 7,650,000 chefs de famille, il y a 5,550,000 propriétaires.

Les causes de cette situation sont :

1º La prise de possession par les grands propriétaires des terres vagues et l'expropriation graduelle des paysans, à partir du XVIᵉ siècle ;

2º Le maintien du régime de la propriété féodale ;

3º La survivance, en plein XIXᵉ siècle, des privilèges d'aînesse, de masculinité, et du système des *substitutions fidéi-commissaires*.

Inconvénients d'une concentration excessive de la propriété. — La concentration excessive de la propriété entre les mains d'un petit nombre d'individus est une cause de danger pour un État.

Au point de vue social, en effet, elle établit une classe de privilégiés, dont la fortune, acquise sans travail, s'augmente chaque jour davantage comme d'elle-même, et au-dessous, séparée par un fossé infranchissable, une classe innombrable de déshérités, de prolétaires, vivant au jour le jour, sans l'espoir de devenir jamais propriétaires de la terre où ils sont nés et qu'ils ont fécondée de leurs sueurs. Il en résulte des haines de classe qui peuvent être un jour la cause de discordes et de conflits redoutables.

Au point de vue économique, elle peut être une cause de ruine pour la population rurale. Le propriétaire foncier, étant maître de vastes étendues de terrains, peut les enlever à la culture et les transformer en pâturages ou en territoires de chasse, et réduire ainsi à la misère des populations entières. C'est ainsi qu'en Ecosse d'énormes districts qui étaient considérés comme des prairies d'une fertilité et d'une étendue exceptionnelles, sont maintenant perdus pour la culture et consacrés aux plaisirs d'un petit nombre de chasseurs [1].

« On ne cite pas un seul pays que la petite propriété ait conduit à la ruine. L'abus des grandes fortunes immobilières a, au contraire, été funeste à l'Italie ancienne, et de nos jours, il crée en Angleterre un malaise social des plus profonds [2]. »

____

1 et 2. Cauwès, *op. cit.*, n° 1050.

QUESTIONNAIRE 12 sur l'exploitation de la terre.

1. Qu'est-ce que le faire-valoir? — 2. Qu'est-ce que l'amodiation? — 3. Combien de formes principales peut affecter l'amodiation? — 4. Qu'est-ce que l'emphytéose? — 5. Qu'est-ce que le bail à ferme? — 6. Qu'est-ce que le métayage ou colonage partiaire? — 7. Au point de vue économique, appréciez l'amodiation et le faire-valoir.

Systèmes de culture. — 8. Quel est le principe fondamental de l'industrie agricole? — 9. Qu'est-ce que la culture extensive? — 10. Le système de la rotation? — 11. La culture intensive? — 12. Qu'entend-on par grande culture? — 13. Par moyenne et par petite culture? — 14. Quelle est la supériorité de la petite culture sur la grande? — 15. Quelles objections fait-on à la petite culture? — 16. Comment peut-on rattacher la question de la grande et de la petite propriété à celle de la grande et de la petite culture? — 17. Quelles sont les causes du morcellement de la propriété en France? — 18. Y a-t-il des avantages et des inconvénients au morcellement de la propriété? — 19. Quels sont les avantages et les inconvénients de la grande propriété?

RÉSUMÉ 12. — Exploitation de la terre.

I. Amodiation.

- **1° *Définition*.** — Concession faite par un propriétaire à une autre personne qui exploite à sa place moyennant une redevance déterminée.
- **2° *Trois formes*.**
  - *a.* Bail à ferme.
    - 1° Le fermier est chef d'entreprise.
    - 2° Il est incité à produire beaucoup.
    - 3° Le propriétaire ne s'occupe pas des produits de la récolte.
  - *b.* Colonage partiaire ou métayage.
    - 1° Le propriétaire veille à ce que le sol ne soit pas trop vite épuisé.
    - 2° Redevance en fruits, non en argent.
    - 3° Caractère plus stable.
  - *c.* Emphytéose.
    - Bail de longue durée.
    - En usage dans les pays neufs.

II. Faire-valoir.

- **1° *Définition*.** — Exploitation du sol par le propriétaire lui-même, qui possède en outre la qualité d'entrepreneur.
- **2° *Ses avantages*.**
  - *a.* Suppose la petite propriété et la petite culture.
  - *b.* Empêche l'antagonisme préjudiciable à la terre entre le propriétaire et le fermier.

III. Divers systèmes de culture.

- **1° *Principe de restitution*.** — L'homme doit rendre à la terre les éléments minéraux ou organiques que la culture lui enlève.
- **2° *Évolution historique*.**
  - C. *extensive* : abondance des terres, *système de la rotation* ou culture alterne ; les assolements.
  - C. *intensive* : engrais.
- **3° *Grande*.** — 40 hectares : machines perfectionnées, division du travail.
- **4° *Moyenne*.** — de 10 à 40 hectares : la charrue.

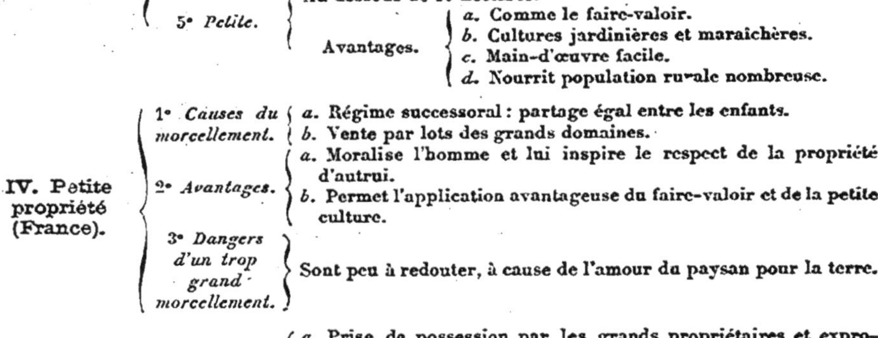

- **5° *Petite*.**
  - Au-dessous de 10 hectares.
  - Avantages.
    - *a.* Comme le faire-valoir.
    - *b.* Cultures jardinières et maraîchères.
    - *c.* Main-d'œuvre facile.
    - *d.* Nourrit population rurale nombreuse.

IV. Petite propriété (France).

- **1° *Causes du morcellement*.**
  - *a.* Régime successoral : partage égal entre les enfants.
  - *b.* Vente par lots des grands domaines.
- **2° *Avantages*.**
  - *a.* Moralise l'homme et lui inspire le respect de la propriété d'autrui.
  - *b.* Permet l'application avantageuse du faire-valoir et de la petite culture.
- **3° *Dangers d'un trop grand morcellement*.** — Sont peu à redouter, à cause de l'amour du paysan pour la terre.

V. Grande propriété (Angleterre).

- **1° *Causes de la concentration*.**
  - *a.* Prise de possession par les grands propriétaires et expropriation des paysans.
  - *b.* Maintien du régime féodal.
  - *c.* Droit d'aînesse et de masculinité.
- **2° *Inconvénients*.**
  - *a.* Danger social pour l'État.
  - *b.* Haine de classes.
  - *c.* Misère profonde des populations rurales.

Chapitre II. — De la part du capital : l'intérêt.

Définition. — La part du capitaliste dans la répartition s'appelle l'*intérêt*.

L'intérêt est ce qu'une personne paye au capitaliste pour avoir le droit de se servir d'un capital déterminé, et même d'en disposer, à charge de restitution à une époque fixée à l'avance.

Théoriquement, l'intérêt peut se concevoir aussi bien à l'occasion du prêt d'un capital quelconque, machine, outil, matière première, etc., qu'à l'occasion du prêt d'une somme d'argent. Mais en pratique, lorsqu'on parle du prêt à intérêt, c'est toujours au prêt d'argent que l'on songe. C'est l'hypothèse la plus fréquente, dans laquelle nous allons nous placer.

Exemple : je vous remets à titre de prêt 100 francs le 1er janvier 1904, jusqu'au 1er janvier 1905, moyennant un intérêt de 5 p. 100. Au 1er janvier 1905, vous aurez à me payer, non pas 100 francs que je vous ai comptés, mais 105 francs.

Légitimité du prêt à intérêt ; historique. — La légitimité du prêt à intérêt a été contestée dès la plus haute antiquité. Aristote le trouvait injuste, parce que, disait-il, un écu n'a jamais enfanté un autre écu ; dès lors, l'intérêt sort nécessairement de la bourse de l'emprunteur, qu'il appauvrit.

C'est en se fondant sur le même raisonnement que le droit canonique et, après lui, notre ancien droit français prohibèrent le prêt à intérêt sous le nom flétrissant d'*usure*.

Législation actuelle. Objections des socialistes. Réfutation. — La prohibition du prêt à intérêt a été levée par les lois révolutionnaires, et les rédacteurs du Code civil en ont formellement reconnu la légitimité dans l'article 1905[1].

Cependant les socialistes, reprenant les arguments invoqués par Aristote et par les Pères de l'Eglise, refusent d'admettre le prêt à intérêt.

1. Voir sur ce point nos *Eléments de droit usuel*, p. 304.

D'après eux, le capital joue un rôle purement passif, dans l'œuvre de la production : il ne transforme pas, mais il subit des transformations. Seul, le travail produit ; seul, il peut donner à un objet matériel une certaine plus-value. Dès lors, attribuer une partie de cette plus-value au capitaliste, c'est spolier l'ouvrier.

Il est facile de répondre à cette objection, et d'établir par des arguments positifs que l'intérêt est aussi légitime que le fermage, que le loyer, ou que le salaire de l'ouvrier.

On dit : le capital ne produit pas, il est inerte. Cela est vrai. Mais sans lui la production serait-elle possible ? Sans la matière première, sans les instruments, machines ou outils, sans l'argent nécessaire au payement du salaire de l'ouvrier, comment l'homme pourrait-il travailler et produire ?

Le capital est donc l'instrument essentiel, indispensable, du travail ; voilà pourquoi il doit avoir sa part dans le produit fabriqué, comme le travail lui-même.

L'intérêt que le capitaliste se fait payer pour le prêt d'une somme d'argent est légitime :

1º Parce qu'il est une juste rémunération du service que le capitaliste rend à l'emprunteur, en lui permettant de disposer de son capital ;

2º Parce qu'il est une juste compensation de la privation de jouissance que ce capitaliste s'impose au profit de l'emprunteur ;

3º Parce qu'en se dessaisissant entre les mains d'un emprunteur, le prêteur court le risque de n'être pas remboursé, si son obligé devient insolvable. Il est équitable qu'il reçoive une prime d'assurance contre le risque qu'il court.

Du taux de l'intérêt. — On entend par taux de l'intérêt la somme que doit payer l'emprunteur pour 100 francs de capital et pour une année.

Ainsi, le taux de l'intérêt est de 1, de 3, de 5 p. 100, suivant que l'emprunteur doit payer 1, 3 ou 5 francs à titre d'intérêt, par 100 francs de capital.

Détermination du taux de l'intérêt. — Ce sont les parties elles-mêmes qui déterminent le taux de l'intérêt par leur convention.

Diverses circonstances influent sur cette détermination :

a) D'abord, le profit que l'emprunteur espère tirer de l'emploi de la somme qui lui est prêtée ;

b) Puis, la rémunération que le capitaliste juge indispensable pour être compensé de la privation momentanée de son capital ;

c) Ensuite, le risque plus ou moins grand — variant suivant les individus et les industries — que le capitaliste court de ne pas être remboursé ;

d) Enfin, l'abondance plus ou moins grande de capitaux, d'une part ; le nombre plus ou moins grand d'entrepreneurs désirant emprunter, d'autre part.

Plus l'offre des capitaux sera importante, en proportion de la demande des entrepreneurs, plus l'intérêt sera minime ; au contraire, l'intérêt tendra à s'élever si la demande des entrepreneurs augmente, alors que l'offre des capitaux reste la même.

Limitation du taux de l'intérêt. — Cependant, la loi peut fixer un taux maximum que les parties ne pourront dépasser. C'est ce qu'avait fait la loi du 3 septembre 1807, qui avait établi comme limite extrême de l'intérêt : 5 p. 100 en matière civile, 6 p. 100 en matière commerciale.

Les colonies avaient été exclues de cette règle, en raison des risques plus grands auxquels les capitaux y sont exposés.

D'autre part, une loi du 9 juin 1857 permit à la Banque de France d'élever librement son escompte au delà du taux légal.

La loi du 14 janvier 1886 a réalisé une importante réforme : elle a maintenu la restriction du taux de l'intérêt en matière civile, mais elle l'a supprimée en matière commerciale.

Quelle est la raison d'être de la limitation du taux de l'intérêt, et doit-on approuver son maintien en matière civile ?

Pour justifier la limitation du taux de l'intérêt, on invoque deux arguments : d'abord, le besoin de protéger le débiteur aux abois contre sa propre faiblesse, en le mettant dans l'impossibilité de promettre à son créancier une somme exagérée à titre d'intérêt; ensuite, le souci d'éviter le retour des désordres auxquels les exactions des usuriers donnèrent lieu à toutes les époques de l'histoire, à Rome, dans notre ancien droit, et dans le cours même de ce siècle.

Ces arguments nous paraissent insuffisants pour justifier une atteinte aussi grave portée au principe fondamental de la liberté des conventions.

La limitation du taux de l'intérêt ne protège en rien le débiteur; car il lui est facile de tourner la loi, et d'obtenir d'un usurier à un taux exorbitant la somme qu'il aurait pu se procurer dans de meilleures conditions sous le régime de la libre concurrence, si la loi lui avait permis d'emprunter ouvertement au delà d'un taux déterminé.

Quant aux troubles provoqués par les exactions des usuriers, nous ferons observer qu'ils se sont produits précisément à une époque où le taux de l'intérêt était limité, comme à Rome et dans notre ancien droit, où le prêt à intérêt était complètement prohibé.

Si l'on se rend compte, comme nous le dirons plus loin, que la monnaie n'est autre chose qu'une marchandise ordinaire, la limitation du taux de l'intérêt se conçoit encore moins.

Il n'est pas venu à l'esprit du législateur de fixer le prix maximum des loyers et des fermages, ou le prix de vente des produits. Il serait logique d'appliquer à la monnaie les mêmes principes de liberté.

On ne peut donc qu'approuver la loi de 1886 d'avoir supprimé le taux légal de l'intérêt pour les affaires commerciales. Mais on doit regretter qu'elle n'ait pas été plus loin et qu'elle ait maintenu le maximum de 5 p. 100 en matière civile, notamment pour les prêts faits à l'agriculture.

Tendance du taux de l'intérêt. — Le taux de l'intérêt tend constamment à s'abaisser au cours de la civilisation.

D'une part, en effet, les capitaux augmentent, et la concurrence entre les prêteurs d'argent les force à consentir aux emprunts de meilleures conditions ;

D'autre part, le profit que les entrepreneurs peuvent retirer de l'argent prêté tendant à diminuer, ils ne peuvent offrir aux capitalistes qu'une rémunération de plus en plus restreinte[1].

Chapitre III. — De la part de l'entrepreneur : le profit.

Ce que c'est que le profit. — La part de l'entrepreneur dans la répartition s'appelle le *profit*.

Nous avons vu quel était le rôle de l'entrepreneur dans l'œuvre de la production des richesses. C'est lui qui a l'initiative de l'affaire, c'est lui qui l'organise, qui la dirige et qui en a tous les risques.

C'est à lui qu'appartient le produit exécuté par les ouvriers sous ses ordres ; et lorsque ce produit est vendu, c'est lui qui retire le bénéfice que la vente peut procurer.

On peut définir le profit, la différence entre le prix de vente du produit fabriqué et le montant des dépenses que l'entrepreneur a dû exposer pour l'obtenir.

Exemple : pour reprendre l'hypothèse indiquée plus haut[2], supposons qu'un kilogramme de fil de coton écru ait coûté 1 fr. 66 à produire. Si l'entrepreneur le vend 1 fr. 80, son profit sera de toute la différence entre 1 fr. 66 et 1 fr. 80, soit 0 fr. 14 par kilogramme.

Différence essentielle entre le profit d'une part, l'intérêt et le salaire d'autre part. — Il suit de là qu'une différence essentielle sépare le profit de l'intérêt et du salaire.

L'intérêt et le salaire sont dus à tout événement, et sont invariables quel que soit le résultat de l'opération.

Le profit est, au contraire, essentiellement aléatoire et variable : très élevé si l'entreprise prospère ; médiocre ou même

1. En sens contraire, Gide, p. 573.
2. Voir *supra*, page 68.

nul si l'entreprise se soutient à peu près ou ne réussit pas du tout. En sorte que si l'entrepreneur peut espérer arriver à la fortune, il doit aussi redouter la ruine, la faillite et quelquefois le déshonneur.

Légitimité du profit. — Le profit de l'entrepreneur est légitime, parce qu'il rémunère tantôt le capital, tantôt le travail, tantôt le capital et le travail à la fois.

Le profit rémunère le capital seul lorsque l'entrepreneur est une société anonyme, Compagnie de chemins de fer, Crédit foncier, Société du canal de Suez, etc. Il est distribué aux actionnaires sous forme de dividende.

Le profit rémunère le travail seul lorsque l'entrepreneur est un homme qui, n'ayant en propre aucun capital, a emprunté ce qui lui était nécessaire pour l'installation et le fonctionnement de son entreprise.

Enfin, le profit rémunère tout à la fois le capital et le travail lorsque l'entrepreneur est en même temps capitaliste, et a exposé tout ou partie de son patrimoine dans une affaire.

Non seulement le profit est légitime en soi, au même titre que l'intérêt et le salaire, mais on conçoit qu'il soit plus élevé que l'intérêt et le salaire, en raison de son caractère aléatoire et du risque énorme encouru par l'entrepreneur.

Causes qui influent sur la détermination du profit. — De nombreuses causes influent sur la détermination du profit :

1° Le nombre d'entrepreneurs appliqués à la production de la richesse, et l'importance des besoins des consommateurs.

Plus il y aura d'entreprises exploitant le même genre de produits, plus le profit de chacune d'elles tendra à s'avilir; plus, au contraire, la demande des consommateurs augmentera, plus le profit ira en grandissant.

2° Plus les risques à courir sont considérables, plus il est juste que le profit soit élevé.

3° Les qualités personnelles de l'entrepreneur : son intelligence, son esprit d'ordre, d'économie, d'initiative, et même d'invention.

Il est certain, par exemple, que si un entrepreneur de filature, par suite d'un procédé nouveau qu'il a découvert, ou
par une tenue plus ordonnée et plus sévère de son usine,
parvient à produire à meilleur marché que ses concurrents,
il réalisera un profit plus fort qu'eux, même en vendant sa
marchandise à prix égal.

Comme l'intérêt, le profit subit une tendance à la baisse
au cours de la civilisation. Le nombre des entrepreneurs
augmente avec la vulgarisation de l'instruction d'une part,
et, d'autre part, avec l'abaissement du taux de l'intérêt qui
procure le crédit à bon marché; les risques diminuent par
suite des perfectionnements réalisés par l'industrie et le commerce. Enfin, les profits exceptionnels résultant des inventions, des procédés nouveaux de fabrication, deviennent de
plus en plus rares.

QUESTIONNAIRE 13 sur l'intérêt et le profit.

1. Qu'est-ce que l'intérêt? — 2. Comment peut-on légitimer l'intérêt? — 3. Qu'entend-on par taux de l'intérêt? — 4. Comment se
détermine le taux de l'intérêt? — 5. Pourquoi a-t-on cru devoir
limiter le taux de l'intérêt? — 6. Est-ce un bien? — 7. Quelle est
la tendance du taux de l'intérêt? — 8. Qu'est-ce que le profit? —
9. Quelle différence essentielle faites-vous entre le profit, l'intérêt
et le salaire? — 10. Le profit est-il légitime? — 11. Quelles sont les
principales causes qui influent sur la détermination du profit?

RÉSUMÉ 13. — Intérêt et profit.

I. Intérêt.	*Définition.*	Part du capitaliste dans la répartition des richesses.
II. **Sa légitimité.**	1° C'est une juste rémunération d'un service rendu. 2° — — compensation d'une privation de jouissance. 3° C'est une prime d'assurance contre les risques.	

III. Taux de l'intérêt.

- 1° *Définition.* — Ce que l'emprunteur doit payer au capitaliste pour chaque somme de 100 francs prêtée pour un an.
- 2° *Circonstances qui le déterminent.*
  - *a.* Profit espéré par l'emprunteur.
  - *b.* Rémunération que le capitaliste juge indispensable.
  - *c.* Risque plus ou moins grand.
  - *d.* Abondance ou pénurie des capitaux.
- 3° *Limitation.* — Loi du 14 janvier 1886.
  - A 5 pour 100 en matière civile.
  - Illimité en matière commerciale.
- 4° *Tendance à la baisse.*
  - *a.* Les capitaux augmentant, concurrence entre les prêteurs d'argent.
  - *b.* Le profit des entrepreneurs baissant, ceux-ci offrent un taux faible au capitaliste.

IV. Profit. — *Définition.*
- Part de l'entrepreneur dans la répartition des richesses.
- C'est la différence entre le prix de revient et le prix de vente.
- Il est aléatoire et variable.

V. Sa légitimité. — *C'est la juste rémunération :*
- *a.* Tantôt du capital.
- *b.* — travail.
- *c.* — capital et du travail à la fois.

VI. Sa détermination. — *Causes influentes.*
- *a.* D'après le nombre d'entrepreneurs pour la même production.
- *b.* Risques à courir.
- *c.* Qualités individuelles de l'entrepreneur.
- *d.* Ces mêmes causes amènent une tendance à la baisse.

Chapitre IV. — De la part de l'ouvrier : le salaire.

Définition. — La part de l'ouvrier dans la répartition s'appelle le salaire.

Le salaire est ce que l'entrepreneur ou le patron s'oblige à payer à un ouvrier, comme rémunération de ses services pendant un certain temps, ou pour prix de la confection d'un travail.

Le salaire tend à rémunérer les travaux industriels directement appliqués à l'œuvre de la production.

Les *appointements* ou *traitements* se réfèrent aux travaux qui n'ont qu'un rapport indirect avec la production, tels que ceux des employés ou des fonctionnaires de l'Etat, du département et des communes. On réserve l'expression d'*honoraires* pour les services des avocats, médecins, professeurs, etc.

Nature du salaire. — Le salaire présente deux caractères essentiels :

1º Il est certain ; il est dû à tout événement, quel que soit le résultat, bon ou mauvais, de l'entreprise ;

2º Il est payable à des époques déterminées, sans avoir besoin d'attendre que le produit soit achevé ou vendu.

Sur ces deux points, le salaire ressemble à l'intérêt et diffère du profit.

Ce mode de rémunération est avantageux pour l'ouvrier qui, n'ayant pas de capitaux, ne peut attendre, ni subordonner le résultat de son travail à la réussite de l'entreprise.

Divers modes de salaire. — Il y a deux modes principaux d'établissement du salaire : 1º le salaire au temps ; 2º le salaire à la tâche.

1º Salaire au temps. — Le salaire au temps est celui qui est payé à l'ouvrier qui s'engage à travailler pendant un temps déterminé sous les ordres d'un patron ; le salaire est fixé à la journée, au mois ou à l'année. Le contrat qui, dans ce cas, lie le patron à l'ouvrier, est un contrat de *louage de services*[1].

Cette combinaison est la seule possible pour les travaux qui ne peuvent pas être divisés en tâches distinctes et séparées, tels que le travail du mécanicien de chemin de fer, du charretier, etc.

Inconvénients. — Ce mode de rémunération est préférable pour l'ouvrier, parce qu'il a un salaire déterminé à l'avance d'une façon invariable.

Mais il offre un grave inconvénient pour le patron; l'ouvrier, n'étant pas stimulé par l'intérêt personnel, peut travailler le moins possible; le patron est obligé, dans ce cas, d'exercer une surveillance minutieuse et quelque peu vexatoire, pour lutter contre la paresse possible de l'ouvrier et empêcher les pertes de temps.

Correctif : salaire au temps et à prime. — Pour éviter ces inconvénients, le patron peut combiner le salaire au temps avec un système de primes.

Il intéresse l'ouvrier au travail, en distribuant des primes à raison de la quantité d'ouvrage effectuée dans une certaine unité de temps, la journée par exemple, ou à raison de l'économie réalisée sur la matière première, le combustible, ou à raison du fini de l'ouvrage.

2° Salaire à la tâche. — Le salaire à la tâche est celui qui est évalué à tant par ouvrage achevé.

Le contrat qui existe, dans ce cas, entre le patron et l'ouvrier, est le *louage d'ouvrage.*

C'est le mode de rémunération le plus rationnel, puisqu'il établit une relation directe entre le salaire payé par le patron et le travail fourni par l'ouvrier.

D'ailleurs, cette combinaison offre un égal avantage pour le patron et pour l'ouvrier : l'ouvrier laborieux peut gagner plus que par le salaire à la journée; plus il produit, plus sa part dans la répartition augmente.

---

1. Voir nos *Notions d'Instruction civique et de droit usuel*, p. 349.

De son côté, le patron n'a pas besoin de surveiller de près son ouvrier pour le forcer à travailler. L'intérêt personnel de l'ouvrier est pour lui un sûr garant de son activité et de son énergie.

Ces avantages ne vont pas cependant sans certains inconvénients, soit pour le patron, soit pour l'ouvrier :

Le patron est exposé aux malfaçons de l'ouvrier qui, voulant produire beaucoup pour augmenter son salaire, est tenté de travailler trop vite et très mal.

De son côté, l'ouvrier n'a pas la certitude dont il jouit avec le travail au temps. Produit-il en grande quantité, son salaire est élevé. Produit-il peu, son salaire peut se restreindre au point de n'être plus suffisant pour lui permettre de faire face à ses besoins. Enfin, il court un certain risque : il est en perte à l'égard de son patron, si la tâche qu'il a consenti à accomplir pour un prix déterminé lui demande plus de temps qu'il n'avait prévu[1].

D'autres combinaisons peuvent encore être indiquées : 1° *le salaire à la tâche avec prime*. Dans ce système, l'ouvrier, en dehors du payement à la tâche, reçoit une prime pour toutes les tâches qu'il a accomplies au delà d'une certaine moyenne dans un temps déterminé; 2° *l'échelle mobile des salaires*. C'est un procédé consistant à déterminer le taux du salaire d'après le résultat de la production. Ce système est usité depuis 1877 dans les houilles du Durham. A la fin de chaque trimestre, une commission, composée des représentants du capital et du travail, fixe le montant des salaires pour le trimestre suivant, d'après le prix de vente de la houille pendant le trimestre écoulé.

Du marchandage. — Le marchandage est une combinaison particulière qui consiste, de la part d'un entrepreneur, chargé d'un travail d'ensemble, à rétrocéder une partie de ce travail à un sous-entrepreneur ou tâcheron qui, pour l'exécuter, embauche à son tour des ouvriers.

1. D'ailleurs la jurisprudence exige, pour l'application du décret de 1848, que la preuve soit faite qu'il y a eu intention coupable d'exploiter l'ouvrier, preuve qu'il est impossible de faire en pratique.

Le tâcheron est un véritable entrepreneur, il court des risques, et en conséquence il a droit à un profit.

Ce système est très critiqué par les socialistes, qui prétendent que le profit réalisé par le tâcheron est prélevé sur le salaire des ouvriers. C'est, disent-ils, une des causes du *sweating system* ou système de la suée, qui consiste à faire travailler de longues journées pour un faible salaire et dans les plus mauvaises conditions d'hygiène. Il a été prohibé par un décret des 2-21 mars 1848.

Mais cette combinaison est si pratique que, malgré cette interdiction, dont la légalité a d'ailleurs été contestée, elle est d'un usage très fréquent à Paris, surtout dans l'industrie du bâtiment.

Du truck system. — Le *truck system* consiste dans le payement en nature du salaire. Au lieu de donner de l'argent à l'ouvrier, le patron lui délivre des bons ou jetons qui sont échangeables contre des marchandises prises à l'économat patronal. Ce mode de payement présente deux sortes d'inconvénients : d'une part, l'ouvrier est exposé à être exploité par le patron, qui peut majorer d'une façon arbitraire la valeur de ses marchandises ; d'autre part, il peut être exploité par des usuriers auxquels il est sollicité de vendre ses jetons au-dessous de leur valeur pour se procurer de l'argent. Ce procédé de payement du salaire est interdit en Belgique et en Angleterre. En France, la loi du 12 janvier 1895 s'est bornée à limiter la mesure dans laquelle des retenues pourraient être faites pour les fournitures d'objets de consommation. Mais elle n'a rien décidé des retenues pour amendes ; il peut en résulter de ce chef des abus regrettables dans la pratique.

De la participation aux bénéfices. — *Définition.* — La participation aux bénéfices est un système consistant à rémunérer le travail de l'ouvrier en lui donnant d'abord un salaire fixe, et en outre une part déterminée sur les bénéfices de l'entreprise.

Avantages. — Cette combinaison est très ingénieuse et présente de grands avantages pour le patron comme pour l'ouvrier.

1° En intéressant l'ouvrier au résultat de son travail, elle augmente son énergie à produire.

2° Elle tend à retenir l'ouvrier dans le même atelier et à établir entre l'ouvrier et le patron une communauté d'intérêts qui est de nature à prévenir les conflits entre le travail et le capital, et à écarter les dangers de grève.

Un essai de ce genre a été tenté pour la première fois, en France, en 1843, par un entrepreneur de peinture, M. Leclaire. La tentative a pleinement réussi.

Observations. — Malgré les avantages incontestables de cet arrangement, il faut bien se garder d'y voir autre chose qu'une forme particulière du contrat de salaire, et, d'autre part, il ne faut pas se dissimuler les difficultés que cette combinaison peut rencontrer dans certaines industries.

La participation aux bénéfices n'est qu'une forme particulière du contrat de salaire. Ce n'est pas une association proprement dite entre le patron et l'ouvrier, car l'ouvrier ne fait aucun apport et n'est pas tenu aux pertes. En outre, le patron entend rester maître de la direction de l'entreprise, et n'autorise nullement les ouvriers à exercer un contrôle quelconque sur sa comptabilité et sur les actes de sa gestion. Ce serait donc une grave erreur de voir dans la participation aux bénéfices un arrangement destiné à amener la suppression du salariat.

En outre, ce système de rémunération n'est pas applicable à toutes les industries. Il suppose, avant tout, une certaine stabilité du personnel ouvrier, qui est difficilement réalisable dans certaines entreprises, celles du bâtiment notamment. Il faut, de plus, que le nombre des ouvriers ne soit pas trop considérable; car, autrement, la répartition des bénéfices ne procurerait à chacun d'eux qu'une somme insignifiante.

Détermination du taux des salaires. — Application de la loi de l'offre et de la demande. — Le salaire est arrêté à la suite d'une entente entre le patron et l'ouvrier. Mais la volonté de l'un et de l'autre ne se détermine pas d'une façon arbitraire. Elle est soumise à des lois générales qu'il convient de rechercher.

Il y a un minimum au-dessous duquel le salaire ne peut descendre : c'est ce qui est indispensable à l'ouvrier pour vivre et faire vivre sa femme et ses enfants.

Il y a un maximum qu'il ne peut dépasser, c'est la valeur du produit. Il est bien évident, en effet, que l'entrepreneur cesserait de produire s'il devait laisser entre les mains des ouvriers, sous forme de salaire, le montant intégral du prix qu'il retire du produit qu'ils ont servi à fabriquer.

Entre ce minimum et ce maximum, le salaire oscille sous l'influence de la loi de l'offre et de la demande.

Lorsque, de la part de l'ouvrier, l'offre du travail sera plus considérable que la demande du côté de l'entrepreneur, le salaire tendra vers la baisse; lorsque la demande sera, au contraire, plus forte que l'offre du travail, le salaire aura une tendance à s'élever.

Autres causes qui influent sur le taux des salaires. — D'autres causes influent sur la détermination du salaire et expliquent qu'il soit établi d'une façon inégale suivant les pays, suivant les industries, et, dans chaque industrie, suivant les personnes.

1º C'est d'abord la productivité du travail. Plus l'œuvre de la production sera féconde, plus grande sera la plus-value réalisée à la suite de la vente du produit, et plus le salaire tendra à s'élever. « L'habileté de l'ouvrier, son énergie au travail et le perfectionnement de l'art industriel, voilà les éléments qui permettent les hauts salaires[1]. »

C'est ce qui explique que l'ouvrier soit mieux payé aux Etats-Unis et en Angleterre que partout ailleurs.

2º Ce sont ensuite les dangers qui peuvent résulter de l'exercice d'une profession déterminée.

Ainsi, les mineurs, dont la vie est chaque jour en péril,

1. Beauregard, *op. cit.*, p. 131.

reçoivent un salaire relativement plus élevé que celui des autres ouvriers.

3° Il faut tenir compte également que certains métiers inspirent le dégoût et la répulsion, tandis que d'autres sont entourés d'estime et de considération.

L'attrait d'une haute paye peut seul assurer le recrutement des premiers. Quant aux professions de la seconde classe, le prestige dont elles jouissent suffit pour y retenir ceux qui les exercent, malgré l'insuffisance de la rémunération qui leur est attribuée [1].

Tendance des salaires. — Pour apprécier si les salaires ont une tendance vers la hausse ou vers la baisse, il faut distinguer avec soin le *salaire nominal* du *salaire réel*.

On entend par *salaire nominal* la somme d'argent que reçoit l'ouvrier pour prix de son travail.

On entend par *salaire réel* ce que la somme d'argent payée à l'ouvrier peut lui procurer en objets nécessaires à son existence et à son bien-être : vivres, vêtements, logement, etc.

Cette distinction s'impose, parce que la valeur de la monnaie, c'est-à-dire sa puissance d'échange, n'est pas invariable ; elle augmente ou elle diminue, comme celle des autres marchandises. Dès lors, on n'aurait pas une idée des changements qui se sont produits dans la condition de l'ouvrier au cours du dernier siècle si l'on s'arrêtait à la comparaison du salaire nominal ; il faut donc examiner à la fois le salaire nominal et le salaire réel.

Le salaire nominal s'est élevé d'une façon continue à partir de 1850. L'ouvrier qui, à cette époque, gagnait 2 francs par jour, gagne aujourd'hui de 3 fr. 30 à 3 fr. 50 pour le même travail. On évalue la hausse des salaires à 70 p. 100 dans l'industrie, à 65 p. 100 dans l'agriculture.

Mais il faut tenir compte que, d'un côté, les objets de pre-

---

1. C'est ce qui explique que les appointements du bourreau soient si élevés, tandis que les traitements d'un magistrat ou d'un professeur sont insuffisants pour rémunérer les avances considérables de temps et de travail qu'il a dû faire pour s'instruire. (Cauwès, *op. cit.*, n° 812.)

mière nécessité, tels que le vin, le pain, la viande, le logement, ont augmenté de prix, et, de l'autre, que les objets manufacturés, linge, vêtements, etc., ont diminué de valeur dans une grande proportion.

Dans ces conditions, on a pu dire que le salaire *réel* n'avait augmenté qu'à concurrence de 40 à 45 p. 100[1].

Il n'y a pas de raison pour que ce mouvement ascensionnel ne continue à se produire dans l'avenir, et que le salaire ne s'élève progressivement, tandis que l'intérêt du capitaliste et de l'entrepreneur tendent à s'amoindrir.

Exposé et réfutation de deux théories erronées sur le salaire. — Nous en aurons terminé avec le salaire, lorsque nous aurons exposé deux théories célèbres en économie politique : la théorie du salaire naturel de Ricardo, que le socialiste Lassalle a appelée la *loi d'airain*, et la théorie de Stuart Mill sur le *fonds des salaires*.

1° Théorie du salaire naturel : la loie d'airain. — D'après Ricardo, le salaire naturel ou *normal* serait égal à la somme qui est nécessaire à l'ouvrier pour vivre et faire vivre une famille restreinte.

En effet, dit-il, si le salaire venait à s'abaisser au-dessous de ce taux, l'ouvrier, n'ayant plus suffisamment de quoi vivre, serait emporté par la misère et la maladie ; la mortalité décimant les travailleurs, l'offre de travail diminuerait par rapport à la demande des patrons, et le salaire s'élèverait.

Mais alors, l'élévation du salaire se produisant, il arriverait que l'ouvrier, mieux vêtu, mieux logé, mieux nourri, vivant plus largement, se donnerait le luxe d'un plus grand nombre d'enfants. La population ouvrière ne tarderait pas à s'accroître et à faire baisser le salaire, par suite d'une demande de travail supérieure à l'offre d'emploi.

Il en résulte que l'ouvrier serait maintenu par un joug de fer dans une situation d'infériorité fatale, malgré les progrès

1. Beauregard, *op. cit.*, p. 151

constants de l'industrie. C'est pourquoi les socialistes ont appelé cette règle inflexible la *loi d'airain*.

Voici ce qui a été répondu : ce que Ricardo appelait le salaire naturel et normal, c'est en réalité le salaire minimum. Sans doute, il est indispensable que l'ouvrier reçoive, en échange de son travail, de quoi vivre et faire vivre les siens. Mais ce n'est là que le strict nécessaire, au-dessous duquel le salaire ne peut descendre. Ce n'est pas le salaire naturel ou normal.

Ricardo a le tort de ne considérer qu'un côté de la question : l'offre du travail. Il remarque qu'avec l'augmentation de la population ouvrière, cette offre s'accroît, mais il ne recherche pas si la demande du travail ne devient pas en même temps plus considérable. Or, précisément, loin de rester stationnaire, le chiffre des emplois s'élève au fur et à mesure que l'industrie progresse et que la population se développe; en sorte que l'équilibre ne se trouve pas nécessairement rompu au détriment de l'ouvrier.

Enfin, il est un élément que Ricardo néglige et qui joue cependant un rôle important dans la détermination du salaire : c'est la productivité du travail. L'ouvrier profite, nous l'avons vu, des perfectionnements que les inventions nouvelles apportent à l'industrie. Plus grande est la plus-value obtenue par la fabrication du produit, plus forte est sa part dans la répartition des richesses.

Nous l'avons d'ailleurs montré plus haut : la situation matérielle de l'ouvrier s'est améliorée d'une façon considérable dans la seconde moitié du xix° siècle, et tandis que l'intérêt du capitaliste et le profit de l'entrepreneur vont s'amoindrissant, le salaire de l'ouvrier, au contraire, tend vers la hausse, d'une manière constante.

2° Théorie du fonds des salaires. — D'après Stuart Mill, le salaire de l'ouvrier est déterminé par deux éléments principaux : la demande du travail, représentée par le chiffre de la population ouvrière, et l'offre d'emploi, qui correspond à la portion des capitaux que les entrepreneurs entendent affecter au payement de la main-d'œuvre.

Tout entrepreneur distingue dans les capitaux qu'il destine à la marche de ses opérations une part réservée à l'achat des matières premières, et une part qui doit être distribuée sous forme de salaires aux ouvriers. En additionnant toutes les sommes qui, à un moment donné, sont affectées, par tous les entrepreneurs, à rémunérer le travail des ouvriers, on a un fonds qu'on peut appeler le *fonds des salaires*.

Pour déterminer le salaire moyen de chaque ouvrier, il suffit de diviser la somme qui représente le fonds des salaires par le nombre des ouvriers.

Exemple : supposons que la somme que tous les entrepreneurs réunis destinent au payement des salaires s'élève pour une seule journée à 6,000,000 de francs, et qu'il y ait 1,000,000 d'ouvriers. Le salaire moyen sera, pour chaque ouvrier, 6 fr. par jour.

Cette théorie aboutit à des conséquences aussi lamentables que la loi d'airain. Elle tend à présenter la situation de l'ouvrier comme dépendant du bon plaisir de l'entrepreneur et ne devant pas s'améliorer avec les progrès de l'industrie. De plus, elle est de nature à restreindre la force productive individuelle de l'ouvrier. Comme la somme à distribuer pour prix de la main-d'œuvre est limitée, il ne faut pas qu'un ouvrier travaille plus longtemps ou produise plus qu'un autre, parce que le salaire supplémentaire qu'il recevrait serait prélevé sur le fonds commun au détriment des autres ouvriers [1].

On ne peut adresser à Stuart Mill le reproche que l'on a fait à Ricardo, de ne pas tenir compte de l'offre d'emploi en même temps que de la demande du travail. Il envisage, au contraire, les deux éléments du problème. Mais, comme Ricardo, il a le tort de ne pas admettre que la productivité du travail influe directement [2] sur la détermination du taux du

1. C'est sous l'influence de cette théorie que les *trade unions*, en Angleterre, ont prétendu limiter le nombre d'heures de travail pour tous les ouvriers.

2. Les progrès de la production n'auraient qu'une influence indirecte sur

salaire. A son avis, le salaire de l'ouvrier devrait se déterminer d'après le capital dont l'entrepreneur dispose au moment où il commence ses opérations, et non d'après les résultats de la production.

C'est là une conception purement artificielle. Il est évident que l'entrepreneur règle le prix de la main-d'œuvre, comme les dépenses de matériel et de matières premières, d'après ce qu'il présume pouvoir obtenir de la vente du produit.

la hausse des salaires; elle consisterait en ce que, les capitaux augmentant par suite des inventions nouvelles, la part affectée aux salaires se trouverait accrue par voie de conséquence.

QUESTIONNAIRE 14 sur le salaire.

1. Qu'est-ce que le salaire? — 2. A quoi se réfèrent les expressions: appointements, traitements, honoraires? — 3. Quels sont les caractères essentiels du salaire? — 4. Qu'est-ce que le salaire au temps? — 5. Quels en sont les avantages et les inconvénients? — 6. Qu'est-ce que le salaire au temps et à prime? — 7. Qu'est-ce que le salaire à la tâche? — 8. Quels en sont les avantages et les inconvénients? — 9. Qu'est-ce que le salaire à la tâche avec prime? — 10. Qu'est-ce qu'on entend par échelle mobile des salaires? — 11. Qu'est-ce que le marchandage? — 12. Qu'est-ce que le truck system? — 13. En quoi consiste la participation aux bénéfices? — 14. Quels en sont les avantages? — 15. Comment se détermine le taux des salaires? — 16. Qu'entend-on par salaire nominal et salaire réel? — 17. Exposez la théorie du salaire naturel ou loi d'airain. — 18. Comment peut-on réfuter cette théorie? — 19. Qu'entend-on par théorie du fonds des salaires?

RÉSUMÉ 14. — Le salaire.

I. Définition.
{ Part de l'ouvrier dans la répartition des richesses.
Caractère.
{ *a.* *Certain*, quel que soit le succès.
{ *b.* Payable à des époques déterminées *d'avance.*

II. Divers modes de salaires.

1° *Salaire au temps.*
{ Payé à l'ouvrier qui s'engage à travailler pendant un temps déterminé.
Inconvénients : l'ouvrier n'est pas incité au travail.
Correctif : salaire au temps et à prime.

2° *Salaire à la tâche.*
{ Évalué à tant par ouvrage achevé.
Inconvénients. { Malfaçons de l'ouvrier.
{ Gain incertain.

3° *Marchandage.*
{ Rétrocession d'une partie du travail à un sous-entrepreneur ou tâcheron.

4° *Truck system.*
Payement du salaire en nature ; graves inconvénients.

5° *Participation aux bénéfices.*
a. Système qui donne à l'ouvrier une part sur les bénéfices de l'entreprise.
b. Avantages. { Ouvrier intéressé.
{ Communauté d'intérêt avec le patron.
c. Conditions. { 1. Stabilité du personnel.
{ 2. Nombre restreint d'ouvriers.

III. Détermination du taux des salaires.
1° Loi de l'offre et de la demande. { Salaire minimum.
{ — maximum.
2° Productivité du travail et de l'industrie.
3° Dangers de certaines professions.
4° Dégoût ou répulsion pour certaines autres.
5° Conséquence : tendance à la hausse.
{ *a.* Salaire *nominal :* 65 à 70 pour 100.
{ *b.* — *réel* 40 à 45 pour 100.

IV. Théorie du salaire naturel (loi d'airain).
Quoi qu'il fasse, l'ouvrier sera toujours soumis à un salaire naturel et normal très faible (Ricardo), il sera maintenu sous un joug de fer, sous la *loi d'airain* (Lassalle).
Erreur. { *a.* Ricardo ne voit que l'offre du travail.
{ *b.* Il ne tient pas compte de la productivité du travail.

V. Théorie du fonds des salaires (Stuart Mill).
Le salaire moyen dépendrait du bon plaisir des entrepreneurs, l'ouvrier devrait restreindre son travail.
Erreur. { L'entrepreneur ne peut pas régler le salaire d'après les capitaux qu'il emploie au début de ses opérations, mais d'après la vente des produits aux consommateurs.

SECTION III. — Les associations ouvrières et les syndicats ouvriers.

Division. — Nous diviserons la section en deux chapitres :
Chapitre premier. — Associations ouvrières.
Chapitre II. — Syndicats ouvriers.

CHAPITRE PREMIER. — Associations ouvrières.

Définition. — On comprend sous la dénomination générale d'associations ouvrières ou d'associations coopératives, des sociétés que des ouvriers — et même de petits artisans ou de petits propriétaires — forment entre eux à l'aide d'une cotisation de peu d'importance, en vue d'un résultat déterminé. On peut les ranger, d'après leur objet, en quatre catégories :
1° Sociétés de consommation personnelle ;
2° Sociétés de consommation industrielle ou de magasinage.
3° Sociétés de crédit ;
4° Sociétés de production.

Origine historique. — La première idée de l'association coopérative revient à la France. Mais, comme pour beaucoup d'autres institutions, elle ne s'implanta chez nous qu'après avoir été appliquée avec succès en Angleterre. On peut faire remonter l'histoire des sociétés coopératives à l'essai si heureux tenté par les *Equitables pionniers de Rochdale*, près de Manchester.

Dans le courant du mois de novembre 1843, vingt-huit pauvres tisserands en flanelle de la ville de Rochdale se réunirent et jetèrent les bases d'une association qui avait pour but d'acheter en gros les objets de consommation quotidienne, et de les revendre ensuite aux associés au comptant et au prix du commerce : de cette façon, ils auraient des vivres sains, et ils garderaient pour eux le bénéfice que réalise le détaillant. Chaque associé s'engageait à verser dans la caisse commune une cotisation de 0 fr. 20 par semaine prélevée sur son salaire. Les opérations devaient commencer dès qu'on aurait formé un capital suffisant.

A la fin de l'année suivante, 1844, on avait réuni 700 francs. C'est avec ce capital dérisoire que l'association s'établit. Elle louait un magasin 250 francs, et avec les 450 francs qui restaient, elle achetait une petite provision de sel, de beurre, etc. On vendit alors aux associés et au public ; et sur les bénéfices réalisés on fit deux parts : l'une qui fut distribuée aux associés, l'autre répartie entre les acheteurs, associés ou non, au prorata de leurs achats. Dès la seconde année, le nombre des associés était porté à 74, et le capital social s'élevait à 4,525 francs. Dès lors, la prospérité de la société suivit une marche ascendante avec l'extension de ses affaires, et actuellement elle possède plus de 9,000 membres et dispose d'un capital de plus de sept millions. Depuis longtemps déjà, elle n'est plus seulement une association de consommation, vendant tous les objets nécessaires à l'existence de chaque jour : mercerie, boucherie, cordonnerie, etc. ; elle est en outre une association de production fabriquant elle-même la plupart des objets manufacturés qui sont mis en vente dans ses magasins.

Mouvement d'opinion en faveur des associations ouvrières. — Cet exemple montre combien est grande la puissance de l'association, quand elle est conduite avec prudence et dirigée avec un grand esprit d'ordre et d'économie. C'est ce résultat merveilleux qui a été le point de départ d'un mouvement considérable d'opinion en faveur des associations ouvrières. Mais on s'exposerait à de graves mécomptes si on y voyait un moyen infaillible de trancher la question sociale, en supprimant le salariat et en faisant de tous les ouvriers des patrons. En étudiant les diverses sortes de sociétés coopératives, il nous sera facile de nous rendre compte que seule la société de production aboutit à ce résultat ; et nous

serons obligés de constater que, de toutes les sociétés ouvrières, c'est celle qui a le plus de difficultés à s'établir et à fonctionner.

1° Sociétés de consommation personnelle. — Les sociétés
de consommation personnelle ont pour but l'établissement
de magasins d'approvisionnement qui vendent aux associés,
et même au public, les objets de consommation quotidienne :
denrées alimentaires, chaussures, vêtements, etc.

La vente a lieu au comptant et au prix du commerce de détail.

Les bénéfices réalisés sur les opérations sont divisés en
trois parts :

L'une alimente le fonds de réserve de la société ;

L'autre est distribuée, comme dividende, aux actionnaires ;

Enfin, la troisième est répartie entre les acheteurs au prorata de leurs achats.

C'est là une combinaison très heureuse, qui rend de très
grands services :

1. Elle permet à l'ouvrier de se procurer des vivres sains ;

2. Elle supprime un intermédiaire, le détaillant, et assure
à l'ouvrier le bénéfice qui sert à le rémunérer ;

3. Elle oblige l'ouvrier à acheter comptant, et écarte la pratique mauvaise de la vente à crédit ;

4. Enfin, par la répartition des bénéfices obtenus, au prorata des achats, elle réalise une forme ingénieuse de l'épargne, en la faisant naître à l'occasion des dépenses faites.

Les sociétés de consommation personnelle sont exposées à
un danger très grand, la mauvaise gestion administrative et
commerciale des sociétaires, qui n'ont pas l'expérience des
affaires.

C'est en Angleterre principalement que ce genre de sociétés est très développé. Après l'Angleterre, c'est l'Allemagne
qui en compte le plus grand nombre. Il en existe très peu en
France [1].

---

1. Citons, parmi les plus prospères, l'Association coopérative de consommation des employés civils de l'Etat, du département de la Seine et de
la ville de Paris.

2° Sociétés de consommation industrielle. — Ce sont des sociétés formées soit entre ouvriers, soit entre petits propriétaires fonciers, soit entre petits industriels, pour s'aider mutuellement par une coopération étroite, dans l'exercice d'un métier, dans l'exploitation du sol ou dans la vente de produits manufacturés.

Ces sociétés sont de trois sortes :

a) Les sociétés pour l'achat des matières premières et de l'outillage industriel. — Comme les sociétés de consommation personnelle, elles ont pour but l'achat en gros et la revente au détail aux associés de certains objets; mais, au lieu que ce soient des objets d'approvisionnement, ce sont des matières premières, des outils, qu'elles achètent et revendent.

Ces sociétés permettent à l'ouvrier tâcheron de se procurer dans de meilleures conditions de prix et de qualité ce qui lui est indispensable pour l'exercice de sa profession.

b) Sociétés coopératives agricoles. — Elles se forment entre petits cultivateurs, soit pour l'acquisition de semences, d'engrais, de bétail, soit pour la manutention ou la vente de certains produits agricoles, beurre, fromage, etc. Ces sociétés permettent de remédier à l'infériorité que peut présenter à certains égards la petite propriété, par l'action combinée de plusieurs propriétaires.

c) Sociétés de magasinage. — Ce sont des sociétés formées entre de petits industriels qui louent à frais communs un local où les produits de tous les associés sont exposés et mis en vente.

Les associés en retirent un grand profit : les frais généraux sont moins élevés, d'une part, et, d'autre part, les produits s'écoulent plus facilement dans de vastes bazars où la clientèle est attirée par la variété des produits exposés.

Ce n'est guère qu'en Allemagne que ces sociétés ont prospéré.

3° Sociétés de crédit. — Ce sont des sociétés ayant pour but de prêter de l'argent aux petits artisans ou aux ouvriers pour les aider dans leurs entreprises, ou leur procurer les premiers fonds afin de s'établir.

Un certain nombre d'artisans forment, à l'aide de cotisations, un capital avec lequel ils organisent une banque. Ils reçoivent des dépôts du public moyennant intérêt, et ils prêtent à leurs membres les sommes dont ils ont besoin.

La règle fondamentale de ces banques populaires, c'est que tous les associés sont responsables indéfiniment et solidairement des obligations contractées envers les dépositaires. C'est le secret de la faveur avec laquelle le public confie son épargne à ces banques. L'ouvrier isolé n'a pas de crédit; on lui prête difficilement, parce qu'il n'a pour répondre de son engagement que ses qualités professionnelles, et que cette garantie est soumise à des risques trop grands : mort, maladie, incapacité de travail, etc. La garantie est, au contraire, sérieuse lorsqu'elle consiste dans l'engagement d'une centaine d'ouvriers.

Les sociétés de crédit ont pris en Allemagne un développement considérable, sous l'influence d'un homme dont le nom est resté attaché à cette institution, M. Schultze-Delizsch. De là elles ont pénétré en Russie, en Italie, en Belgique. Elles sont peu usitées en Angleterre, où la petite industrie occupe une place insignifiante; elles se sont encore moins propagées en France.

Ce serait une erreur de compter sur de pareilles sociétés pour élever l'ouvrier à la situation de patron. Les banques populaires ne prêtent guère à la masse des salariés; elles sont plutôt des auxiliaires de la petite industrie, et viennent surtout en aide aux petits patrons, aux détaillants du commerce, et à quelques ouvriers d'élite seulement.

4° Sociétés de production. — Ce sont les seules qui tendent directement à supprimer le patron, en confondant, dans la personne des ouvriers, le travail de direction et le travail d'exécution.

Un nombre plus ou moins grand d'ouvriers, à l'aide de cotisations prélevées sur leur salaire, ou par le moyen d'emprunts, réunissent un certain capital, avec lequel ils se mettent à produire. La production effectuée, c'est à la société qu'appartient le produit fabriqué, et les profits comme les pertes qui peuvent résulter de l'opération sont répartis entre les associés.

Le fonctionnement de ces sortes de sociétés se heurte à des difficultés de plusieurs ordres.

1° C'est tout d'abord ce qu'on a appelé l'absence d'éducation économique chez l'ouvrier.

Il peut être très habile dans l'exécution, connaître à fond son métier : il lui manque généralement le coup d'œil d'ensemble et l'expérience des affaires, qui sont deux qualités indispensables pour l'entrepreneur. Il lui manque également l'esprit de discipline, qui n'est pas moins nécessaire pour la bonne administration des intérêts d'une société. Tous les ouvriers qui composent la société voudraient être chargés de la gérance, et ceux qui sont voués aux travaux d'exécution supportent avec autant d'impatience l'autorité des gérants qu'ils se sont donnés, que celle d'un patron ordinaire.

2° L'association expose l'ouvrier à des risques qu'il n'est pas en situation de courir. Tandis qu'avec le contrat de salaire, le produit de son travail est assuré à des époques déterminées à l'avance, il en est bien différemment sous le régime de la société de production. Si l'entreprise ne réussit pas, les ouvriers qui composent la société sont exposés à perdre tout à la fois leur capital et leur travail.

3° Il est un autre grief qu'on a relevé à l'adresse des sociétés de production. Dans la pensée de certains auteurs, ces associations sont destinées à faire disparaître le salariat dans l'avenir. Or, elles empruntent elles-mêmes cette forme de contracter au régime actuel. Lorsqu'une société de production a prospéré, elle cesse d'admettre de nouveaux membres associés, elle devient alors une véritable société de petits patrons faisant travailler sous ses ordres des ouvriers salariés.

Il n'existe en France qu'un petit nombre de sociétés de production. Les premières apparurent en 1848; par un décret du 5 juillet 1848, l'Assemblée constituante mit à leur disposition une somme de 3 millions, mais cette somme fut dépensée sans profit. Depuis, une centaine d'associations sont parvenues à se fonder.

En Angleterre, au contraire, ce genre d'association a pleinement réussi.

QUESTIONNAIRE 15 sur les associations ouvrières.

1. Qu'entend-on par associations ouvrières? — 2. En combien de catégories peut-on les ranger? — 3. Exposez l'historique des Equitables pionniers de Rochdale? — 4. Quel est le but des sociétés de consommation personnelle? — 5. Des sociétés de consommation industrielle? — 6. Des sociétés de crédit? — 7. Des sociétés de production? — 8. Quelles difficultés rencontrent ces dernières sociétés?

RÉSUMÉ 15. — **Associations ouvrières.**

I. Définition et historique.
Sociétés d'ouvriers ou de petits propriétaires versant une faible cotisation. Elles ont un but déterminé.

Les Equitables pionniers de Rochdale.
En 1843, 28 sociétaires, 700 fr. capit.
1844, 74 — 4.525 fr. —
1894, 8,400 — 7 millions.

De là, mouvement d'opinion très favorable aux associations ouvrières.

II. Sociétés coopératives de consommation personnelle.

1° *But.* Etablissement de magasins d'approvisionnements vendus aux associés et au public.

2° *Bénéfices répartis en trois.*
a. La 1ʳᵉ part alimente le fonds de réserve.
b. La 2ᵉ est distribuée comme *dividende* aux actionnaires.
c. La 3ᵉ est partagée entre les acheteurs au prorata de leurs achats.

3° *Services.*
a. L'ouvrier se procure des vivres sains.
b. Elles suppriment un intermédiaire, le détaillant.
c. Obligent l'ouvrier à acheter au comptant.
d. C'est une forme ingénieuse d'épargne.

4° *Danger.* Mauvaise gestion administrative et commerciale des sociétaires.

III. Sociétés de consommation industrielle.
1° S. pour l'achat des matières premières et de l'outillage industriel.
2° S. coopératives agricoles : semences, engrais, etc.
3° S. de magasinage : frais généraux diminués.

IV. Sociétés de crédit.
But : prêter de l'argent aux petits artisans, aux ouvriers.
Tous les associés sont responsables.
Elles viennent surtout en aide aux petits patrons.

V. Sociétés de production.
Les seules sociétés tendant à supprimer le patron.

Difficultés.
a. Absence d'éducation économique.
b. L'ouvrier est exposé à des risques.
c. Elles en arrivent à être des sociétés de petits patrons qui font travailler des ouvriers salariés.

Chapitre II. — Syndicats.

Exposé général et division. — Les syndicats ouvriers sont des associations formées entre gens exerçant le même métier, pour l'étude et la défense de leurs intérêts professionnels, et notamment en vue d'obtenir les meilleures conditions au point de vue du salaire et de l'organisation du travail.

Les syndicats ouvriers diffèrent des *coalitions*.

Les coalitions sont des associations temporaires, tandis que les syndicats sont des associations permanentes.

La Révolution française, après avoir prononcé la suppression des anciennes corporations, dans la crainte de les voir se reformer, prohiba toute association, soit temporaire, soit permanente, entre patrons ou entre ouvriers. Le Code pénal sanctionna cette interdiction de peines rigoureuses.

On condamnait ainsi l'ouvrier à l'isolement, et on lui ôtait la puissance considérable que procure l'entente concertée des individus, pour lutter contre les exigences et les abus du capital.

Ces barrières ont été successivement levées, le délit de coalition a disparu par la loi du 26 mai 1864; la loi du 30 juin 1881 a fait un pas de plus dans la voie des mesures libérales, en établissant la liberté de réunion. Enfin, la loi du 21 mars 1884 a complété la réforme en accordant aux ouvriers et aux patrons le droit de former des associations permanentes, sous le nom de *syndicats professionnels*.

Nous allons nous occuper :

1° Des coalitions et des grèves;

2° Des syndicats professionnels.

§ 1er. — Coalitions et grèves.

Définitions. — La coalition est une entente établie entre ouvriers pour refuser le travail au patron, afin d'obtenir une augmentation de salaire, ou une diminution d'heures de travail, ou d'autres concessions.

La grève est l'interruption simultanée du travail de la part des ouvriers.

La coalition et la grève sont deux puissants moyens dont les ouvriers peuvent user pour se défendre contre la tyrannie du capital.

De leur côté, les patrons peuvent se coaliser contre les ouvriers pour leur imposer certaines conditions et, à la grève du travail, répondre par la grève du capital, en fermant les ateliers. Cela se rencontre cependant plus rarement ; et lorsqu'on parle de coalition et de grève, c'est toujours à la coalition et à la grève des ouvriers qu'il est fait allusion.

Historique et législation actuelle. — Comme nous avons eu déjà l'occasion de le faire observer, la coalition était considérée comme un délit par le Code pénal, aussi bien pour les ouvriers que pour les patrons (ART. 414 ET 415.)

C'était une solution très critiquable, à un double point de vue. D'une part, on enlevait aux ouvriers une arme puissante ; d'autre part, il paraissait illogique de reconnaître à l'ouvrier isolé le droit de ne pas travailler, et de refuser le même droit à une réunion d'ouvriers.

La République de 1848 ne fit qu'aggraver cette situation. La loi du 27 novembre 1849 éleva la peine encourue, en portant le maximum de l'emprisonnement de 1 mois à 3 mois.

C'est seulement la loi du 25 mai 1864 qui a supprimé le délit de coalition ; mais elle réprima, sous le nom de délit d'atteinte à la liberté du travail, le fait d'amener ou de maintenir une cessation concertée du travail à l'aide de violences, voies de fait, menaces ou manœuvres frauduleuses. De plus, elle conserva l'ancien article 416 du Code pénal punissant les ouvriers qui, à l'aide d'amendes, de défenses, de prescriptions ou interdictions prononcées par suite d'un plan concerté, portaient atteinte à la liberté du travail.

Ce dernier article a été abrogé par la loi du 21 mars 1884 sur les syndicats professionnels.

En résumé donc, sous l'empire de la législation actuelle, les coalitions et les grèves sont permises ; et lorsqu'une grève a été décidée, la majorité des ouvriers favorables à la grève peut l'imposer à la minorité par des amendes ou des mises à l'index.

Seuls les actes de violence sont prohibés et réprimés par la loi.

Causes des grèves. — Les grèves ont généralement pour causes :

Ou bien une demande d'augmentation de salaire ;

Ou bien une demande de diminution des heures de travail ;

Ou bien des questions de personnes : renvoi d'ouvriers, demande de renvoi d'un chef, etc.

Résultats des grèves. — On s'est demandé souvent si la grève était profitable à l'ouvrier, et beaucoup d'auteurs ont répondu que les ouvriers avaient plus de dommages à en attendre que d'avantages à en retirer.

Cette opinion n'est pas exacte. Il est évident que l'organisation des grèves a eu une action salutaire sur la condition de l'ouvrier. Sans doute, tant que la grève dure, l'ouvrier qui n'a pas su épargner en prévision du chômage qu'il s'impose, est très malheureux. Mais ce sont là des souffrances passagères.

La plupart du temps, la grève se termine à la satisfaction des ouvriers. Le patron est souvent obligé de céder, parce que l'interruption prolongée du travail lui cause un dommage considérable, dans la grande industrie surtout : les machines se détériorent dans l'inaction, le capital reste improductif, pendant que les intérêts et le loyer continuent à courir ; enfin les débouchés peuvent être perdus par le fait des concurrents aux aguets.

Bien mieux, la crainte de la grève agit quelquefois aussi puissamment que la grève elle-même ; et il n'est pas rare de voir des patrons faire de grands sacrifices, en donnant satisfaction aux ouvriers, pour conjurer la grève avant même qu'elle n'ait été déclarée.

Loi préventive de la grève. — Il n'en est pas moins vrai qu'au point de vue général la grève est un mal, parce qu'elle tend à entretenir à l'état aigu le conflit entre le capital et le travail, et aussi parce qu'elle est souvent accompagnée d'actes de violence et d'émeutes.

C'est pourquoi on a cherché à prévenir les grèves ou à les terminer rapidement à l'aide de la conciliation ou de l'arbitrage. D'après la loi du 27 décembre 1892, une tentative de conciliation peut être provoquée par les ouvriers ou par les patrons, lorsque le conflit est imminent, ou proposée par le juge de paix, si le conflit est déclaré.

Un comité de conciliation, composé des délégués des parties intéressées, se réunit en présence du juge de paix à la mairie. Si l'accord ne s'établit pas, des arbitres peuvent être nommés pour trancher le différend. La sentence qu'ils rendent n'est que moralement obligatoire pour les deux parties, en raison de l'engagement qu'elles ont pris de la respecter. Mais, dans la pratique, aucune sanction positive ne peut en assurer l'exécution, à l'égard des ouvriers, à raison de leur nombre.

La loi de 1892 n'a donné jusqu'ici que des résultats fort médiocres.

§ 2. — Syndicats professionnels.

Définition. — Les syndicats professionnels sont des associations formées entre personnes exerçant le même métier, pour l'étude et la défense de leurs intérêts professionnels.

Ils peuvent être constitués entre ouvriers, — ce sont alors les syndicats ouvriers, — ou entre patrons, ou entre patrons et ouvriers. Ces derniers sont appelés syndicats mixtes.

Loi du 21 mars 1884. — C'est la loi du 21 mars 1884 qui a autorisé la création des syndicats professionnels. Cette loi a doté les patrons et les ouvriers d'un véritable privilège en leur accordant la liberté d'association qui n'existe pas pour les simples particuliers. Cependant cette loi a simplement régularisé une situation de fait.

Malgré les prohibitions établies par les lois révolutionnaires, de véritables associations s'étaient constituées et fonctionnaient clandestinement, sous le nom de chambres syndicales.

L'administration avait été toujours assez tolérante et même favorable aux chambres syndicales de patrons; elle se montrait au contraire rigoureuse envers les chambres syndicales ouvrières, qui se cachaient souvent sous le couvert de sociétés de secours mutuels. Mais, depuis la fin du second empire, les unes et les autres avaient réussi à obtenir une reconnaissance de fait, qui est devenue légale en 1884.

Economie générale de la loi de 1884. — 1º Conditions requises pour la constitution régulière des syndicats. — La constitution régulière des syndicats est subordonnée aux conditions suivantes :

a) Il faut que le syndicat ne comprenne que des membres exerçant actuellement et réellement la profession qui forme l'objet du syndicat. Il importe peu qu'ils soient Français ou étrangers, majeurs ou mineurs; les femmes, mariées ou non, peuvent également en faire partie.

b) Il faut que tous les membres du syndicat exercent la même profession ou des professions similaires ou connexes.

c) La direction du syndicat ne peut appartenir qu'à des individus de nationalité française, jouissant de leurs droits civils et faisant partie du syndicat.

d) Le syndicat ne peut fonctionner régulièrement qu'après avoir déposé à la mairie, en double exemplaire, dont l'un est destiné au procureur de la République :

α) Le texte de ses statuts;

β) Les noms de ses directeurs ou administrateurs.

2º Objet des syndicats professionnels. — D'après l'article 3 de la loi de 1884, les syndicats professionnels ont exclusivement pour objet l'étude et la défense des intérêts économiques, industriels, commerciaux et agricoles. Ils ne doivent pas constituer des associations politiques.

Ils peuvent formuler des réclamations, organiser la grève, ester en justice. Ils ont aussi la faculté de fonder des institutions accessoires : caisses d'assurances, établissement d'ateliers de refuge, magasins pour la vente et la réparation des outils, cours, conférences, écoles professionnelles, sociétés de secours mutuels et offices de renseignements, etc.

Ces deux dernières institutions sont rendues plus faciles en ce que les syndicats sont dispensés de demander l'autorisation administrative pour les établir.

3° Personnalité des syndicats. — Les syndicats professionnels constituent des personnes morales[1].

En conséquence, ils peuvent être propriétaires et ester en justice.

a) Capacité d'acquérir. — La capacité d'acquérir des syndicats n'est pas absolue.

Ils peuvent devenir propriétaires, sans aucune restriction, des choses mobilières (meubles meublants, actions, obligations, etc.), soit par donation entre vifs, soit par testament, soit de toute autre façon.

Il en est différemment en ce qui concerne les immeubles. Ils ne peuvent acquérir, soit par donation, soit par testament, soit par actes à titre onéreux, d'autres immeubles que ceux qui sont nécessaires à leurs réunions, à leurs bibliothèques et à des cours d'instruction professionnelle (ART. 6).

La sanction de cette dernière disposition est la suivante : si le syndicat a acquis un immeuble, en dehors du cas prévu par la loi, à la suite d'une donation ou d'un testament, la donation ou le legs pourra être annulé sur la demande des personnes intéressées et du procureur de la République.

Si l'acquisition a eu lieu en vertu d'une vente, la vente n'est pas nulle; mais le procureur de la République pourra contraindre le syndicat à revendre l'immeuble, et le prix sera versé dans la caisse du syndicat.

---

1. Voir, sur la définition et la notion de la personnalité morale, nos *Notions d'instruction civique et de droit usuel*, p. 280.

b) Capacité d'ester en justice. — Les syndicats peuvent, sans aucun doute, agir en justice pour défendre leurs intérêts de personne morale, — par exemple, réclamer la délivrance d'un legs, revendiquer un immeuble qui est affecté à l'installation du syndicat, etc.

Mais peuvent-ils également intenter une action en justice pour protéger les intérêts professionnels de ses membres? Il semble que la solution affirmative doive être admise. Cependant, la question a donné lieu à des interprétations contradictoires de la jurisprudence.

Un syndicat de pharmaciens ayant réclamé des dommages-intérêts à des personnes qui avaient vendu irrégulièrement des produits pharmaceutiques, l'action a été déclarée recevable par diverses Cours d'appel (Paris, janvier 1886; Grenoble, 1892).

Au contraire, la Cour de Dijon et la Cour de cassation ont refusé d'admettre l'intervention d'un syndicat ouvrier, établi à Chauffailles, qui plaidait au nom de quelques ouvriers pour faire respecter par les patrons un traité, signé en 1889 avec le syndicat, sur la détermination du salaire et des heures de travail (Dijon, 23 juillet 1890; Cassation, 1er février 1893).

4° Action du syndicat sur ses membres. — Le syndicat peut réclamer à ses membres, tant qu'ils en font partie, le payement d'une cotisation. Il peut, en outre, leur adresser des injonctions, des prohibitions, en frappant d'amendes ou de mises à l'index ceux qui s'y refuseraient. C'est un moyen énergique dont le syndicat dispose pour faire respecter la grève, lorsqu'elle a été décidée. L'article 416 du Code pénal se trouve ainsi abrogé, comme nous l'avons dit plus haut.

Cependant la liberté de l'individu est sauvegardée par le droit qui lui appartient de se retirer du syndicat quand il le désire, nonobstant toute clause contraire insérée dans les statuts.

Il est tenu dans ce cas de payer la cotisation de l'année courante. Il conserve le droit d'être membre des sociétés de secours mutuels et de pensions de retraites pour la vieillesse à l'actif desquelles il a contribué par des cotisations ou des versements de fonds (ART. 7).

5° Union des syndicats. — Les syndicats peuvent se concerter et former des unions ou fédérations de syndicats pour l'étude et la défense de leurs intérêts professionnels communs.

C'est un moyen dont ils peuvent user pour augmenter leur autorité, et pour étudier avec plus de compétence les intérêts généraux de l'industrie.

Mais la loi de 1884 a refusé de leur reconnaître la personnalité civile.

6° Fin des syndicats. — Un syndicat peut prendre fin soit par la dissolution volontaire, votée par la majorité de ses membres, soit par la dissolution forcée, prononcée par le tribunal sur la réquisition du procureur de la République.

Comparaison des syndicats avec les anciennes corporations. — *Ressemblances.* — Les syndicats offrent ce trait de ressemblance avec les anciennes corporations, que ce sont comme elles des associations entre gens exerçant le même métier, et qu'elles constituent comme elles des personnes morales.

Différences. — Mais les différences sont nombreuses entre les syndicats et les corporations. Les corporations éveillent dans l'esprit l'idée de privilège, de monopole, d'oppression et d'exclusion, tandis que les syndicats, l'esprit de liberté, d'égalité et de progrès.

a) Les corporations étaient composées exclusivement des patrons ou maîtres, les ouvriers ou compagnons n'en faisaient pas partie.

Au contraire, le régime des syndicats est commun aux ouvriers et aux patrons.

b) Le régime des corporations était relatif à l'exercice même du métier. Chaque corporation avait le monopole exclusif d'une industrie déterminée et ne pouvait pas en sortir. De plus, la liberté du travail n'existait pas. Pour passer maître, il fallait avoir été successivement apprenti, compagnon, faire le chef-d'œuvre et payer des droits élevés à la corporation. Enfin, la corporation réglementait minutieusement les conditions du travail. Tout autre est le rôle du syndicat : il ne s'occupe pas de l'œuvre même de la production ; il se borne à grouper les ouvriers et les patrons en vue de la défense de leurs intérêts professionnels.

c) L'entrée dans la corporation s'imposait. On n'était pas libre d'en faire partie ou de n'en pas faire partie. Il en est différemment des syndicats actuels. L'ouvrier, comme le patron, est libre d'y entrer ou de n'y pas entrer.

QUESTIONNAIRE 16 sur les syndicats.

1. Que sont les syndicats ouvriers? — 2. Les coalitions? — 3. Qu'est-ce que la grève? — 4. Faites l'historique de la législation actuelle. — 5. Quelles sont les causes générales des grèves? — 6. Les résultats des grèves sont-ils avantageux aux ouvriers, d'une manière générale? — 7. Comment a-t-on essayé de prévenir les grèves?

8. Que sont les syndicats professionnels? — 9. En vertu de quelle loi sont-ils autorisés? — 10. Quelles sont les conditions requises pour la constitution régulière des syndicats? — 11. Quel est l'objet des syndicats? — 12. En quoi consiste leur personnalité? — 13. Quelle est l'action du syndicat sur ses membres? — 14. Qu'entend-on par union des syndicats? — 15. Comment peut prendre fin un syndicat? — 16. Faites la comparaison entre les syndicats et les anciennes corporations.

RÉSUMÉ 16. — Syndicats.

I. Définition.

- **1° Syndical.** — Association *permanente* entre gens exerçant le même métier pour l'étude et la défense de leurs intérêts professionnels.
- **2° Coalition.** — Entente *temporaire* entre ouvriers pour refuser le travail au patron.
- **3° Grève.** — Interruption *simultanée* du travail, le plus souvent de la part des ouvriers.

II. Des grèves.

- **1° Historique.** — Code pénal, art. 414 et 415. — Loi du 27 novembre 1849. — Loi du 25 mai 1864. — Loi du 21 mars 1884.
- **2° Causes.**
  - *a.* Demande d'augmentation de salaire.
  - *b.* Diminution des heures de travail.
  - *c.* Question de personnes.
- **3° Résultats.** — Le plus souvent favorables aux ouvriers.
- **4° Loi préventive.**
  - *a.* Conciliation. — Loi du 27 décembre 1892.
  - *b.* Arbitrage.

III. Des syndicats professionnels

- **1° Conditions requises.**
  - *a.* Les membres doivent exercer *actuellement* et réellement la profession *ad hoc.*
  - *b.* Même profession, ou professions similaires ou connexes.
  - *c.* Les directeurs doivent :
    - 1. Etre Français.
    - 2. Jouir de leurs droits civils.
    - 3. Faire partie du syndicat.
  - *d.* Déposer à la mairie en double exemplaire :
    - 1. Texte des statuts.
    - 2. Noms des directeurs.
- **2° Objet.** — Etude et défense des intérêts économiques. Pas d'association politique.

(loi du 21 mars 1884).

- **3° Personnalité civile.**
  - *a.* Capacité d'acquérir relative en ce qui concerne les immeubles.
  - *b.* Capacité d'*ester* en justice.
- **4° Action sur les syndiqués.**
  - Réclamer la cotisation.
  - Frapper d'amende.
  - Mettre à l'index.

  Mais chacun est libre de se retirer.
- **5° Union de syndicats.** — N'ont pas la personnalité civile.
- **6° Fin.**
  - *a.* Dissolution volontaire.
  - *b.* — forcée sur réquisition du procureur de la République.

IV. Comparaison avec les anciennes corporations.

- **1° Ressemblances.**
  - *a.* Associations entre gens exerçant le même métier.
  - *b.* Constituent des personnes morales.
- **2° Différences.**
  - *a.* Les corporations n'étaient composées que de patrons ou de maîtres.
  - *b.* Le régime des corporations était relatif à l'*exercice* même du métier ; pas de liberté du travail.
  - *c.* L'entrée dans une corporation était obligatoire.

SECTION IV. — Le socialisme.

Définition. — Le socialisme est un ensemble de doctrines qui tendent à condamner le régime social actuel, en raison des résultats injustes qu'il produit, et qui proposent d'y substituer une organisation nouvelle, où la liberté individuelle serait remplacée par l'intervention constante de l'Etat, qui jouerait en quelque sorte le rôle de *providence* et se chargerait d'assurer le bonheur commun.

Les diverses théories socialistes. — On peut dire que le socialisme a produit deux théories principales : le communisme et le collectivisme. Nous en avons déjà dit un mot, en parlant de la propriété[1].

Le *communisme* tend à laisser tout en commun ; c'est la négation absolue du droit de propriété ; il a eu comme chefs d'école : Gracchus Babeuf, Robert Owen et Cabet.

Le *collectivisme* admet la propriété individuelle en ce qui concerne les produits, mais la repousse en ce qui concerne le capital. C'est, nous le verrons, la forme moderne du socialisme ; il s'est surtout développé en Allemagne, et ses deux grands chefs sont Karl Marx et Lassalle.

Enfin, tout autour de ces deux doctrines gravitent un certain nombre de systèmes, les uns mal définis[2], les autres empruntant leurs éléments de solution soit au communisme, soit au collectivisme : le fouriérisme, l'organisation du travail ou le droit au travail de Louis Blanc, et le mutuellisme de Proudhon.

Exposé historique des doctrines socialistes : origine du socialisme. — Le socialisme est d'origine moderne. Il est vrai que Platon, dans sa *République*, proposait un régime

1. Voir *supra*, page 85.
2. Certains bons esprits s'intitulent socialistes, bien que ne partageant nullement ni les théories communistes ni les théories collectivistes.

communiste ; Fénelon décrivait le tableau d'une société idéale, et J.-J. Rousseau, au xviii° siècle, rêvait d'un âge d'or et du retour à l'*état de nature*. Mais ce sont là plutôt des œuvres d'imagination, relevant de la littérature et de la poésie, que des conceptions vraiment scientifiques.

Le socialisme et la Révolution. — On peut même dire que la Révolution française resta étrangère aux idées socialistes. Sous la Convention, quelques mesures furent bien prises sous l'influence de Saint-Just et de Robespierre, mais c'étaient des mesures isolées qui ne se rattachaient pas à un plan d'ensemble.

Le communisme de Babeuf, de Robert Owen et de Cabet. — C'est seulement sous le Directoire qu'apparaît le premier essai de théorie socialiste, avec Babeuf (1764 à 1797), l'un des chefs de l'école communiste. Il part de cette idée que la nature a donné à chaque homme un droit égal à la jouissance de tous les biens, et il veut constituer une république égalitaire basée sur la communauté. L'Etat devrait se déclarer seul propriétaire des terres et organiser le travail comme une fonction publique.

Des magistrats seraient chargés de répartir le travail entre les citoyens d'une façon égale, et de partager également les produits.

Il se fit appeler *Gracchus*, en souvenir des promoteurs des lois agraires, et il se mit à la tête de la conspiration des Egaux ; il fut arrêté et condamné à mort en 1797.

Un peu plus tard, un Ecossais, Robert Owen (1771 à 1857), se fait l'apôtre du communisme. Grand philanthrope et industriel considérable, il avait mis en pratique dans son usine de New-Lanark la plupart des institutions ou des idées économiques d'origine récente : sociétés ouvrières, magasins d'approvisionnement, caisses d'épargne, limitation des heures de travail, interdiction du travail pour les enfants, etc. Il obtint des résultats remarquables. Malheureusement, il voulut généraliser l'expérience ; il tenta de fonder une colonie d'après les principes communistes aux Etats-Unis, sous le nom de New-

Harmony (1826). L'essai ne réussit pas, et il y perdit une immense fortune.

D'après Owen, l'homme est soumis à la fatalité; dès lors, il n'y a ni bien, ni mal, ni responsabilité. Il ne doit exister dans une société aucun lien d'aucune sorte : ni religion, ni famille, ni propriété. La société doit pratiquer une communauté, mais une communauté libre, où chacun pourrait prendre ce qu'il voudrait, et s'occuper à sa fantaisie, « la bienveillance universelle devant suffire à tous ».

A peu près à la même époque, Cabet (1788-1856) exposait ses théories communistes dans le *Voyage en Icarie*. Après 1848, il essaya de les mettre en pratique; il fonda à Nauvoo, dans l'Illinois, une colonie icarienne dont il ne tarda pas à être chassé, et dont il reste encore quelques vestiges.

Le socialisme sous la Restauration et sous la monarchie de Juillet. — Sous la Restauration et sous la monarchie de Juillet, deux théories fameuses apparaissent : le saint-simonisme et le fouriérisme.

Le saint-simonisme. — Le saint-simonisme est célèbre surtout par les hommes considérables qui en furent les adhérents. Son auteur, Saint-Simon, — né à Paris le 17 octobre 1760, mort le 19 mai 1825, — a édifié un système qui a reçu le nom d'*industrialisme*. Il estimait que la destinée de l'homme sur terre était de produire les choses indispensables à la vie, et il voulait que la société fût organisée d'après le principe suivant : « A chacun suivant sa capacité, à chaque capacité suivant ses œuvres. »

Il proposait d'établir un parlement qui serait composé de trois chambres :

La *chambre d'invention*, qui comprendrait des ingénieurs et des artistes ayant pour mission de découvrir et de proposer les travaux à entreprendre;

La *chambre d'examen*, où des savants examineraient les projets préparés par la première;

La *chambre d'exécution*, dont feraient partie les plus riches industriels, pour diriger les travaux.

Vers la fin de sa vie, Saint-Simon donna à son système un caractère religieux, en le présentant comme une application des vrais principes du christianisme.

A sa mort, ce caractère fut encore accentué par ses successeurs : Enfantin, Bazard, Olinde Rodrigues ; on l'appela le *néo-christianisme*.

L'œuvre de la production industrielle leur apparaissait comme la matière d'une religion nouvelle, avec trois catégories de prêtres :

Le *prêtre social,* chargé de la direction générale ;

Le *prêtre de la science* ou du dogme ;

Et le *prêtre de l'industrie* ou prêtre du culte.

C'est sous cette direction que les citoyens devaient se livrer à la production des richesses.

D'ailleurs, pour se procurer les capitaux nécessaires à l'établissement du nouvel ordre de choses, les partisans de cette théorie ne recommandaient pas les moyens violents. Ils proposaient seulement la suppression de l'hérédité ; cette mesure leur paraissait suffisante pour procurer à la société les éléments de production.

Le fouriérisme. — Fourier (né le 7 avril 1768, mort en 1837) est l'auteur d'un système d'organisation sociale qui porte son nom. Le fond de sa théorie repose sur l'association et sur l'attraction passionnelle. Il voulait associer les hommes, en capital, travail et talent, par groupes, par séries, puis par phalanges, dans une demeure somptueuse qu'il appelle le *phalanstère.* Dans l'intérieur de ces associations, chaque individu se livrerait au travail qui offrirait pour lui le plus d'attrait, et, par la combinaison des penchants naturels de chacun, l'harmonie serait réalisée. Comme Rousseau, Fourier adopte pour point de départ cette idée que l'homme est bon, et que c'est la société qui est mauvaise. Elle comprime les passions de l'homme, au lieu d'en tirer profit et de les utiliser pour le bien-être commun.

Il faut d'ailleurs rendre cette justice à Fourier qu'il ne préconisa jamais l'emploi de la violence pour imposer son système. Il comptait uniquement sur les résultats que produirait sa mise en pratique, pour amener les hommes à l'adopter.

Du socialisme de 1848. — La révolution de 1848 a donné naissance à deux théories qui sont restées célèbres dans l'histoire du socialisme : l'organisation du travail ou droit au travail de Louis Blanc, et le mutuellisme ou le système de la gratuité du crédit de Proudhon.

Organisation du travail ou droit au travail. — D'après Louis Blanc, l'Etat est tenu de procurer du travail à chaque individu qui le demande pour lui permettre de vivre; toute personne aurait, de ce chef, un véritable droit de créance contre la société, qui est obligée, en conséquence, de se faire producteur et d'organiser le travail. A cet effet, il demandait l'établissement de trois ateliers nationaux : l'atelier industriel, l'atelier agricole, pour la production, et l'atelier d'échange, pour l'achat des matières premières et pour la vente du produit fabriqué. Il ajoutait que si l'Etat faisait cette tentative, tous les ateliers privés ne tarderaient pas à se fermer, ne pouvant lutter contre la concurrence que leur feraient les ateliers nationaux; tous les ouvriers demanderaient à y entrer, et il arriverait un moment où l'Etat serait seul producteur. Cette théorie séduisit beaucoup d'esprits; elle pénétra dans la masse, et, en 1848, Louis Blanc, devenu membre du gouvernement et président de la commission du travail, parvint à obtenir l'ouverture d'ateliers nationaux. La tentative échoua complètement. L'ouvrier ne faisant rien, on dut les fermer; ce fut le signal de l'insurrection de juin. Les insurgés prirent pour mot d'ordre et inscrivirent sur leurs drapeaux : « Organisation du travail et droit au travail. »

Mutuellisme ou gratuité du crédit. — Proudhon, né le 15 janvier 1809, mort le 19 janvier 1865, fut avant tout un polémiste et un pamphlétaire. C'est lui qui donna cette définition de la propriété : « La propriété, c'est le vol[1]. » Lorsque après avoir tout attaqué, le socialisme comme le régime de la liberté, il fut dans la nécessité de formuler lui-même un système

---

1. On a établi que cette formule, dont il est très fier, avait été donnée avant lui, notamment par Brissot, l'un des chefs girondins à l'Assemblée législative, dans ses recherches philosophiques sur le droit de propriété et le vol, en 1780.

d'organisation sociale, il aboutit à cette conception bizarre qui est connue sous le nom de *mutuellisme* ou de *gratuité du crédit.*

Il part de cette idée que le travail seul produit, et non le capital; lorsqu'un capitaliste prête de l'argent à un travailleur tout ce qu'il peut exiger c'est que celui-ci lui restitue la somme prêtée, il ne peut pas lui réclamer davantage; l'intérêt est illégitime, parce que la plus-value qu'a pu produire l'emploi de la somme d'argent, étant uniquement le résultat du travail, doit appartenir en totalité à l'ouvrier. En conséquence, il proposait l'établissement d'une *banque d'échange,* où les déposants ne pourraient réclamer aucun intérêt, et qui prêterait aux ouvriers moyennant un intérêt très modique, 1/4 p. 100, pour couvrir les frais d'administration de la banque. De cette façon, le capital et le travail se prêteraient un *mutuel* appui, d'où le nom de mutuellisme donné à son système.

Il n'est pas besoin de réfléchir longtemps pour apercevoir le vice de ce système. D'abord, il est inexact de soutenir que le travail soit le seul facteur de la production : le capital, nous l'avons vu, est un élément dont il est impossible de se passer. Le capitaliste rend un service à l'emprunteur en mettant une somme d'argent à sa disposition; de plus, il court le risque de ne pas être remboursé. Pour ces deux raisons, il a droit à une rémunération. Qu'arriverait-il d'ailleurs si l'intérêt était supprimé? Il arriverait de deux choses l'une : ou bien que l'on n'épargnerait plus, ou bien que chacun conserverait précieusement entre ses mains le capital qu'il aurait réussi à mettre de côté. L'idée d'une banque d'échange où le public apporterait son épargne sans avoir droit à l'intérêt de son argent, est une pure utopie.

Du socialisme moderne : le collectivisme. — Le collectivisme est la forme moderne du socialisme. Il est né et s'est développé en Allemagne; Karl Marx, après Rodbertus Jagetzow, en a été le théoricien dans son ouvrage *das Capital,* et Lassalle l'apôtre éloquent; il s'est répandu en France, où il compte des représentants, des organes périodiques, et où il fait chaque jour des progrès considérables.

Le fond du collectivisme est emprunté au socialisme de Proudhon et de Louis Blanc. Admettant cette idée que le travail seul est productif, et que le capital ne produit pas, il en conclut que, dans l'organisation actuelle de l'industrie, le travailleur est exploité par le capitaliste. Il n'y a qu'un moyen d'empêcher cette exploitation : c'est de supprimer le capital privé et de le remplacer par le capital collectif. La société devrait être déclarée propriétaire de tous les moyens de production; les individus ne pourraient acquérir que la propriété des produits fabriqués. L'État serait le seul producteur; il payerait les ouvriers à l'aide de *bons*, en échange desquels on leur délivrerait les objets de consommation dont ils auraient besoin et qui seraient accumulés dans d'immenses magasins.

Ce système aurait, dit-on, l'avantage de faire disparaître l'inégalité choquante des situations résultant du régime actuel et d'éteindre le paupérisme. D'autre part, il n'aurait pas l'inconvénient que présente le communisme, de supprimer la liberté individuelle, puisqu'il admet la propriété des objets de consommation et en laisse à l'individu la libre disposition. D'ailleurs, ajoutent les adeptes du collectivisme, bon gré, mal gré, par l'effet d'une force invincible, les sociétés sont poussées vers le système de l'appropriation collective. La production a cessé aujourd'hui d'être individuelle pour devenir l'œuvre de collectivités : sociétés minières, compagnies de chemins de fer, sociétés anonymes considérables, etc., qui détiennent les plus puissants instruments de travail. Le terme de cette évolution se produira le jour où la société se sera constituée propriétaire de tous les capitaux.

Réfutation du socialisme. — Les adversaires du socialisme font à toutes ces théories deux objections d'ordre général; quant au collectivisme, il appelle des réflexions toutes particulières.

1° Toutes les théories socialistes ont pour conséquence de supprimer l'intérêt personnel, qu'elles remplacent par l'amour d'autrui ou altruisme. Or, nous l'avons dit, sans le stimulant de l'intérêt, l'homme se laisserait aller fatalement à l'indolence, qui est conforme à sa nature; les sentiments sur lesquels les socialistes comptent pour le faire travailler ont peu de prise sur sa volonté.

2° Le socialisme, sous ses différentes formes, tend à faire de l'État l'entrepreneur universel et unique, achetant les matières premières, organisant et dirigeant les travailleurs, et écoulant les produits fabriqués. Or, c'est là une tâche pour laquelle l'État n'est pas fait et qui est au-dessus de ses forces.

Tous les systèmes de réorganisation sociale se heurtent à ces deux objections. Le collectivisme, en outre, soulève d'autres difficultés qui lui sont particulières :

La distinction qu'il établit entre les capitaux et les objets de consommation, au point de vue du droit de propriété, n'a rien de scientifique.

Le capital, ajoutent les partisans du droit de propriété individuelle, n'est autre chose qu'une richesse, et, comme toute richesse, il est le résultat de la coopération du travail et des capitaux préexistants. On ne voit donc pas de raison théorique pour refuser d'admettre le droit de propriété sur les capitaux, si on l'admet sur les autres richesses, car certaines richesses sont ou ne sont pas des capitaux uniquement d'après la destination qu'on leur donne.

En outre, dans la pratique on aboutit à des résultats choquants. Une pierre précieuse du plus grand prix pourrait être la propriété légitime d'un individu, mais une barque, des filets, ne pourraient pas appartenir au pêcheur; d'un autre côté, nous pourrions bien nous servir des objets dont la société consentirait à nous laisser la propriété, pour les consommer, mais il nous serait interdit d'en faire un emploi utile, en sorte que nous pourrions bien manger tout le blé qui nous appartiendrait, mais nous ne pourrions pas le semer.

De semblables résultats suffisent, dit-on, pour juger un système et pour le faire écarter.

QUESTIONNAIRE 17 sur le socialisme.

1. Qu'entend-on par le mot socialisme? — 2. Quelles sont les deux principales théories socialistes ? — 3. Quelle est l'origine du socialisme? — 4. Faites l'historique des théories de Babœuf, de Robert Owen et de Cabet. — 5. Résumez le saint-simonisme et le fouriérisme. — 6. Que savez-vous sur l'organisation du travail d'après Louis Blanc? — 7. Sur le mutuellisme ou gratuité du crédit de Proudhon? — 8. Sur le collectivisme? — 9. Comment les partisans du droit de propriété individuelle réfutent-ils les théories socialistes?

I. Définition. { Ensemble de doctrines condamnant le régime social actuel et proposant une organisation nouvelle où la liberté individuelle serait remplacée par l'intervention constante de l'Etat-Providence.

II. Deux théories principales.

1° Communisme. { Tous les biens seraient en commun. Négation absolue du droit de propriété.

2° Collectivisme. { Admet la propriété individuelle. } Quant aux *produits*, Mais pas quant au *capital*.

III. Exposé historique.

1° Avant la Révolution. { Platon, Thomas Morus, Campanella, Fénelon, J.-J. Rousseau, font œuvre de littérateurs.

2° Sous la Révolution. { Quelques mesures isolées. Le communisme de Babeuf : chaque homme a un droit égal à tous les biens.

3° Sous la Restauration et la monarchie de Juillet.
Saint-Simon et l'industrialisme. { Chambre d'*invention*. Chambre d'*examen*. Chambre d'*exécution*.
Ses disciples, Enfantin, Bazard et Rodrigues fondent le *néochristianisme*.
Fourier. — L'association et l'attraction passionnelle. Le *phalanstère*. Pas de violence.

4° En 1848.
Louis Blanc. — Organisation du travail et droit au travail. Echec des ateliers nationaux.
Proudhon. — Polémiste et pamphlétaire : « La propriété, c'est le vol. »
Le *mutuellisme* ou gratuité du crédit.

5° De nos jours. { Karl Marx et Lassalle en Allemagne. Le travail seul est productif : supprimer le capital *privé* et le remplacer par le capital *collectif*.

IV. Réfutation du socialisme.
1° Qu'on le veuille ou non, l'homme ne travaille que guidé par l'intérêt personnel.
2° Il est impossible à l'Etat de devenir entrepreneur unique, organisateur et directeur du travail.

SECTION V. — La question de la population dans ses rapports avec la répartition de la richesse : la pauvreté et le paupérisme.

Intérêt de la question de la population. — La question de la population offre un égal intérêt pour un pays au point de vue politique et au point de vue économique.

Au point de vue politique, tout le monde est d'accord pour reconnaître que la puissance militaire d'un État est en raison directe de sa population. Plus que jamais, à une époque où chaque État présente l'aspect d'une « nation armée », le sort de la défense du territoire dépend du nombre d'hommes valides que l'un des belligérants peut mettre en ligne et opposer à son agresseur dès la première rencontre.

En serait-il différemment au point de vue économique, et le développement de la population, qui est une cause de vitalité pour les institutions politiques d'un pays, serait-il une cause de gêne et de misère pour les individus ? C'est ce qu'a essayé d'établir un économiste anglais, Malthus (né le 14 février 1766, mort le 29 décembre 1834), dans une théorie célèbre, connue sous le nom de « théorie de la population ».

Théorie de la population de Malthus. — D'après Malthus, tous les malheurs des peuples dérivent de la même cause : la population augmente dans une proportion plus grande que les moyens de subsistance.

En effet, disait-il, on peut tenir pour certain que lorsque la population n'est arrêtée par aucun obstacle, elle va doublant tous les vingt-cinq ans, selon une progression *géométrique;* au contraire, les moyens de subsistance, dans les circonstances les plus favorables à l'industrie, ne peuvent jamais augmenter plus rapidement que selon une progression *arithmétique.*

Ainsi, la race humaine croîtrait comme les nombres 1, 2, 4, 8, 16, 32, 64, 128, 256, tandis que les subsistances croîtraient comme ceux-ci : 1, 2, 3, 4, 5; 6, 7, 8, 9, c'est-à-dire qu'au bout d'un siècle la population serait 16 fois plus considérable et que les produits n'auraient fait que quadrupler. Donc, si aucun obstacle n'était mis au développement de la population, il arriverait un moment où les objets de consommation seraient insuffisants à nourrir le nombre d'hommes habitant sur la surface du sol.

Heureusement, deux ordres d'obstacles agissent en sens inverse pour maintenir le chiffre de la population au niveau de ses moyens de subsistance : l'un destructif, l'autre préventif.

Les *obstacles destructifs* tendent à détruire la population au fur et à mesure qu'elle se forme. C'est la guerre, la famine, la peste, la misère, etc.

L'obstacle préventif consiste dans la contrainte morale (*moral restreint*) que l'homme, par esprit de prévoyance, s'impose pour ne pas augmenter sa famille au delà d'une limite raisonnable.

Malthus recommande l'emploi de ce moyen préventif; en conséquence, il conseille aux hommes de se marier le plus tard possible et de ne pas avoir plus d'enfants que ne le leur permettent leurs ressources.

Réfutation de la théorie de Malthus. — On peut adresser plusieurs critiques à la théorie de Malthus :

1º D'abord il n'est pas exact que la population croît dans une progression géométrique alors que la production n'augmenterait que dans une progression arithmétique. Depuis longtemps, les disciples de Malthus eux-mêmes ont abandonné cette formule, en disant qu'il ne l'avait adoptée que pour rendre sa pensée plus saisissante et plus tangible.

2º En ce qui concerne la France, en particulier, loin d'avoir à déplorer un développement trop rapide de la population, c'est le phénomène inverse qui se produit d'une façon inquiétante pour la défense nationale; la mortalité augmente chaque année, tandis que la natalité décroît dans une proportion plus grande encore. Les pouvoirs publics s'en sont émus, et des propositions de lois ont été présentées pour essayer d'apporter un remède au mal[1].

3° D'autre part, Malthus a le tort de ne pas tenir compte des progrès de la production. Or, ils ont été considérables, dans le cours du dernier siècle; par suite de l'emploi des machines, de la découverte de la vapeur et de l'électricité, les forces productives de l'homme ont augmenté dans des proportions inouïes; et les progrès réalisés ne se sont pas arrêtés à l'industrie manufacturière. Ils se sont étendus également à l'agriculture, par suite du perfectionnement obtenu par les procédés de la culture intensive et de la mise en exploitation de terres incultes en Amérique.

4° Enfin, on peut reprocher à Malthus de n'avoir aperçu que les dangers que peut créer une population surabondante, sans se rendre compte des avantages économiques qui résultent d'une population qui se développe. Il n'est pas douteux cependant que « l'organisation industrielle est d'autant plus parfaite que le nombre des travailleurs fournit des éléments plus complets pour la division du travail et les combinaisons sociales[2] ».

Cependant, malgré les critiques qui précèdent, tout n'est pas à rejeter dans la théorie de Malthus. Il faut en retirer cet enseignement précieux que, sur un territoire déterminé, on doit maintenir autant que possible l'équilibre entre les moyens de subsistance et la population; lorsque la population devient surabondante, comme en Belgique ou en Irlande, la misère en résulte à un moment donné, si les habitants n'émigrent pas pour chercher, sous d'autres climats, ce que la nature ne peut plus leur donner dans leur pays. Voilà ce qu'il faut retenir de la théorie de Malthus. « Mais prétendre en tirer une loi économique inflexible, affirmer l'existence d'un obstacle insurmontable au bonheur des hommes, hasarder des prophéties décourageantes, c'est aller contre tous les faits et contre toutes les vraisemblances[3]. »

1. Notamment la proposition de loi de M. Ed. Le Roy ayant pour objet de combattre la dépopulation (20 juin 1892).

2. Cauwès, *op. cit.*, n° 115.

3. Beauregard, *op. cit.*, page 187.

La pauvreté et le paupérisme. — On peut distinguer trois degrés dans l'indigence : la pauvreté, la misère, le paupérisme.

La *pauvreté*, c'est l'état de l'homme qui, par son travail, gagne tout juste ce qu'il lui faut pour vivre dans d'étroites limites.

La *misère* est quelque chose de plus : c'est la situation de l'homme qui manque des choses indispensables à la vie. Elle est plus grave que la pauvreté, parce qu'elle ne va pas sans une certaine dépression des facultés physiques, et sans la perte de toute énergie morale.

Quant au *paupérisme*, c'est un mal social nouveau qui a pris naissance et s'est développé dans les temps modernes sous l'influence des progrès de l'industrie, et qui frappe particulièrement les populations ouvrières des centres manufacturiers.

Ce n'est plus la pauvreté, mal passager, dont on peut se guérir ; c'est la misère à l'état endémique, se transmettant héréditairement, en s'aggravant à chaque génération, et entraînant le déclin des forces, les maladies d'épuisement et la dégénérescence de la race.

La pauvreté a toujours existé, et elle ne disparaîtra jamais entièrement, parce qu'elle tient à des causes individuelles : l'âge, la maladie, les infirmités de toutes sortes. Au contraire, la misère collective et le paupérisme tiennent à des causes sociales.

Ils n'existent guère dans l'antiquité ; la classe pauvre est asservie à la classe la plus riche, le maître prend soin de ses esclaves, sinon par humanité, du moins par intérêt. Il en est de même à l'époque du moyen âge : le servage a remplacé l'esclavage, et les tenures serviles mettent obstacle au dénuement absolu d'une partie de la population.

La misère collective n'est pas non plus à redouter sous le régime de la communauté des biens rêvé par quelques utopistes ; la condition générale des hommes ne saurait être très prospère sous un pareil régime, mais elle est à peu près égale pour tous ; il n'y a pas une partie de la population riche, atsée, en face d'une autre qui serait vouée au dénuement le plus complet.

Le paupérisme est, au contraire, le lot inévitable de tout système économique reposant sur la liberté des conventions, sur la liberté du travail et sur la propriété individuelle. Chacun est livré à soi-même; il subvient à ses besoins par les ressources que lui procure l'exercice de la profession qu'il a choisie; s'il est intelligent, actif, rangé, économe, et si les événements le favorisent, il peut arriver à la fortune; mais s'il est inhabile, paresseux, imprévoyant ou malheureux, il court le risque de tomber dans l'indigence.

Pour qu'il en fût autrement, il faudrait que tous les hommes eussent à un égal degré l'énergie, l'habileté et l'esprit de prévoyance, ce qui est impossible à concevoir.

Il faut donc conclure. Les inégalités sociales, et la misère qui en est le triste cortège, tiennent à l'organisation de la société économique, et il n'y a pas lieu d'espérer les voir disparaître un jour. Mais ce qu'on peut prévoir, et ce qu'il faut travailler à obtenir, c'est une atténuation constante de ce mal dans l'avenir. On atteindra ce résultat par l'élévation progressive des salaires, par la coopération, par l'éducation bien comprise de l'ouvrier, par le développement des œuvres de patronage, par la pratique soutenue de l'épargne et de l'assurance, et enfin par l'organisation prudente de l'assistance. Nous aurons à dire un mot de ces dernières institutions dans notre quatrième partie, consacrée à la consommation des richesses.

QUESTIONNAIRE 18 sur la population et la répartition de la richesse.

1. Qu'entend-on par la théorie de Malthus? — 2. Comment peut-on réfuter cette théorie? — 3. Y a-t-il un enseignement à retirer de cette théorie? — 4. Quelle différence peut-on faire entre la pauvreté, la misère et le paupérisme? — 5. Pourquoi le paupérisme est-il un mal social nouveau? — 6. Comment peut-on espérer voir diminuer les inégalités sociales?

I. Théorie de Malthus.

La population double tous les 25 ans suivant une progression *géométrique* : 2, 4, 8, 16, etc., tandis que la richesse ne croit que suivant une progression *arithmétique* : 1, 2, 3, 4, etc.

Obstacles à l'accroissement de la population.

1° *Destructifs* : guerre, famine, misère, etc.
2° *Préventifs* : contrainte morale, esprit de prévoyance, etc.

II. Réfutation de la théorie de Malthus.

1° La proportion établie par Malthus est reconnue fausse, même par ses disciples.
2° En France, par exemple, c'est plutôt la dépopulation qui est une cause d'inquiétude.
3° Malthus a tort de ne pas tenir compte des progrès de la production.
4° Une population surabondante peut offrir des avantages économiques précieux.

III. Degrés dans l'indigence.

1° *Pauvreté.* | Etat de l'homme qui gagne juste de quoi vivre.
2° *Misère.* Situation de l'homme qui manque des choses indispensables à la vie.
3° *Paupérisme.* | C'est la misère à l'état endémique.
4° *Atténuation possible par :*
  a. L'élévation progressive des salaires.
  b. Le développement des œuvres de patronage.
  c. La pratique soutenue de l'épargne et de l'assurance.
  d. L'organisation prudente de l'assistance.

TROISIÈME PARTIE

CIRCULATION DE LA RICHESSE

Notions générales. — On dit qu'il y a circulation de la richesse toutes les fois qu'une richesse passe entre les mains d'une autre personne, par voie d'échange.

Le phénomène de l'échange est très rare dans les sociétés primitives, parce que chaque homme produit à peu près tout ce qui est nécessaire à la satisfaction de ses besoins.

Mais, dans les sociétés avancées, il s'opère, nous l'avons vu, une division du travail entre les hommes. Chacun d'eux se spécialise dans une profession déterminée; dès lors, il cesse de produire tous les objets dont il a besoin, il produit seulement une certaine catégorie de ces objets, et il se procure le reste en cédant ce qu'il possède en trop à d'autres hommes qui lui donnent à la place ce qu'eux-mêmes ont en surabondance. De cette façon tout individu, en quelque genre de profession que ce soit, — avocat, médecin, boulanger, agriculteur, filateur, etc., — ne produit pas en vue de sa consommation personnelle; il produit en vue de l'échange.

Il y a donc un lien étroit entre la production et la circulation de la richesse, entre l'échange et la division du travail; on peut même dire que l'échange et la division du travail sont les deux points de vue différents du même phénomène, et qu'ils se complètent mutuellement au point de se confondre.

Sans la division du travail, l'échange ne se concevrait pas, et sans l'échange la division du travail serait impossible.

En sorte que l'échange est, comme la division du travail[1], une des formes de la coopération sociale et de la solidarité humaine. Grâce à lui, chaque homme ou chaque pays se préoccupe moins de produire ce qui est nécessaire à ses besoins que ce qui répond le mieux à ses aptitudes et aux moyens dont il dispose pour la production, étant sûr de se procurer par l'échange les autres produits, qu'il ne pourrait faire naître que dans de mauvaises conditions.

Notons enfin que la circulation réagit d'une façon directe sur la production : plus les échanges sont actifs, plus la production augmente; au contraire, lorsque les transactions languissent, la production est obligée de se ralentir, et quelquefois même de cesser complètement.

Division de la troisième partie. — Nous diviserons l'étude de la circulation de la richesse en quatre sections :

I. La théorie de l'échange et de la valeur.
II. La monnaie.
III. Le crédit.
IV. Le commerce intérieur et extérieur.
Appendice. Les crises économiques.

SECTION PREMIÈRE. — Théorie de l'échange et de la valeur.

Division. — Nous étudierons dans trois paragraphes :
L'échange;
La valeur et le prix;
La concurrence et le monopole.

§ 1er. — L'échange.

Notion juridique de l'échange. — Dans le langage juridique, l'échange est un contrat par lequel une personne s'oblige

[1]. Voir *supra*, p. 23 et suiv., les explications que nous avons données à ce sujet.

à donner une chose déterminée, un corps certain, moyennant l'engagement que prend une autre personne de lui donner, comme équivalent, une autre chose déterminée.

Exemple : il y aura échange si Primus s'oblige à donner l'immeuble A à Secundus, qui s'oblige, en retour, à lui transférer la propriété de l'immeuble B.

En droit, l'échange s'oppose à la vente, dans laquelle le vendeur donne une chose déterminée, et l'acheteur une somme d'argent; il s'oppose au louage, dans lequel l'une des parties s'oblige à procurer à l'autre soit la jouissance d'une chose, soit ses services (ART. 1702 C. CIV.).

Notion économique de l'échange. — En économie politique, la notion de l'échange est beaucoup plus large; on entend par là toute convention dans laquelle chaque partie reçoit un équivalent de ce qu'elle donne, sans considérer la nature de l'objet qu'elle reçoit ou qu'elle donne.

Ses diverses formes. — Il suit de là qu'au point de vue économique, l'échange affecte des formes très variées; il comprend :

1° L'échange proprement dit, défini par l'article 1702 du Code civil, d'un objet contre un autre objet,

2° La vente, c'est-à-dire l'échange d'un objet contre une somme d'argent;

3° Le bail à ferme, ou échange d'une somme d'argent contre la jouissance d'un fonds de terre;

4° Le louage de services, qui se forme entre le patron et l'ouvrier ou entre le maître et son domestique, ou échange d'une somme d'argent contre des services;

5° Le prêt à intérêt, ou échange de la jouissance d'une somme d'argent, moyennant le remboursement d'un capital plus élevé que celui qui a été prêté, etc., etc.

§ 2. — La valeur et le prix.

La valeur. — Distinction fondamentale. — Pour comprendre la notion de la valeur, il faut observer que la valeur est susceptible d'être envisagée à deux points de vue différents, comme *valeur d'usage* et comme *valeur d'échange*. Cette distinction n'est pas nouvelle; elle était faite dès la plus haute antiquité, par Aristote.

De la valeur d'usage. — *Définition.* — La valeur d'usage est l'importance que nous attachons à la possession ou à la jouissance d'un bien déterminé; c'est le rang que nous lui assignons dans l'échelle de nos désirs; on l'appelle aussi *valeur subjective*, parce que sa détermination tient à des considérations personnelles et varie suivant les individus. Il est certain, par exemple, qu'une bibliothèque n'a pas la même valeur d'usage pour un illettré que pour un savant; il n'est pas moins évident qu'un mètre cube de bois de hêtre n'a pas la même valeur d'usage pour de pauvres gens, dont il forme toute la provision pendant un hiver rigoureux, que pour une personne très riche.

Éléments constitutifs. — La valeur d'usage suppose deux éléments essentiels :

1° D'abord l'utilité. Il n'est pas douteux qu'une chose n'a de valeur pour nous que si elle correspond à la satisfaction d'un besoin; et plus le besoin qu'elle peut satisfaire est intense, plus sa valeur sera grande.

2° La difficulté qu'on a à se procurer l'objet. Cette difficulté provient de ce que la quantité des objets de même genre est limitée par rapport à nos besoins; en d'autres termes, de ce que ces objets sont rares.

Utilité et rareté sont donc les éléments constitutifs de la valeur.

Comparaison des notions de valeur et de richesse. — Il ne faut pas confondre la notion de valeur et celle de richesse. Sans doute, la richesse et la valeur ont ce point commun que l'une et l'autre impliquent comme élément nécessaire l'utilité. Un objet n'est une richesse et n'a de valeur que s'il est utile.

Mais entre ces deux notions, il existe deux différences essentielles :

1° La valeur n'existe que si à l'utilité se joint un autre élément : la rareté. Cet élément n'entre pas dans la constitution de la richesse. Il en résulte que les biens qui sont pour l'homme les plus utiles à son existence, tels que l'eau, le pain, etc., ont peu de valeur, parce qu'ils existent en abondance. Mais ce sont des richesses lorsque la condition d'appropriation est d'ailleurs remplie.

2° Lorsqu'on dit qu'un objet est une richesse, on le considère en lui-même, isolément, au point de vue des besoins qu'il est susceptible de satisfaire. Au contraire, lorsqu'on dit qu'un objet a de la valeur, on le compare à d'autres objets, et on lui assigne un rang de préférence par rapport à ces objets.

De la valeur d'échange. — *Définition.* — La valeur d'échange est la propriété qu'a un objet de pouvoir être échangé contre un autre objet; c'est sa valeur marchande. Quand cette valeur est exprimée en monnaie, on l'appelle *prix*.

Différences entre la valeur d'usage et la valeur d'échange. — Entre la valeur d'usage et la valeur d'échange il existe un rapport étroit de dépendance. On peut dire que la valeur d'usage sert de base à la valeur d'échange. Il est certain, en effet, que de l'importance que nous attacherons à la possession de tel objet dépendront les conditions de l'échange que nous consentirons de cet objet contre un autre objet.

Il faudrait bien cependant se garder de confondre la valeur d'usage et la valeur d'échange. Il existe entre elles des différences importantes.

1° La valeur d'usage est purement subjective; elle résulte du jugement que nous portons sur l'importance que présente pour notre bien-être la possession d'un objet. La valeur d'échange est objective; c'est le pouvoir d'acquisition que possède un objet, indépendamment de toute appréciation personnelle à l'individu.

2° La notion de la valeur d'usage se conçoit dans tout état économique, même le plus rudimentaire, où l'homme, produisant par lui-même tout ce dont il a besoin, n'a pas à recourir à ses semblables pour se procurer par l'échange les choses qui lui font défaut. C'est ainsi que Robinson dans son île pouvait en avoir une idée très nette. Au contraire, il ignorait la notion de la valeur en échange, qui suppose un état économique plus développé, où la production se fait principalement en vue de l'échange.

3° Certains biens n'ont aucune valeur d'échange, soit parce qu'ils ne sont pas destinés à être échangés, tels que les travaux publics exécutés par l'État ou par les communes, soit parce qu'ils sont inaliénables, tels que les immeubles dotaux. Ils ont cependant une valeur d'usage très appréciable.

Caractères de la valeur. — De tout ce qui précède, on peut conclure que la valeur a deux caractères essentiels :

1° Elle est variable ;

2° Elle est relative.

1° *La valeur est variable.* — Elle varie avec la rareté et l'utilité des choses.

Plus une chose devient rare, tout en conservant son utilité primitive, plus elle augmente de valeur ; c'est ainsi que l'eau acquiert une grande valeur dans le désert ou dans certaines villes, parce que l'homme en est privé[1].

De même, plus une chose est utile à l'homme, sa quantité demeurant identique, plus sa valeur tend à s'élever.

On comprend dès lors que la valeur varie suivant les hommes, suivant les époques, suivant les pays, et, pour le même individu, suivant les circonstances où il peut se trouver.

2° *La valeur est relative.* — Elle est, en effet, le résultat de la comparaison d'un objet avec un ou plusieurs autres objets ; sa notion ressemble, sur ce point, à la notion de la pesanteur ou de la grandeur. Quand on dit qu'un objet a une grande valeur, on veut dire implicitement qu'il a une grande

---

1. Ainsi dans une ville en état de siège, les objets dont la valeur, en temps normal, est insignifiante, sont vendus un prix exorbitant. Voici un aperçu du prix des denrées au siège de Ladysmith, dans la guerre sud-africaine : la douzaine d'œufs, 45 fr. ; un petit poulet, 23 fr. ; un potiron, 15 fr. ; un pot de confitures, 15 fr. ; la livre de tabac, 112 fr. 50 ; une caisse de whiskey 3,625 francs.

valeur comparativement aux autres objets ou à l'unité monétaire; de même que quand nous disons qu'un corps est très lourd, nous le comparons dans la pensée à l'unité de poids ou gramme. Voilà pourquoi on a pu définir la valeur, le rapport d'équivalence entre deux choses.

C'est ce qui explique aussi qu'on ne peut pas concevoir une hausse ou une baisse simultanée de toutes les valeurs. « Si la moitié des marchandises gagne, l'autre moitié doit avoir perdu de sa valeur; une hausse générale des valeurs est un non-sens; autant vaudrait supposer les deux plateaux d'une balance soulevés en même temps[1]. »

Cependant, on peut concevoir une hausse ou une baisse générale de tous les prix, parce que, dans ce cas, on compare les marchandises à la monnaie, et c'est la monnaie qui a augmenté ou diminué de valeur par rapport aux marchandises.

Lois qui président à la fixation, aux variations et à l'équilibre des prix. — Si les échanges se faisaient isolément d'homme à homme, — celui qui a besoin d'une chose devant rechercher celui qui a cette chose pour traiter avec lui et le décider à la lui abandonner comme équivalent d'une autre richesse, — il se produirait des écarts considérables dans la valeur des mêmes marchandises, sous l'influence des circonstances au milieu desquelles s'effectueraient les échanges. Par exemple, l'homme qui aurait un besoin pressant de manger, pour satisfaire à sa faim, payerait un pain 100, 200 fr., en un mot, le prix que le boulanger exigerait de lui.

Heureusement, il n'en est pas ainsi dans les sociétés tant soit peu avancées. Les échanges se font soit dans des foires ou des marchés qui se tiennent dans chaque ville à des époques périodiques, soit dans des magasins de vente où les marchandises sont offertes au public d'une façon permanente : en sorte qu'au lieu de trouver un acheteur traitant isolément avec un vendeur, c'est une foule d'acheteurs ou de consom-

---

1. Cauwès, *op. cit.*, n° 199.

mateurs qui sont en présence d'une foule de vendeurs ou de producteurs. Dans ces conditions, les mobiles individuels, le désir plus ou moins grand, disparaissent, et les prix se déterminent d'une façon uniforme, sous l'empire de la *loi de l'offre et de la demande*.

Nous avons eu déjà l'occasion, à plusieurs reprises, de faire allusion à cette règle importante, qui domine toute l'économie politique. Elle signifie, en notre matière, que le prix des marchandises sur un marché se fixe, d'une part, d'après la quantité des marchandises mises en vente, c'est-à-dire l'*offre*; d'autre part, d'après le nombre des acheteurs, c'est-à-dire la *demande*.

Si l'offre des marchandises est supérieure à la demande, le prix sera faible; au contraire, si la demande est plus considérable que l'offre, le prix s'élèvera.

Cette loi n'est, en somme, que l'application de la notion même de la valeur; elle tient à ce que la valeur varie suivant l'utilité ou la rareté de la marchandise; sur le marché, la rareté de la marchandise est représentée par la quantité plus ou moins grande qui est offerte par les vendeurs, et l'utilité est indiquée par la quantité plus ou moins grande de marchandises demandées par les acheteurs.

Valeur courante ou prix courant. Valeur normale ou prix normal. — On entend par *prix courant* ou valeur courante d'une marchandise, la valeur que cette marchandise a sur le marché à un moment donné ou le prix auquel elle se vend couramment. Dès qu'il est établi, il est connu sur le marché de tous les acheteurs et de tous les vendeurs, et aucun acheteur, quelque besoin qu'il ait d'une marchandise, n'aura à la payer plus cher que ce prix, de même qu'aucun vendeur ne consentira à la laisser à un prix moindre.

On entend par *valeur normale* d'une chose, la valeur au-dessous de laquelle une chose ne peut pas descendre, et par *prix normal*, le prix au-dessous duquel une marchandise ne peut pas être vendue. C'est le point vers lequel tend, d'une façon constante, la valeur ou le prix courant d'un objet; il ne peut ni s'élever au-dessus de cette limite, ni tomber au-dessous de cette limite d'une manière durable.

La valeur normale ou le prix normal d'une chose est égal au coût de production, c'est-à-dire à ce que la chose coûte à produire, augmenté d'un certain profit pour l'entrepreneur. Nous n'avons pas à revenir sur le procédé qui doit être suivi pour la détermination du coût de production.

Nous disons que le prix courant tend à se rapprocher le plus possible du prix normal; et, en effet, si le prix courant s'élevait au-dessus de ce chiffre, l'importance du profit réalisé par les entrepreneurs provoquerait des concurrents, la production serait plus abondante, l'offre augmenterait donc, et le prix de la marchandise ne tarderait pas à diminuer, par voie de conséquence; à l'inverse, si le prix courant de la marchandise n'atteignait pas le prix normal, le producteur n'étant plus rémunéré, ou même ne faisant plus ses frais, cesserait de produire, la marchandise deviendrait rare, l'offre serait moins élevée que la demande, et la marchandise augmenterait de prix.

§ 3. — Concurrence et monopole.

Définitions. — On entend par concurrence le régime économique sous lequel existent la liberté du travail et la liberté des échanges.

Le monopole, au contraire, est le système qui a pour effet d'accorder à une personne déterminée le droit exclusif de fabriquer et de vendre certaines marchandises.

Régime économique actuel. — Nous vivons actuellement sous le régime de la libre concurrence. Cependant, relativement à certaines denrées de première nécessité, le pain et la viande, les municipalités tiennent de la loi le pouvoir de les *taxer*, c'est-à-dire de déterminer le prix maximum au-dessus duquel les boulangers et les bouchers ne pourront les vendre. De plus, de véritables monopoles existent pour certaines branches de l'industrie : c'est ainsi que la fabrication et la vente de la poudre, de la dynamite, du tabac, des cartes à jouer, des allumettes, forment au profit de l'Etat un véritable monopole ; de même, certaines compagnies privées sont concessionnaires du droit exclusif d'exploiter certaines branches de l'industrie : notamment, les compagnies de chemins de fer[1].

Supériorité de la concurrence sur le monopole.

— L'avantage principal du régime de la libre concurrence consiste en ce que, grâce au stimulant qu'il exerce sur le producteur, le produit tend à devenir meilleur et à se vendre le moins cher possible. En effet, chaque fabricant doit chercher constamment à améliorer ses procédés de fabrication, et à produire à moindres frais que ses concurrents, pour attirer à lui la clientèle, par la bonne qualité et le bon marché de sa marchandise. C'est une lutte constante entre eux pour conquérir es faveurs du public, — la lutte pour la vie, le *struggle for-life*, comme disent les Anglais, dont le consommateur profite.

Il en est différemment sous le régime du monopole. Celui qui est en possession d'un privilège pour la fabrication et la vente d'un produit est absolument maître du marché ; il n'a pas à soutenir de lutte contre des rivaux. Il en résulte qu'il n'a pas grand intérêt à améliorer ses procédés de production et à vendre à meilleur marché. On peut citer comme exemple classique la fabrication des allumettes en France. Par l'effet du monopole que l'État s'est réservé sur cette marchandise, il est peu de pays où les allumettes, tout en restant de mauvaise qualité, soient aussi chères que chez nous.

Il ne faudrait pas cependant ignorer un inconvénient sérieux de la libre concurrence ; lorsqu'elle dépasse une certaine limite, elle tend au résultat inverse de celui que nous avons indiqué plus haut : elle produit le renchérissement de la marchandise, au lieu d'amener son abaissement. Nous savons, en effet, que lorsque le nombre des intermédiaires augmente dans une trop grande proportion, le prix du produit s'élève en même temps, en raison de la rémunération qui doit rester entre les mains de chacun des intermédiaires.

1. Une proposition récente de M. Jaurès, à la Chambre des députés, vise le monopole de l'alcool en faveur de l'État.

RÉSUMÉ 19. — **Théorie de l'échange et de la valeur.**

I. Echange.

- **1° *Notion juridique*.** Contrat par lequel une personne s'oblige à donner une chose déterminée à une autre personne qui s'engage à lui donner, en retour, comme équivalent, une autre chose déterminée.
- **2° *Notion économique*.** Toute convention dans laquelle chaque partie reçoit un équivalent de ce qu'elle donne, sans considérer la nature de l'objet.
- **3° *Diverses formes*.**
  - *a.* Echange proprement dit.
  - *b.* Vente.
  - *c.* Bail à ferme.
  - *d.* Louage de services.
  - *e.* Prêt à intérêt, etc.

II. Valeur et prix.

- **1° *V. d'usage*.** Importance que nous attachons à la possession ou à la jouissance d'un bien déterminé. Eléments : utilité et rareté.
- **2° *V. d'échange ou prix*.** Propriété qu'a un objet de pouvoir être échangé contre un autre objet. Appelée *prix* si la valeur est exprimée en monnaie.
- ***Différences*.**
  - *a.* La première subjective, la seconde objective.
  - *b.* La première se conçoit dans tout état économique, même rudimentaire.
  - *c.* Certains biens n'ont aucune valeur d'échange.

- **3° *Ses caractères*.**
  - *a.* *Variable* avec la rareté et l'utilité.
  - *b.* *Relative*, comparée à la valeur d'autres objets.
- **4° *Variations, équilibre des prix*.**
  - *a.* Loi importante de l'*offre* et de la *demande*.
  - *b.* Valeur *courante* ou prix *courant*.
  - *c.* Valeur *normale*.
    - 1. Coût de production.
    - 2. Profit de l'entrepreneur.

III. Concurrence et monopole.

- **1° *Concurrence*.** Régime économique sous lequel existent la liberté du travail et la liberté des échanges.
- **2° *Monopole*.** Système qui accorde à une personne déterminée, ou à une société, le droit exclusif de fabriquer et de vendre certaines marchandises.

La concurrence est de beaucoup préférable au monopole pour le consommateur, sauf le cas où le nombre des intermédiaires est trop grand.

QUESTIONNAIRE 19 sur l'échange et la valeur.

1. Quand dit-on qu'il y a circulation de la richesse? — 2. Quel rapport existe-t-il entre la division du travail et l'échange? — 3. Qu'est-ce que l'échange au point de vue juridique? — 4. Quelle différence y a-t-il entre l'échange et la vente? — 5. Qu'est-ce que l'échange au point de vue économique? — 6. Quelles sont les diverses formes que peut affecter l'échange? — 7. A combien de points de vue faut-il envisager la valeur? — 8. Qu'est-ce que la valeur d'usage? — 9. Quels en sont les éléments constitutifs? — 10. Quelles différences y a-t-il entre la valeur et la richesse? — 11. Qu'est-ce que la valeur d'échange? — 12. Quelles différences y a-t-il entre la valeur d'usage et la valeur d'échange? — 13. Quels sont les caractères de la valeur? — 14. Quelles lois président à la fixation ou aux variations des prix? — 15. Qu'entend-on par prix courant? — 16. Par valeur normale? — 17. Qu'entend-on par concurrence? — 18. Qu'est-ce que le monopole? — 19. Pourquoi doit-on préférer le régime de la libre concurrence à celui des monopoles? — 20. Dans quel cas cependant la libre concurrence offre-t-elle un danger?

SECTION II. — La monnaie.

Division. — Nous étudierons la monnaie en deux paragraphes :

§ 1. — Notions générales sur la monnaie;
§ 2. — Du système monétaire.

§ 1er. — Notions générales sur la monnaie.

Du troc en nature. — Ses inconvénients. — L'échange direct d'une marchandise contre une autre marchandise, — d'un hectolitre de blé contre du vin, de la viande, un vêtement, etc., — qu'on appelle troc en nature, offre des inconvénients multiples et ne peut convenir aux sociétés quelque peu avancées.

Tout d'abord, il met celui qui a besoin d'une chose déterminée dans la nécessité de trouver une personne qui soit disposée à lui céder cette chose; il faut en outre que cette personne ait précisément besoin elle-même de l'objet que l'autre a en sa possession et dont elle veut se défaire.

Ainsi, j'ai besoin d'un vêtement et j'ai un hectolitre de blé dans mon grenier. Pour pouvoir me procurer un vêtement avec ce blé, il faut que je trouve une personne qui ait un vêtement à céder, et qui, en même temps, désire avoir du blé à la place.

Un autre obstacle à l'échange direct consiste en ce que des objets qui ne sont pas d'égale valeur ne seront pas toujours divisibles.

Exemple : j'ai fait un vêtement que je voudrais céder pour avoir du blé, mais je n'ai besoin que d'un hectolitre de blé; si le vêtement représente la valeur de cinq hectolitres de blé, comme je ne peux diviser le vêtement de façon à n'en céder exactement qu'une partie correspondante à la quantité de blé qui me fait défaut, pour réaliser l'échange je serai obligé d'acquérir plus de blé que mes besoins ne l'exigent.

Enfin, avec le procédé de l'échange direct, on peut bien

comparer les richesses deux par deux, mais il est impossible de se faire une idée de la valeur respective de toutes les richesses existant à un moment donné, les unes par rapport aux autres.

Exemple : je possède un bœuf qui est estimé à 5 hectolitres de blé; mais combien vaut-il d'hectolitres de vin, ou de mètres de drap ?

De la monnaie, sa double fonction. — C'est pour remédier à ces inconvénients de l'échange direct qu'on a inventé la monnaie.

On peut la définir : une richesse qui, étant acceptée par tout le monde, sert à la fois d'intermédiaire des échanges et de commune mesure des valeurs.

De la monnaie comme intermédiaire des échanges. De la décomposition de l'échange en vente et achat. — La première fonction de la monnaie est d'être un intermédiaire des échanges.

Au lieu d'échanger directement le vêtement que j'ai fabriqué contre le blé dont j'ai besoin, j'échangerai mon vêtement contre une certaine quantité de monnaie, et avec cette monnaie je me procurerai le blé que je désire avoir.

L'échange est ainsi décomposé en deux opérations successives : vente d'abord, achat ensuite.

Il semble qu'il y ait là une complication plutôt qu'une simplification, puisque, au lieu d'un acte simple opérant directement, on est obligé d'avoir recours à deux actes distincts.

Mais ce n'est là qu'une apparence; en réalité, l'échange est rendu bien plus facile.

En effet, il suffit désormais que je rencontre une personne ayant besoin du vêtement que j'ai fait et qui consente à l'acheter; une fois en possession du prix qu'elle me comptera, je pourrai me procurer tout ce dont j'aurai besoin ; car la monnaie est une de ces marchandises qu'on est toujours disposé à acquérir contre toute espèce de choses.

De la monnaie comme commune mesure des valeurs. —

La monnaie a encore une autre fonction : elle sert de commune mesure des valeurs. Pour comparer ce que plusieurs objets valent les uns par rapport aux autres, au lieu de les comparer deux par deux successivement, on détermine la quantité de monnaie qu'il serait nécessaire de donner pour les acquérir. Si elle est la même, les deux objets sont d'égale valeur; si pour l'un il faut en donner davantage que pour l'autre, on dira que cet objet a une valeur supérieure à celle de l'autre.

A ce point de vue, la monnaie joue pour les valeurs le même rôle que joue le mètre pour les longueurs, et le gramme pour les poids. Nous verrons, cependant, que tandis que le mètre est un étalon parfait, parce qu'il est invariable, il en est différemment de la monnaie, qui est soumise aux mêmes fluctuations que les autres richesses.

Conditions que doit réunir une bonne monnaie. — Une bonne monnaie doit réunir les conditions suivantes :

1o Etre acceptée par tous, sans difficulté, comme instrument d'échange, tant à l'intérieur d'un Etat que dans les transactions internationales ;

2o Représenter une grande valeur sous un petit volume, de façon à être transportée facilement;

3o Etre *une* dans sa nature, en sorte que le même poids de la monnaie soit toujours d'égale valeur;

4o Etre parfaitement divisible, pour faire face aux acquisitions de toute espèce ;

5o Etre d'une durée indéfinie et pouvoir être conservée sans être altérée dans sa valeur;

6o Avoir une valeur invariable.

Du choix d'une monnaie. Monnaie d'or, d'argent et de billon. — Le choix des hommes n'a pas toujours été le même aux diverses époques de leur histoire. Dans les temps primitifs, chez les peuples sauvages, ce sont les colliers, les bijoux, les objets de luxe et de toilette qui servent de monnaie. Chez les peuples pasteurs, c'est le blé ou les animaux vivant

en troupeau [1] qui sont employés comme intermédiaires des
échanges.

Au contraire, chez tous les peuples civilisés, ce sont les métaux précieux, or, argent, cuivre, qui ont été choisis comme
monnaie. Ils réunissent, en effet, toutes les qualités que nous
avons déclarées désirables pour une bonne monnaie, et en particulier l'unité dans la nature, qui fait qu'un kilogramme d'or
vaut un autre kilogramme d'or, quel qu'en soit le lieu de production et quel qu'en soit l'aspect extérieur. A ce point de vue,
le diamant, dont la valeur est considérable sous un petit volume, ne pourrait être choisi comme monnaie, parce qu'à une
très légère différence de poids correspond souvent une grande
différence de valeur, et que, d'autre part, le prix d'un diamant
dépend beaucoup de la disposition de ses facettes et de l'é-
clat plus ou moins brillant dont il est doué.

Une seule qualité manque aux monnaies métalliques pour
être parfaites comme instruments d'échange et comme étalons des valeurs : l'invariabilité dans la valeur. C'est ce que
nous allons expliquer maintenant.

En quel sens la monnaie est une marchandise. — La
monnaie n'est qu'une marchandise choisie parmi toutes les
autres, par un accord tacite des hommes, pour servir d'intermédiaire dans les échanges. Il est vrai que, dans le langage
vulgaire, on oppose la monnaie aux marchandises ; de même,
dans la langue juridique, nous l'avons vu, le contrat change
de nature suivant que l'une des parties s'oblige à donner de
l'argent ou un autre objet. Mais, au point de vue économique,
tout ce qui s'échange est une marchandise ; et c'est en ce sens
que l'on peut considérer la monnaie comme une marchandise.

Seulement, elle diffère essentiellement des autres marchandises : un vêtement, du blé, la viande, sont des objets qui
servent directement et par eux-mêmes à la satisfaction d'un
besoin de l'homme. Il n'en est pas de même de la monnaie ;

---

1. C'est ce qui explique l'étymologie de *pecunia,* somme d'argent, déri-
vant du mot *pecus,* troupeau.

en soi, elle ne rend aucun service à l'homme, elle ne lui est utile que parce qu'elle lui permet de se procurer ce qui lui est nécessaire pour vivre ; en sorte que si on cessait d'utiliser les métaux précieux comme monnaie, on s'en servirait bien encore dans une certaine mesure pour en faire des bijoux, des plats, des assiettes ou des couverts, mais une grande quantité du stock existant se trouverait sans emploi, et leur valeur baisserait d'une façon considérable.

Conséquences de ce que la monnaie est une marchandise. — De ce que la monnaie est une marchandise il résulte :

1° Que, comme toute marchandise, elle est coûteuse; on ne peut se la procurer qu'en donnant en échange une autre marchandise ;

2° Que sa valeur n'est pas immuable; elle varie, comme celle de toutes les marchandises, sous l'influence de la loi de l'offre et de la demande.

Cette variation dans la valeur de la monnaie se produit dans l'espace et dans le temps.

Dans l'espace, car une même quantité de monnaie n'a pas une valeur égale dans tous les pays; elle est dépréciée, et son pouvoir d'acquisition est très faible dans les pays miniers, en Amérique notamment, où les métaux précieux abondent; sa valeur est, au contraire, plus grande dans les pays où la monnaie est plus rare.

Dans le temps, car si on compare la valeur de la monnaie à deux époques différentes, soit d'un siècle à un autre, soit même au cours d'un siècle à des intervalles de quinze ou vingt années, on se rend compte que la monnaie a baissé d'une façon considérable, par suite de la découverte et de la mise en exploitation de nouvelles mines d'or ou d'argent.

Les variations dans la valeur de la monnaie constituent le vice le plus grave qu'on puisse reprocher à la monnaie métallique. Elles l'empêchent de servir de commune mesure irréprochable des valeurs dans le temps et dans l'espace, comme le mètre pour les longueurs, le gramme pour les poids.

Exemple : si le prix d'une marchandise aujourd'hui est le

double du prix de la même marchandise il y a cent ans, on ne peut pas conclure de là que sa valeur réelle ait augmenté du double par rapport aux autres marchandises. Car, s'il faut aujourd'hui une quantité plus grande de numéraire pour se la procurer, c'est peut-être uniquement parce que la valeur de l'argent a baissé dans ce laps de temps.

On peut faire la même observation en se plaçant au point de vue des différents pays, à la même époque. En Amérique, par exemple, les objets de consommation journalière atteignent des prix très élevés, par rapport à ceux que nous avons l'habitude de payer sur le vieux continent. Ce n'est pas que ces objets aient, par rapport aux autres richesses, une valeur réelle plus grande ; cette élévation considérable des prix résulte du peu de valeur de la monnaie dans ces pays.

Peut-on éviter cet inconvénient et peut-on espérer trouver pour les valeurs un étalon aussi sûr et aussi irréprochable que le mètre pour les longueurs ? Cela paraît irréalisable ; parce qu'on ne peut prendre comme mesure des valeurs qu'une marchandise, et que toute marchandise, quelle qu'elle soit, est sujette à des variations plus ou moins grandes, sous l'empire de la loi de l'offre et de la demande.

On peut même dire qu'à ce point de vue les métaux précieux offrent cet avantage considérable sur les autres marchandises[1], que leur valeur est soumise à des variations moins brusques que les autres marchandises, le blé, par exemple. Comme ils s'usent très lentement, ils forment une masse énorme qui s'accumule constamment. La production annuelle est bien peu de chose auprès de ce stock énorme et ne l'influence que faiblement.

Supériorité de la monnaie sur les autres marchandises.

— On a même été plus loin, à une certaine époque, et on a considéré la monnaie comme la richesse suprême, que chaque

1. On a proposé d'autres systèmes de commune mesure : les uns ont proposé le blé ; d'autres, comme Karl Marx, la quantité de travail nécessaire pour produire une marchandise. Mais ce sont des procédés peu pratiques pour résoudre la question.

Etat devait s'efforcer d'acquérir en grande quantité et à laquelle il devait sacrifier toutes les autres richesses. Ce système est connu dans l'histoire des doctrines économiques sous le nom d'*école mercantile*; elle apparut en Italie au xvi° siècle et fut en honneur pendant tout le xvii° et même pendant le xviii° siècle. Mais depuis longtemps déjà on a montré le vice de ce système. Du moment que la monnaie est une marchandise et que, comme telle, elle est coûteuse, il ne faut pas qu'un Etat ait une quantité de numéraire supérieure à ce qui est nécessaire aux transactions et à la circulation des richesses sur son territoire. Dès que le stock existant suffit pour les besoins du commerce, il est mauvais que l'Etat cherche à l'augmenter encore, au lieu de se procurer à la place, soit des objets d'approvisionnement et de consommation pour augmenter le bien-être général, soit des matières premières, des outils ou des machines, pour rendre la production plus active.

On trouve cependant une part de vérité dans le système mercantile, si, au lieu d'envisager le rôle de la monnaie au point de vue général, on se place au point de vue individuel. A ce point de vue, il est certain que la monnaie offre une réelle supériorité sur les autres marchandises, en raison de son pouvoir d'acquisition et de libération.

La monnaie répond à un besoin général, et est acceptée par tout le monde sans difficulté; en sorte que celui qui offre cette marchandise obtient en échange tout ce dont il a besoin. Il est dans une bien meilleure situation que le possesseur d'une marchandise déterminée, répondant à un besoin spécial, vêtement, pain, viande; pour convertir sa marchandise en argent, le possesseur devra rencontrer précisément un individu ayant besoin de cet objet.

De plus, avec la monnaie, le débiteur peut toujours se libérer, tandis qu'il ne peut donner à son créancier une marchandise quelconque. C'est ce qui fait qu'un commerçant peut être déclaré en faillite bien que son magasin regorge de marchandises, qu'il n'a pu vendre pour faire face à ses engagements.

Du papier-monnaie. — *Définition.* — On entend par papier-monnaie un billet mis en circulation par un État, sous sa garantie, pour servir d'intermédiaire des échanges, et ayant le même pouvoir d'acquisition et de libération que la monnaie d'or ou d'argent.

Caractères propres. — Le papier-monnaie présente les caractères suivants :

1º Il est émis par l'État sous sa signature.

2º Il a cours légal : c'est-à-dire qu'il a la même force libératoire que la monnaie métallique.

3º Il a *cours forcé*, c'est-à-dire que le porteur de ce billet ne peut contraindre les caisses publiques à lui en payer le montant en numéraire. C'est pour cela qu'on appelle souvent le papier-monnaie *billet inconvertible*.

À ce point de vue, nous le verrons plus loin, le papier-monnaie ne doit pas être confondu avec le billet de banque, qui est un billet essentiellement convertible. Le billet de banque est une monnaie de papier, puisqu'il a cours légal ; mais ce n'est pas un papier-monnaie, puisqu'il n'a pas cours forcé.

Le papier-monnaie pourrait-il remplacer la monnaie métallique? Puisque, a-t-on dit, la monnaie métallique puise une grande partie de sa valeur dans la convention sociale qui fait qu'elle est reçue en échange des marchandises, pourquoi l'État ne la remplacerait-il pas par des billets qui circuleraient sous sa garantie? Ce système offrirait, dit-on, de grands avantages.

D'abord, l'État pourrait en tirer un profit immédiat : à l'heure actuelle, les 8 milliards de monnaie qui circulent en France ne servent qu'à l'échange, mais ne produisent rien. Si on les retirait de la circulation, pour les remplacer par du papier-monnaie, on pourrait les employer en des placements avantageux à l'étranger.

On ajoute que le papier-monnaie serait un meilleur régulateur des prix que la monnaie métallique ; en effet, il n'y aurait pas à redouter les écarts brusques de valeur résultant d'une production de métaux excessive ; ce serait l'État qui déterminerait la quantité de papier-monnaie à émettre ou à maintenir dans la circulation, suivant les nécessités des transactions commerciales, et d'après des règles invariables, tracées à l'avance.

Ce système séduit au premier abord ; mais, après réflexion, il soulève de graves objections.

En premier lieu, le papier-monnaie peut bien suffire aux échanges opérés sur le territoire d'un même Etat, mais il ne peut être employé pour acquitter les échanges qui sont faits dans les relations internationales.

Ensuite, il est à craindre que l'Etat ne soit pas assez sage pour limiter l'émission du papier-monnaie aux besoins de la circulation, et qu'il n'abuse de ce moyen pour augmenter ses ressources.

La dépréciation du papier-monnaie est d'autant plus grave que, son emploi étant limité à un territoire déterminé, il n'y a pas lieu d'espérer le voir revenir en faveur par suite des acquisitions de marchandises faites à l'étranger. Et, à ce moment, l'Etat ne peut guère intervenir pour retirer de la circulation la quantité de papier qui est en excédent, parce qu'il subirait une perte correspondante.

Alors le phénomène suivant se manifeste : l'or fait prime sur le marché, les prix des marchandises s'élèvent et se dédoublent en quelque sorte, il y a un prix pour la vente contre du numéraire, et un autre prix, plus fort, contre du papier.

C'est à raison de ces dangers qu'on a pu dire que l'invention du papier-monnaie avait causé plus de calamités, fait plus de mal et tué plus d'hommes que la guerre elle-même.

Circonstances qui donnent lieu à l'émission du papier-monnaie. — Aussi les gouvernements ne recourent à l'emploi de ce moyen que quand ils ne peuvent pas faire autrement. C'est ce qui se produit dans deux circonstances particulières :

1° Lorsque l'Etat est obéré et qu'il ne peut attendre ni d'un surcroît d'impôts ni d'un emprunt les ressources dont il a besoin pour la marche de ses services publics;

2° Lorsque le pays a de nombreuses dettes à acquitter vis-à-vis de l'étranger; les espèces métalliques sont exportées; il ne reste plus assez de numéraire pour les échanges intérieurs; on le remplace par le papier-monnaie.

Actuellement, plusieurs États ont recours à ce procédé : l'Espagne, l'Italie, le Portugal, la Grèce, la Serbie et plusieurs Républiques de l'Amérique.

Base de la valeur du papier-monnaie. — La valeur du papier-monnaie repose uniquement sur l'espoir que l'on peut avoir d'obtenir un jour le remboursement en espèces métalliques des billets émis par l'État, lorsque sa situation financière sera améliorée. L'État ne peut pas, par des actes de puissance publique, empêcher la dépréciation de ces billets. Les peines terribles prononcées par la Convention pour soutenir le cours des assignats n'ont pas empêché l'avilissement de ce papier-monnaie.

QUESTIONNAIRE 20 sur la monnaie.

1. Qu'est-ce que le troc en nature ? — 2. Montrez-en les inconvénients. — 3. Qu'est-ce que la monnaie ? — 4. Montrez comment elle peut servir d'intermédiaire des échanges ? — 5. De commune mesure des valeurs ? — 6. Quelles sont les conditions que doit réunir une bonne monnaie ? — 7. Sur quels objets les hommes ont-ils porté leur préférence comme type de monnaie ? — 8. En quel sens la monnaie est-elle une marchandise ? — 9. Conséquences à en tirer. — 10. Quelle est la supériorité de la monnaie sur les autres marchandises ? — 11. Qu'est-ce que le papier-monnaie ? — 12. Quels en sont les caractères ? — 13. Expliquez en quoi consiste le cours forcé. — 14. Le papier-monnaie peut-il remplacer la monnaie métallique ? — 15. Quelles sont les circonstances qui donnent lieu à l'émission du papier-monnaie ?

RESUMÉ 20. — La monnaie.

I. Troc en nature. Inconvénients.
- 1° Difficulté de trouver une personne désirant échanger précisément telle marchandise contre telle autre.
- 2° Les objets d'inégale valeur sont rarement divisibles.
- 3° Impossibilité de se faire une idée exacte de la valeur respective des richesses.

II. Monnaie.
Richesse acceptée par tout le monde et servant à la fois comme :
- a. Intermédiaire des échanges (vente et achat).
- b. Commune mesure des valeurs.

III. Conditions que doit réunir une bonne monnaie.
- 1° Etre acceptée par tous comme instrument d'échange.
- 2° Représenter une grande valeur sous un petit volume.
- 3° Etre *une* dans sa nature.
- 4° Etre parfaitement divisible.
- 5° Etre d'une durée indéfinie.
- 6° Avoir une valeur invariable.

IV. La monnaie est une marchandise.
- 1° *En ce sens :* Qu'elle s'échange comme toute autre marchandise.
- 2° *Elle en diffère :* En ce qu'elle ne rend aucun service *direct* à l'homme, mais lui permet de se procurer d'autres marchandises.
- 3° *Conséquences.*
  - a. Elle est coûteuse.
  - b. Elle est variable (offre et demande) dans l'espace et le temps.
- 4° *Sa supériorité.*
  - a. L'*école mercantile* la considérait comme la richesse suprême (erreur).
  - b. Elle répond à un besoin général.
  - c. Le débiteur peut toujours se libérer.

V. Du papier-monnaie.
- 1° *Définition.* Billet mis en circulation par un Etat, sous sa garantie, pour servir d'intermédiaire des échanges et ayant le même pouvoir d'acquisition et de libération que la monnaie et l'argent.
- 2° *Inconvénients graves.*
  - a. Difficile de l'admettre à l'étranger.
  - b. L'Etat peut se laisser entraîner à une trop forte émission.

§ 2. — Du système monétaire.

Définitions. — On entend par système monétaire un ensemble de mesures ayant pour objet la détermination des types de monnaies, leur mode de fabrication et les conditions de leur circulation.

Titre et tolérance. — Le *titre* d'une monnaie est le rapport du poids du métal précieux contenu dans cette monnaie au poids total de l'alliage.

Ainsi, dans notre système monétaire, le titre des pièces d'or et d'argent est de 900 millièmes ; cela veut dire que chaque pièce doit contenir 900/1000 de fin, et 100/1000 seulement de cuivre.

La *tolérance* est la facilité que l'État se réserve d'émettre des pièces de monnaie dont le titre soit légèrement inférieur au titre légal, parce qu'il est presque impossible de fabriquer des monnaies irréprochables au point de vue de la proportion des métaux.

En France, la tolérance est de 2/1000, c'est-à-dire qu'une pièce d'or qui n'aurait que 898 millièmes de son poids en or serait acceptable.

Étalon monétaire ; monnaies conventionnelles et d'appoint. — On entend par étalon monétaire la monnaie qui a cours légal illimité, c'est-à-dire que le créancier est obligé de recevoir en payement, et qui libère le débiteur sans aucune restriction.

En France, c'est la pièce de 5 francs en argent et toutes les pièces d'or.

Les monnaies d'appoint[1] sont celles qui ne peuvent servir que dans une certaine mesure, pour les petits payements ne dépassant pas une limite déterminée ; on les dit aussi *conventionnelles*, parce que, étant frappées à un titre inférieur au

---

1. Certains auteurs les appellent monnaies de *billon*, tandis que d'autres réservent cette expression pour la monnaie de cuivre.

titre légal, elles ont une valeur nominale purement fictive, qui repose uniquement sur une sorte de consentement tacite.

C'est, en France, la monnaie de cuivre, de 0 fr. 10 ou 0 fr. 05, et les pièces de 0 fr. 20, 0 fr. 50, 1 franc et 2 francs en argent. — Les pièces de 0 fr. 10 et de 0 fr. 05 ont une valeur réelle qui est seulement du tiers de la valeur légale, pour qu'elles ne soient pas trop lourdes à manier. Les pièces en argent de 0 fr. 20, 0 fr. 50, 1 franc, 2 francs, ne sont émises depuis 1865 qu'au titre de 835/1000. Nous dirons plus loin à la suite de quelles circonstances et dans quel but.

Aux monnaies divisionnaires de cuivre et d'argent dont nous venons de parler, il faut ajouter la pièce en nickel de 0 fr. 25, au titre de 980 millièmes, pesant 7 grammes, que la loi des finances du 31 mars 1903 a autorisé le gouvernement à émettre (art. 50).

Un créancier ne peut être tenu de recevoir les pièces de cuivre et de nickel au delà de 5 francs, et les pièces divisionnaires en argent au delà de 50 francs (loi du 6 mai 1852 ; loi du 14 avril 1866). Mais les caisses publiques ne peuvent se refuser à recevoir les pièces divisionnaires d'argent, quelle qu'en soit la quantité (art. 5 loi de 1868).

Du rôle de l'Etat en matière monétaire. — Le rôle de l'Etat en matière monétaire est considérable :

1° C'est lui qui détermine les types de monnaie, leur poids, leur volume et leur titre ;

2° Il garantit la monnaie en mettant son sceau sur chaque pièce, c'est-à-dire qu'il répond vis-à-vis du public que chaque pièce de monnaie contient exactement la quantité de métal précieux correspondant à sa valeur nominale;

3° Il donne aux monnaies le *cours légal*, c'est-à-dire qu'il leur confère le pouvoir libératoire, en contraignant les créanciers à les recevoir en payement de ce qui leur est dû, à concurrence de leur valeur nominale.

Monométallisme et bimétallisme. — Le monométallisme est un système monétaire d'après lequel un seul métal, —

soit l'or, soit l'argent, — sert de monnaie avec cours légal illimité.

Le bimétallisme est un système monétaire dans lequel les deux métaux, l'or et l'argent, sont également admis au cours légal, sans aucune limitation. Seulement, comme les deux métaux n'ont pas la même valeur marchande, la loi détermine le rapport existant entre eux. Ainsi, nous verrons que, dans le système monétaire français, l'or, à poids égal, est considéré comme valant 15 fois 1/2 plus que l'argent.

Les pays monométallistes-or sont : l'Angleterre depuis 1816, le Portugal depuis 1873, le Danemark, la Suède et la Norwège depuis 1875.

Les pays monométallistes-argent sont l'Inde et l'Indo-Chine.

Les pays bimétallistes sont : la France, la Belgique, l'Italie, la Suisse, la Grèce, les Etats-Unis, l'Espagne, etc.

Nous dirons plus loin que l'Allemagne est, sur ce point, dans une situation particulière : en théorie elle est monométalliste-or, depuis 1873, mais, en fait, elle est restée bimétalliste.

Entre ces deux systèmes monétaires la lutte est très vivement engagée depuis longtemps, et n'est pas près de prendre fin.

Arguments en faveur du monométallisme. — En faveur du monométallisme on fait valoir les arguments suivants :

1º Ce système est, dit-on, le plus rationnel et le plus scientifique. En effet, le bimétallisme repose sur un rapport entre la valeur des deux métaux qui est purement fictif et ne correspond pas à la réalité des faits. Ce rapport est constamment variable, par suite des découvertes de mines d'or ou d'argent qui font subir des mouvements de hausse ou de baisse à l'un et à l'autre métal. En sorte que le rapport qui a été fixé par la loi de l'an XI à 15 1/2, s'est élevé à 42,96.

2º On ajoute que le système du bimétallisme a l'inconvénient d'exposer la monnaie à des variations constantes, parce qu'elle subit le contre-coup de toutes les variations qui peuvent se produire, soit pour l'un, soit pour l'autre métal.

Arguments en faveur du bimétallisme. — En faveur du bimétallisme on invoque les considérations suivantes :

1° Si tous les Etats adoptaient pour étalon unique l'or, la démonétisation de l'argent amènerait une baisse considérable de ce métal, déjà si fortement avarié ; il en résulterait une perte très grande pour ces Etats, qui seraient obligés de retirer de la circulation le numéraire en argent en donnant de l'or à la place, et qui ne trouveraient à le vendre ensuite, comme lingot, sur le marché des métaux, que pour un prix dérisoire. L'exemple de l'Allemagne est, à ce point de vue, un enseignement salutaire, comme nous le verrons plus loin.

2° On se heurterait, d'autre part, à une difficulté non moins sérieuse : l'or existant dans le monde ne serait pas en quantité suffisante pour répondre aux besoins de la circulation ; étant plus rare et plus demandé, il augmenterait de valeur, son pouvoir d'acquisition par rapport aux marchandises serait plus grand que jamais, les prix baisseraient donc dans une large proportion, ce qui aggraverait la crise actuelle.

3° Quant à l'objection tirée des chances de variation plus grandes de la monnaie avec deux étalons qu'avec un seul, on peut y répondre en disant que ces variations produisent des conséquences plus redoutables sous le régime du monométallisme, parce que, sous le régime du bimétallisme, elles sont atténuées, et l'équilibre entre les deux monnaies est bientôt rétabli, par l'effet de la loi de Gresham.

La loi de Gresham et le bimétallisme. — On entend par loi de Gresham une loi économique, attribuée à un chancelier de la reine d'Angleterre Elisabeth, qui la formula il y a trois siècles [1].

Elle est ainsi conçue : *La mauvaise monnaie chasse la bonne*. Pour comprendre cette proposition, supposons que l'argent soit déprécié, et examinons ce qui se passera dans un pays bimétalliste comme la France.

Les personnes qui auront des payements à faire à l'intérieur

---

[1]. Déjà Aristophane l'avait énoncée dans sa comédie des *Grenouilles*.

du pays emploieront de préférence la monnaie dépréciée ; d'autre part, les étrangers se serviront également de cette monnaie pour nous payer leurs dettes ; et nous ne pourrons pas refuser de la recevoir, puisque les deux métaux ont en France la même force libératoire. Mais, à l'inverse, nous serons obligés de nous acquitter envers nos créanciers du dehors en donnant la meilleure monnaie. L'or disparaîtra ainsi de tous côtés de la circulation, chassé par l'argent : la thésaurisation, la bijouterie, la vente au poids et les payements à l'étranger sont autant de causes qui agissent pour amener ce résultat.

Il arrivera donc un moment où l'argent sera maître du marché ; la demande de ce métal augmentera, et, par voie de conséquence, son pouvoir d'acquisition sera rétabli comme par le passé, et la hausse des prix s'arrêtera. Au bout d'un certain temps, l'équilibre ancien ne tardera pas à se produire.

Ce phénomène n'est pas possible avec le monométallisme ; on est obligé de subir les variations qui affectent la valeur de l'étalon monétaire unique et d'attendre patiemment la fin de la crise.

Danger du bimétallisme. — Il est cependant un danger certain auquel un État bimétalliste est exposé de la part des États monométallistes qui l'entourent. C'est le danger de la spéculation à laquelle peut donner lieu le métal déprécié.

Supposons, par exemple, que le kilogramme d'or vaille actuellement 42 kgr. 96 d'argent ; un particulier se procure en France 1 kgr. d'or moyennant 3.100 francs, il l'envoie à Londres sur le marché des métaux précieux, il acquiert en échange 42 kgr. 96 d'argent. Avec ce dernier métal, il peut faire monnayer en France — à raison de 200 pièces de 1 franc par kilogramme — $42,96 \times 200 = 8,992$ francs, d'où un bénéfice de 5,892 francs. C'est là un danger sérieux, qui menace d'inonder l'État bimétalliste de monnaie dépréciée. Nous dirons un peu plus loin, en étudiant notre système monétaire français, comment l'État a paré à cet inconvénient.

Système monétaire français. — *L'union latine.* — *Économie de la loi du 7 germinal an XI.* — Le système monétaire français a été organisé par la loi du 7 germinal an XI.

D'après cette loi, l'unité monétaire est le franc, qui consiste dans 5 grammes d'argent au titre de $\frac{900}{1000}$. L'argent est donc l'étalon monétaire, mais il n'est pas la seule monnaie légale : l'or et même le cuivre ont le même pouvoir libératoire illimité que l'argent.

Le rapport entre l'or et l'argent est fixé à 15 1/2 ; cela veut dire qu'un kilogramme d'or vaut 15 fois 1/2 plus qu'un kilogramme d'argent. Ce rapport résulte implicitement des dispositions de la loi :

5 grammes d'argent valant 1 franc, le kilogramme d'argent vaut 200 francs.

De son côté, le kilogramme d'or est divisé en 155 pièces de 20 fr.; il vaut donc 3,100 francs. Or, le rapport entre 200 et 3,100 est bien le même que celui de 1 à 15 1/2.

Quant au cuivre, il a cessé d'avoir le cours légal illimité et est devenu monnaie d'appoint, en vertu du décret du 18 août 1810 ; il n'a plus désormais le pouvoir libératoire au delà de 5 francs.

Ajoutons que l'émission des monnaies d'or et d'argent était entièrement libre.

Telles étaient les bases du système organisé en l'an XI ; elles ne devaient pas tarder à être bouleversées par les variations dans les deux métaux.

Crise monétaire en 1847. — En 1847, on découvrit les mines d'or de Californie ; en 1851, les mines d'or d'Australie ; une grande quantité de métal jaune fut jetée sur le marché ; l'or baissa de 6 p. 100 de sa valeur, en sorte que 5 francs en or ne valaient plus que 4 fr. 70. L'argent fit prime sur l'or ; on vit alors se produire le phénomène résultant de la loi de Gresham, « la mauvaise monnaie chasse la bonne » ; l'étranger nous payait en monnaie dépréciée, et nous étions obligés de payer en bonne monnaie nos créanciers du dehors. Cette situation s'aggrava encore sous l'influence de la guerre de sécession en Amérique ; on fut forcé d'acheter aux Indes le coton qu'on ne pouvait faire venir du nouveau continent, et on ne pouvait solder les achats faits aux Indes, qui vivent sous le régime du monométallisme-argent, qu'avec ce dernier métal. Il en résultait que l'argent devenait de plus en plus rare en France ; nos pièces divisionnaires de 0 fr. 20, 0 fr. 50, 1 fr. et 2 fr. passaient à l'étranger. On allait être réduit à ne plus pouvoir faire les petits payements qu'avec des pièces de cuivre, incommodes et lourdes.

C'est alors que la France prit l'initiative de réunir dans une conférence les Etats voisins qui avaient les mêmes intérêts qu'elle, la Belgique, l'Italie et la Suisse, afin d'aviser aux mesures à prendre en commun pour parer au danger de l'émigration de leurs pièces divisionnaires d'argent. Le 23 décembre 1865, fut signée entre ces Etats une union monétaire qui est connue sous le nom d'*union latine*. La Grèce y a adhéré en 1868.

Principe de l'union latine. — Le principe fondamental de l'union était l'adoption pour les Etats signataires du système monétaire établi par la loi de germinal an XI, avec le double étalon, or et argent. Les pièces d'or et d'argent étaient reçues indistinctement dans les caisses publiques des Etats signataires.

Pour éviter le drainage des petites coupures d'argent, on prit la mesure suivante : on abaissa leur titre à 835/1000. Ce ne furent plus désormais que des monnaies conventionnelles, ayant une valeur nominale supérieure à la quantité de fin qu'elles renferment. Les Etats signataires se réservaient le monopole de l'émission de ces pièces, qui était même limitée pour chacun d'eux à raison de 6 francs par habitant. Enfin, ces pièces cessaient d'avoir cours légal au delà de 50 francs.

Ces mesures réussirent pleinement ; l'étranger n'eut plus intérêt à venir chercher en France des pièces qui n'avaient plus une valeur marchande égale à leur valeur nominale.

Modifications survenues depuis. — Depuis 1873, c'est le phénomène inverse qui se produit : l'argent est déprécié par suite du rendement plus considérable des mines américaines et de la conversion de certains peuples, de l'Allemagne notamment, au monométallisme-or. Le rapport entre les deux métaux n'est plus de 1 à 15 1/2, mais de 1 à 42,96.

Les Etats de l'union latine se trouvaient exposés au danger de spéculation que nous avons indiqué plus haut; une personne pouvait acheter en France 1 kgr. en or pour 3,100 francs, l'échanger à Londres contre 42 kgr. 96 d'argent, et le faire monnayer en France contre 42,96 × 200......... 8.992 fr.

Elle réalisait un bénéfice de................... 5.892 fr.

Pour couper court à des spéculations de ce genre, l'union latine limita d'abord la frappe des pièces de 5 francs; en 1874-1875 et 1878, elle la suspendit complètement.

Situation monétaire en France et en Allemagne. — Actuellement, par suite de cette dernière circonstance, la France et l'Allemagne se trouvent dans une situation analogue, au point de vue monétaire. Nous avons dit plus haut que des lois de 1870 et de 1873 avaient décidé la conversion de l'empire allemand au régime du monométallisme-or. Le gouvernement allemand se mit donc en mesure de retirer les pièces en argent de la circulation pour les revendre ensuite sur le marché des métaux; mais, en raison de la baisse de l'argent, accrue encore par cette nouvelle quantité de métal blanc offerte aux acheteurs, l'opération fut désastreuse pour le trésor allemand; en 1879, le gouvernement jugea prudent d'arrêter les frais, et il décida de laisser dans la circulation, avec cours légal illimité comme par le passé, les monnaies d'argent qui n'avaient pu être retirées jusque-là, et qui s'élevaient à 600 millions.

De sorte que si, en théorie, la France est bimétalliste, l'Allemagne monométalliste-or, en fait, les deux Etats sont soumis actuellement au même régime du double étalon, avec arrêt complet dans l'émission de la monnaie d'argent[1].

1. Beauregard, *op. cit.*, p. 219.

RÉSUMÉ 21. — Du système monétaire.

I. Définition.

1° *Ensemble de mesures ayant pour objet :*
- a. La détermination des types de monnaie ;
- b. Leur mode de fabrication ;
- c. Et les conditions de leur circulation.

2° *Titre.* Rapport du poids du métal précieux d'une monnaie au poids total de l'alliage.

3° *Alliage.* Métal résultant de l'union du métal précieux et du cuivre.

4° *Tolérance.* Facilité que l'Etat se réserve d'émettre des pièces dont le titre est légèrement inférieur au titre légal ; maximum : 2/1000.

5° *Etalon monétaire.* Monnaie qui a cours légal illimité : pièce de 5 fr. Titre 900/1000.

6° *Monnaies d'appoint.*
- Argent : 0 fr. 20, 0 fr. 50, 1 fr. et 2 fr. Titre 835/1000.
- Cuivre (billon) : 0 fr. 05 et 0 fr. 10 ; valeur réelle : 1/3 de valeur nominale.
- Nickel : 0 fr. 25.

II. Rôle de l'Etat.

1° Détermine les types de monnaie. Leur poids, Leur volume, Et leur titre.

2° Garantit la monnaie.

3° Donne cours légal aux monnaies.

4° Se réserve le droit de monnayage.

III. Monométallisme et bimétallisme.

Le 1ᵉʳ système admet un seul métal, soit or, soit argent.
Le 2ᵉ système admet les deux métaux.

Avantages du 1ᵉʳ.
- a. Plus rationnel et plus scientifique.
- b. N'expose pas à des variations constantes.
- c. Evite les spéculations sur le métal déprécié.

Avantages du 2ᵉ.
- a. L'or étant seul admis, les Etats perdraient beaucoup à la démonétisation de l'argent.
- b. L'or ne serait pas suffisant et augmenterait encore de valeur.
- c. Les variations sont possibles, mais il y a bientôt équilibre, en vertu de la loi de Gresham : « La mauvaise monnaie chasse la bonne. »

IV. Système monétaire français.

Loi du 7 germinal an XI : le franc, 5 gr., unité monétaire. Titre 900 p. 1000.
Décret du 18 août 1810 : le cuivre n'a plus cours légal illimité.
23 décembre 1865 : union latine entre la France, la Belgique, l'Italie et la Suisse, et en 1868 la Grèce.
Titre de 900 p. 1000 abaissé à 835 p. 1000 pour petites coupures.
Rapport entre l'or et l'argent : en théorie, 15 1/2 ; en fait, 42,96.
En France et en Allemagne : système monétaire différent en théorie, semblable en pratique.

QUESTIONNAIRE 21 sur le système monétaire.

1. Qu'entend-on par système monétaire? — 2. Qu'est-ce que le titre d'une monnaie? — 3. Qu'est-ce que la tolérance? — 4. Qu'entend-on par étalon monétaire? — 5. Par monnaies conventionnelles et d'appoint? — 6. Quel est le rôle de l'Etat en matière monétaire? — 7. Qu'est-ce que le monométallisme? — 8. Le bimétallisme? — 9. Quels arguments peut-on invoquer en faveur du monométallisme? — 10. En faveur du bimétallisme? — 11. Qu'entend-on par la loi de Gresham? — 12. Quel est le danger du bimétallisme? — 13. Exposez le système monétaire français. — 14. Qu'est-ce que l'union monétaire ou latine?

SECTION III. — Le crédit.

Division. — Nous étudierons la matière du crédit en cinq chapitres :

Chapitre premier. — Notions générales sur le crédit.

Chapitre II. — Du crédit privé; le commerce de banque.

Chapitre III. — Du crédit public.

Chapitre IV. — Théorie des annuités et de l'amortissement.

Chapitre V. — La bourse; son rôle au point de vue du crédit.

CHAPITRE PREMIER. — **Notions générales sur le crédit.**

Définition. — Le mot crédit vient du latin *credere*, croire, avoir confiance. Le crédit est la confiance qu'une personne accorde à une autre personne, et qui fait que dans un échange elle consent à lui remettre un objet, moyennant le simple engagement que cette personne prend de lui fournir un équivalent plus tard.

Les deux principales opérations de crédit sont : le *prêt d'argent* et la *vente à terme*.

Le prêt d'argent est un contrat dans lequel une personne remet une certaine quantité de monnaie à une autre personne, en lui donnant le droit d'en disposer librement, à charge de lui en restituer une égale quantité à une époque déterminée.

Dans la vente à terme, le vendeur transfère immédiatement la propriété de la chose vendue à l'acheteur, qui, en échange, ne lui paye pas tout de suite le prix convenu, mais se borne à lui en promettre le payement à une échéance ultérieure.

L'acheteur à terme et l'emprunteur reçoivent donc quelque chose, et ne donnent en retour qu'une simple promesse. Si le prêteur et le vendeur consentent à traiter dans des conditions qui paraissent aussi désavantageuses pour eux, c'est parce qu'ils ont confiance dans la solvabilité de ceux avec qui ils traitent.

Distinction fondamentale entre le crédit fait à la consommation et le crédit fait à la production. — Pour bien comprendre la théorie du crédit, il faut distinguer avec soin le crédit fait à la consommation du crédit fait à la production.

Le crédit fait à la consommation est celui qui est consenti à un particulier pour lui permettre de se procurer ce qui est indispensable à l'existence : vivres, logement, vêtements. Cet emploi du crédit offre de grands inconvénients. Tout d'abord, il ne rend aucun service, au point de vue général, puisqu'il n'est pas utilisé en vue d'augmenter les forces productives, mais uniquement pour satisfaire un besoin personnel. En outre, il présente ce danger qu'il rend l'épargne plus difficile. Lorsqu'on ne paye pas immédiatement ce que l'on consomme, on dépense sans compter, parce qu'on ne voit pas la perte qui en résulte pour son patrimoine.

Le crédit fait à la production est celui qui a lieu entre producteurs, pour faciliter l'œuvre de la production et de la circulation des richesses.

Tel, est, par exemple, le prêt d'argent qu'un capitaliste fait à un entrepreneur ou à un inventeur; ou la vente à terme consentie par un fabricant à un commerçant en gros ou en détail.

C'est le seul crédit qui intéresse l'économie politique, et dont nous aurons à parler dans les développements qui vont suivre.

Comment le crédit est une source de richesses. — Il serait inexact de dire que le crédit est une source de capitaux. Nous avons étudié plus haut le phénomène de la production, et nous n'avons pas énuméré le crédit parmi les agents de la production, à côté de la nature, du travail et du capital. Mais, si le crédit ne produit rien par lui-même, il est un auxiliaire précieux, en raison des services considérables qu'il rend au producteur.

1º Si l'achat au comptant était le seul possible, le fabricant serait obligé de s'arrêter chaque fois qu'il aurait transformé les matières premières qu'il a dans ses ateliers; il devrait attendre, pour recommencer à produire, qu'il eût vendu au-

comptant les marchandises qu'il a manufacturées, de façon à se procurer de nouvelles matières premières et à pouvoir payer le salaire de ses ouvriers avec le prix provenant de cette vente. Il y aurait donc intermittence dans la production; le capital fixe, représenté par les usines et le matériel industriel, resterait inutilisé une partie du temps, et, par voie de conséquence, les périodes de chômage pour les travailleurs augmenteraient.

Grâce au crédit, au contraire, le phénomène inverse a lieu. La production s'opère d'un bout de l'année à l'autre, sans aucune solution de continuité. Le producteur des matières premières, qui a confiance dans l'habileté et l'honnêteté professionnelles d'un fabricant, consent à lui vendre tout ce dont il a besoin pour faire marcher son atelier ou son usine, en recevant simplement de lui l'engagement du payement à une époque ultérieure. Le fabricant use d'un procédé analogue envers le commerçant en gros, celui-ci envers le marchand en détail. Il en résulte un enchaînement d'intérêts entre les producteurs, qui présente une nouvelle forme de la solidarité humaine, après la division du travail dont nous avons parlé plus haut.

Au surplus, il est à remarquer que, de même que la division du travail, le crédit n'est pas enfermé dans les limites d'un État déterminé; il opère d'État à État dans les rapports des producteurs; en sorte que, par suite des échanges internationaux, à tout instant on peut dire qu'un État est créancier d'un autre État pour les produits qu'il lui a vendus à crédit ou pour les sommes d'argent qu'il lui a prêtées.

2° C'est aussi grâce au crédit que la concentration de capitaux peut se faire, pour la formation de sociétés anonymes, en vue de travaux gigantesques, tels que percement d'isthmes, établissement de voies ferrées, etc. Par la réunion d'une grande quantité de capitaux entre les mains de financiers, les sommes les plus minimes, que leurs propriétaires n'auraient pu faire fructifier, sont utilisées avec avantage pour ces derniers, et concourent puissamment à la production générale du pays.

3° Enfin, le crédit tend à opérer une distribution des capitaux de la façon la plus heureuse. Beaucoup de personnes possèdent d'importants capitaux, qu'ils laisseraient sans emploi, soit par indifférence, soit par incapacité. Sans le crédit, ces capitaux resteraient improductifs; ils seraient accumulés dans des coffres-forts, sous forme de lingots et de monnaie; grâce au crédit, au contraire, ces personnes consentent à se dessaisir de leurs capitaux et à les confier à des inventeurs ou à des industriels, qui les emploient à produire d'autres richesses.

Comment le crédit supplée à la monnaie. — Le crédit supplée à la monnaie et en rend l'usage moins fréquent dans la pratique des affaires : cela résulte tout d'abord de ce que nous avons dit plus haut, sur les services que la vente à terme assure aux producteurs à tous les degrés de la hiérarchie sociale; c'est grâce au crédit, nous l'avons vu, qu'un industriel peut se passer momentanément d'argent et se procurer ce dont il a besoin pour faire marcher son usine, sans donner en échange autre chose qu'une simple promesse.

Mais ce qui permet surtout au crédit de réaliser une économie considérable de numéraire, c'est l'emploi des titres de crédit et la circulation fiduciaire[1].

Des titres de crédit et de la circulation fiduciaire. — Les principaux titres de crédit sont : la lettre de change, le billet à ordre et le billet de banque. Nous ne parlerons ici que des deux premiers; l'étude du billet de banque sera faite à l'occasion des banques d'émission.

Lettre de change. — La lettre de change est un écrit par lequel une personne, appelée tireur, charge une autre personne, appelée tiré, de payer une somme d'argent à l'ordre d'une troisième personne, appelée preneur.

---

1. Pour plus de développements, consulter sur cette question les *Notions de droit commercial*, par Boitel et Foignet (Ch. Delagrave éditeur), pages 129 et suivantes.

Exemple :

Paris le 1er juillet 1903.

Veuillez payer à l'ordre de M. Primus, à Lyon, le 1er août prochain, la somme de 1,000 francs, valeur reçue comptant.

Signé : Secundus.

A M. Tertius, banquier, à Lyon.

La lettre de change peut servir à trois buts différents :

1° Elle sert de mode d'exécution du *contrat de change tiré*.

On entend par contrat de change tiré le contrat par lequel une personne s'engage, moyennant une somme qu'elle reçoit dans un endroit, à faire avoir à une autre personne une somme égale, dans un autre lieu déterminé.

Exemple. — Etant domicilié à Paris, j'ai à Lyon un créancier auquel je dois payer, le 1er août prochain, une somme de 1,000 francs. Pour m'acquitter de cette dette envers lui, j'irai trouver un banquier de Paris, je lui remettrai la somme de 1,000 francs en espèces, plus la commission qu'il me réclamera, pour qu'il fasse parvenir la même somme à Lyon entre les mains de mon créancier. Pour exécuter cette obligation, le banquier pourrait bien faire transporter à Lyon par le chemin de fer les espèces nécessaires; mais il en résulterait des frais considérables, et, de plus, on aurait à redouter les chances de perte. La lettre de change lui fournit un moyen très commode d'éviter ce transport de numéraire. Le banquier de Paris n'aura qu'à charger un de ses correspondants de Lyon, avec lequel il est en compte, de payer ladite somme à mon créancier.

2° Elle sert de moyen de *payement*. Supposons que Primus, domicilié à Paris, soit créancier pour une somme de 1,000 fr. de Secundus, domicilié à Lyon, et débiteur de Tertius, domicilié également dans cette même ville. Primus tirera une lettre de change sur Secundus à l'ordre de son créancier Tertius, et l'enverra à ce dernier. Si Tertius est débiteur de Quartus, il lui transmettra à son tour la lettre de change.

Il arrivera dès lors ceci : à l'échéance, si le tiré Secundus paye au porteur de la lettre, Quartus, Primus sera libéré envers Tertius, Secundus envers Primus, Tertius envers Quartus; trois payements seront ainsi effectués par un seul déplacement de numéraire.

3° La lettre de change est enfin un *instrument de crédit*.

Supposons que Primus, fabricant, ait vendu une certaine quantité de marchandises payables dans trois mois ; en attendant l'époque de l'échéance, il a besoin d'argent pour faire aller son usine ou ses ateliers ; il se procurera cette somme d'argent en tirant une lettre de change sur son acheteur, au nom d'un banquier qui lui remettra immédiatement la somme dont il s'agit, sous déduction d'une certaine retenue, appelée *escompte*, à raison du temps qui s'écoulera jusqu'à l'échéance.

Billet à ordre. — Le billet à ordre est un écrit par lequel une personne, appelée souscripteur, s'engage à payer une somme d'argent à une autre personne ou à son ordre, en échange d'une valeur, soit en argent, soit en marchandises, qu'elle a reçue de cette personne.

Exemple :

Paris, le 1er juillet 1903.

Je payerai à l'ordre de M. Primus, le 1er août prochain, la somme de 500 francs, valeur reçue en marchandises.

Signé : SECUNDUS.

Dans le billet à ordre, il n'y a pas, comme dans la lettre de change, trois personnes : tireur, tiré et bénéficiaire. Il n'y a que deux personnes en présence : le souscripteur et le bénéficiaire. Mais, comme la lettre de change, le billet à ordre est un titre de crédit. Il permet, en effet, au souscripteur de se procurer la marchandise contre un payement ultérieur qu'il promet de faire à une date déterminée. De plus, il donne au bénéficiaire un moyen commode d'obtenir la somme dont le montant figure sur le billet, en vendant ce billet — déduction faite d'un certain escompte — à un banquier ou à toute autre personne qui consentirait à le prendre.

Circulation fiduciaire. — Par ce que nous venons de dire plus haut, on a vu que la lettre de change et le billet à ordre sont des titres « à ordre » ; cela veut dire qu'ils contiennent la promesse de payer une somme d'argent, non pas à une personne déterminée, mais à l'ordre d'une personne. Il en résulte qu'ils peuvent se transmettre du titulaire actuel à un autre titulaire par simple *endossement*, c'est-à-dire par la mention, au *dos* du titre, des mots suivants : .

Paris, le 20 juillet 1903.

Veuillez payer le présent titre à l'ordre de M. Quintus, valeur reçue en argent (ou en marchandises).

Signé : SECUNDUS.

L'endosseur, en transmettant le titre au cessionnaire, s'engage en même temps à garantir le payement de la somme portée au titre, s'il n'est pas régulièrement effectué à l'échéance. En sorte que, plus la lettre de change ou le billet à ordre circule depuis sa création jusqu'au jour du payement, plus le possesseur a de chances d'être payé.

La facilité de transmission de ces deux titres de crédit les fait ressembler à de la monnaie ; dans la pratique, en effet, un débiteur qui a un de ces titres dans son portefeuille n'aura pas besoin de le convertir en argent pour payer son créancier ; il le passera purement et simplement à l'ordre de ce dernier, qui ne se refusera pas à le recevoir en payement, s'il contient la signature de personnes solvables.

C'est surtout à ce point de vue qu'on peut dire que le crédit supplée à la monnaie.

Le phénomène qui résulte de la transmission des lettres de change et des billets à ordre s'appelle *circulation fiduciaire*, parce que, à la différence des pièces de monnaie qui sont acceptées couramment à raison de leur valeur intrinsèque, les titres de crédit ne sont reçus qu'en raison de la confiance (du latin *fiducia*) qu'inspire au cessionnaire la solvabilité de ceux qui les ont émis ou endossés.

QUESTIONNAIRE 22 sur le crédit.

1. Qu'est-ce que le crédit ?— 2. Quelles sont les principales opérations de crédit ?— 3. Qu'est-ce que le prêt d'argent ? — 4. Qu'est-ce que la vente à terme ? — 5. Quelle distinction faut-il faire entre le crédit fait à la consommation et le crédit fait à la production ? — 6. Comment le crédit est-il une source de richesses ? — 7. Comment le crédit supplée-t-il à la monnaie ? — 8. Quels sont les principaux titres de crédit ? — 9. En quoi consiste la circulation fiduciaire ?

RÉSUMÉ 22. — Le crédit.

I. Définition.
- Confiance qu'une personne accorde à une autre personne.
- Remise d'un objet moyennant le simple engagement de fournir un équivalent plus tard.
- Comporte deux opérations principales :
  - 1° Prêt d'argent.
  - 2° Vente à terme.

II. Distinction entre le crédit fait :
- 1° *A la consommation.*
  - Permet de se procurer des vivres, un logement, des vêtements.
  - Danger : rend l'épargne difficile.
- 2° *A la production.*
  - Facilite l'œuvre de la production et de la circulation des richesses.

III. Le crédit source de richesse.
- 1° La production ne discontinue pas, et le commerçant a le temps d'écouler ses marchandises.
- 2° Il permet la concentration de grands capitaux en vue de travaux gigantesques.
- 3° Il opère une heureuse distribution des capitaux.

IV. Le crédit supplée à la monnaie, grâce :
- 1° *Aux titres de crédit.*
  - *a.* Lettre de change (tireur, tiré et preneur).
  - *b.* Billet à ordre (souscripteur et bénéficiaire).
    1. Sert de mode d'exécution du contrat de change tiré.
    2. Moyen de payement.
    3. Instrument de crédit.
- 2° *A la circulation fiduciaire.*
  - Transmission des titres de crédit par *endossement.*

Chapitre II. — Du crédit privé. — Du commerce de banque.

Du commerce de banque. — Le crédit privé donne lieu au commerce de banque, qui comprend un certain nombre d'opérations, dont les principales sont :

Les dépôts, les virements, les chèques, les ouvertures de crédit, les prêts sur titres, l'escompte des effets de commerce et l'émission de billets de banque.

On appelle *banquiers* les personnes ou les sociétés qui se livrent à ces opérations d'une façon habituelle et à titre de profession.

Des principales opérations de banque. — *Dépôts* [1]. — Les banques reçoivent en dépôt soit des sommes d'argent, soit des valeurs de bourse. Le dépôt des sommes d'argent est un dépôt *irrégulier*, qui permet au banquier de disposer des sommes qui lui sont confiées moyennant un intérêt qu'il paye au déposant.

A cet égard, on a pu dire que le banquier servait d'intermédiaire entre le capitaliste et le producteur ; il reçoit l'argent du capitaliste et le prête au producteur ; son bénéfice réside dans la différence entre l'intérêt qu'il donne et celui qu'il reçoit.

En ce qui concerne les valeurs de bourse, le dépôt fait entre les mains du banquier est un dépôt *régulier*. Il ne peut en disposer, et il doit restituer à l'époque convenue les titres mêmes qu'il a reçus en garde ; il se fait payer un droit pour le service qu'il rend ainsi au particulier.

Virements. — On entend par virement une opération consistant, de la part d'un banquier, à faire passer une somme d'argent du compte de l'un de ses clients au compte d'un autre client.

1. Consulter, pour plus de détails sur cette matière, les *Notions de droit commercial*, par Boitel et Foignet (Ch. Delagrave éditeur), pages 148 et suivantes.

Cela peut se produire dans le cas suivant : un banquier a comme clients Primus et Secundus. Primus devient débiteur de Secundus à concurrence de 1,000 francs ; pour s'acquitter de sa dette envers lui, il peut donner l'ordre au banquier de *débiter* son compte de 1,000 francs, et de *créditer* de pareille somme celui de Secundus. Par un simple jeu d'écritures sur le livre du commerçant, le débiteur se trouvera libéré, sans qu'il y ait eu déplacement de numéraire.

Chèques. — Le chèque est un écrit par lequel une personne charge un banquier de payer une somme d'argent soit à une personne déterminée, soit à l'ordre d'une personne, soit même au porteur.

Exemple :

Paris, le 1er juillet 1903.

Société Générale. Bureau B. Veuillez payer au porteur la somme de **1,000 francs.**

Signé : PRIMUS.

Le chèque présente une certaine analogie avec la lettre de change ; c'est, comme elle, un ordre donné à une personne de payer une somme d'argent à une troisième personne.

Mais il en diffère essentiellement en ce qu'il n'est pas un instrument de crédit ; il sert à retirer de l'argent déposé chez un banquier, pour effectuer un payement.

Le chèque barré, ou *crossed cheque,* est celui qui porte deux barres parallèles tracées verticalement, entre lesquelles est indiqué le nom d'un banquier. Il diffère du chèque ordinaire en ce qu'il ne peut être encaissé que par un banquier, tandis que le chèque ordinaire peut être encaissé par une personne quelconque [1].

L'usage des chèques est très développé en Angleterre. Les

---

1. L'usage du chèque barré a été introduit pour éviter les dangers de perte ou de vol des chèques au porteur. Celui qui a trouvé ou qui a volé un semblable chèque éprouvera plus de difficulté pour en obtenir le payement, parce qu'il sera dans la nécessité d'avoir recours à un banquier, qui exigera de lui des justifications qu'il serait en peine de fournir. L'emploi de ce chèque, en centralisant les chèques aux mains des banquiers, a favorisé le développement des compensations.

commerçants de la Cité ont l'habitude de conserver très peu d'argent dans leur caisse; chaque jour, ils déposent chez leur banquier les sommes qui leur ont été versées. Lorsqu'ils ont des payements à faire, ils délivrent des chèques sur leur banquier; ceux à qui ils les remettent, au lieu de s'en faire payer le montant en argent, les passent à l'ordre de leur propre banquier. Il arrive ainsi que les divers banquiers de Londres ont les uns contre les autres des chèques à payer et des chèques à recouvrer.

Primus a, par exemple, pour 5,000 francs de chèques sur Secundus, Secundus pour 7,000 francs de chèques sur Primus.

Le règlement s'opère par voie de compensation, à concurrence des sommes pour lesquelles chaque banquier est à la fois créancier et débiteur; il n'y a de payement en argent que pour l'excédent. A cet effet, les banquiers se réunissent à la fin de la journée dans un local connu sous le nom de *clearing-house*. En 1893, le chiffre des opérations réalisées par le clearing-house de Londres s'est élevé à 195 milliards de francs. Il existe également en France une *chambre de compensation*; mais, l'usage des chèques y étant moins développé qu'en Angleterre, le chiffre d'affaires est beaucoup moins considérable qu'à Londres. Il ne s'est élevé à Paris, en 1893, qu'à 4,360,000 francs.

Des ouvertures de crédit. — L'ouverture de crédit est l'engagement que prend un banquier de mettre une somme d'argent, pendant un temps déterminé, à la disposition d'un client. Ce n'est pas autre chose qu'une convention de prêter. Le prêt n'existe que du jour où le client use de la faculté qui lui a été concédée et se fait remettre des sommes d'argent par la banque.

La banque se fait payer un premier droit de commission pour le service qu'elle rend au client en mettant des fonds à sa disposition; de plus, elle exige un intérêt de son client pour les sommes qu'elle lui a prêtées, à partir du moment où le prêt a été réalisé.

Des prêts sur titres. — Cette opération est des plus simples. Elle consiste, pour un banquier, à prêter de l'argent à une personne qui lui donne en gage des titres, rentes sur l'Etat, actions de banque, etc.

Escompte des effets de commerce. — On entend par escompte l'opération qui consiste, pour un banquier, à payer avant l'échéance, au porteur d'un effet de commerce, le montant pour lequel cet effet a été émis, sous la déduction d'une somme qui est proportionnée au temps restant à courir jusqu'à l'échéance.

L'escompte désigne à la fois l'opération elle-même et la déduction effectuée par le banquier, comme rémunération du service rendu. Le banquier rend service au porteur de l'effet de commerce, en ce qu'il lui procure immédiatement la somme d'argent qu'il n'aurait le droit de réclamer de son souscripteur qu'à une échéance ultérieure.

Quant au banquier, il court le risque de n'être pas remboursé plus tard, par le tiré ou le souscripteur ; c'est pourquoi certaines banques ne font l'escompte que sur les effets de commerce revêtus d'un certain nombre de signatures émanant de personnes ayant du crédit sur la place.

Diverses sortes de banques. — On distingue plusieurs espèces de banques :

1° *Les banques privées et les banques publiques.* — Les banques privées sont formées par de simples particuliers, en dehors de toute intervention du gouvernement. Les banques publiques, au contraire, sont soumises au contrôle et à la surveillance de l'Etat, soit au point de vue de leur constitution, pour l'approbation des statuts, soit au point de vue de leur organisation et de leur fonctionnement. La banque de France, la banque d'Algérie et les banques coloniales sont des banques publiques.

2° *Les banques de commerce et les banques de spéculation.* — On entend par banques de commerce celles qui se livrent aux opérations ordinaires des banques : dépôt, prêts sur titres, escompte des effets de commerce, etc.

Les banques de spéculation, qu'on désigne parfois sous le nom de *haute banque*, s'occupent particulièrement de l'émission des emprunts au nom des Etats, des départements ou des communes, et de la formation de syndicats de garantie pour assurer le succès de l'émission d'actions et d'obligations par une société nouvelle qui se constitue.

3° *Les banques de dépôt et les banques d'émission.* — Les banques de dépôt reçoivent des dépôts, prêtent sur titres, escomptent les effets de commerce. Quant aux banques d'émission, leur rôle est considérable; et elles demandent une étude approfondie.

Des banques d'émission. — On entend par banques d'émission celles dont l'opération principale consiste à émettre des billets de banque.

QUESTIONNAIRE 23 sur le commerce de banque.

1. Que comprend le commerce de banque? — 2. Qu'appelle-t-on banquiers? — 3. Qu'entend-on par dépôts? — 4. Par virement? — 5. Qu'est-ce qu'un chèque? — 6. Un chèque barré? — 7. Qu'entend-on par ouvertures de crédit? — 8. Par prêts sur titres? — 9. Par escompte des effets de commerce? — 10. Quelle différence y a-t-il entre les banques privées et les banques publiques? — 11. Entre les banques de commerce et les banques de spéculation? — 12. Entre les banques de dépôt et les banques d'émission?

RÉSUMÉ 23. — Du commerce de banque.

A. — *Principales opérations.*

I. Dépôt. { Les banques { De l'argent (dépôt irrégulier). / reçoivent : { Des valeurs de bourse (dépôt régulier).

II. Virement. { Le banquier fait passer une somme du compte d'un de ses clients au compte d'un autre client.

III. Chèque. { Ecrit par lequel une personne charge { Soit à une personne déterminée, / un banquier de payer une somme : { Soit à l'ordre d'une personne, { Soit même au porteur. / Ce n'est pas un instrument de crédit.

IV. Ouverture de crédit. { Engagement que prend un banquier de mettre, pendant un temps déterminé, de l'argent à la disposition d'un client.

V. Des prêts sur titres. { Droit de *gage* du banquier sur un titre (rentes, obligations, etc.) qu'on lui remet.

VI. Escompte des effets de commerce. { Opération consistant pour un banquier à payer, avant l'échéance, au porteur d'un effet de commerce, le montant pour lequel cet effet a été émis, sous déduction d'une certaine somme.

B. — *Diverses sortes de banques.*

I. Privées et publiques. { Formées par de simples particuliers en dehors de toute intervention gouvernementale. | Soumises au contrôle et à la surveillance de l'Etat.

II. De commerce et de spéculation. | Opérations ordinaires des banques ; dépôts, prêts sur titres, escompte, etc. { Ou *haute banque*, s'occupent de l'émission des emprunts au nom des Etats, etc., et de la formation des syndicats de garantie.

III. De dépôt et d'émission. { Reçoivent des dépôts. / Prêtent sur titres et escomptent les effets de commerce. | Opération principale : émission de billets de banque.

Du billet de banque; ses caractères. — Le billet de banque est un écrit par lequel une banque s'oblige à payer à toute personne qui sera porteur de ce billet une somme déterminée, sur présentation, à n'importe quelle époque.

De cette définition il suit que le billet de banque présente trois caractères essentiels :

1° Il est *au porteur;*

2° Il est *à vue;*

3° Il a une *valeur indéfinie.*

Il est au porteur, c'est-à-dire qu'il appartient à celui qui l'a en sa possession; c'est à lui qu'il doit être payé.

Il est à vue, c'est-à-dire qu'il doit être payé sur présentation aux guichets de la banque qui l'a émis.

Enfin, il a une valeur indéfinie, c'est-à-dire qu'il n'est jamais prescriptible; quelle que soit l'époque à laquelle la banque l'a mis en circulation, elle est toujours obligée de l'acquitter.

Aucun autre effet de commerce ne réunit ces trois caractères.

Le billet à ordre peut bien être à vue, mais il n'est pas au porteur, et il est soumis à la prescription de cinq ans quand il renferme la signature de commerçants ou qu'il a été fait à l'occasion d'un acte de commerce.

Il en est de même de la lettre de change.

Quant au chèque, il peut bien être à vue et au porteur, mais il doit, sous peine de déchéance, être acquitté dans les cinq jours ou dans les huit jours, suivant qu'il est tiré d'un lieu sur le même lieu, ou d'un lieu sur un autre lieu.

De plus, le billet de banque ne suppose que deux personnes, la banque qui l'émet et le porteur du billet; tandis que la lettre de change et le chèque supposent la réunion de trois personnes : tireur, tiré et porteur.

On peut ajouter, pour mieux caractériser encore le billet de banque :

1° Qu'il est toujours émis pour des sommes rondes : 50 francs, 100 francs, 500 francs, 1,000 francs;

2° Qu'il ne porte pas intérêt.

Avantages du billet de banque. — *Ressemblances et différences avec la monnaie de papier.* — Par les caractères que nous avons assignés au billet de banque, on peut se rendre compte qu'il sert de monnaie dans les transactions commerciales et constitue une sorte de papier-monnaie. Comme les pièces d'or et d'argent, il a *cours légal illimité;* un créancier ne peut pas se refuser à le recevoir en payement, pour quelque somme que ce soit.

Mais il diffère essentiellement cependant du papier-monnaie ordinaire sur trois points :

1° Il n'est pas émis par l'État et sous sa garantie;

2° Il n'a pas *cours forcé*, c'est-à-dire que le porteur d'un billet de banque peut toujours en exiger le payement en espèces monnayées aux guichets de la banque;

3° Tandis que le papier-monnaie est émis par un État pour faire face à ses dépenses, sans autre limite que celle qui résulte de ses besoins mêmes, le billet de banque est émis à l'occasion des opérations commerciales, et dans la mesure seulement où elles l'exigent.

Pourtant, il est un cas où le billet de banque devient un papier-monnaie : c'est lorsque, dans une époque de crise, l'État fait appel à la banque pour se procurer les ressources dont il a besoin; il emprunte à la banque la somme nécessaire, et, en échange, accorde le *cours forcé* aux billets de banque.

Il subsiste toutefois une différence, même dans ce cas, avec le papier-monnaie : le billet n'est pas émis par l'État et sous sa garantie, comme le papier-monnaie, mais par la banque et avec sa propre responsabilité.

Services rendus par le billet de banque. — L'emploi du billet de banque rend d'importants services, tant à la banque qui l'émet qu'au public lui-même.

La banque augmente, par ce procédé, les capitaux dont elle peut disposer pour ses opérations de prêt ou d'escompte; elle peut, en conséquence, étendre le champ de son action et accroître ses bénéfices dans des proportions considérables. De plus, les capitaux qu'elle se procure de cette façon ne lui coûtent que les frais de fabrication des billets, tandis que pour les sommes qui lui sont confiées en dépôt, elle peut être obligée de payer un intérêt aux déposants.

De son côté, le public profite de l'émission des billets de banque par la baisse de l'escompte qui en est la conséquence naturelle. En effet, le nombre des opérations que la banque effectue, grâce aux capitaux considérables que les billets mettent à sa disposition, lui permet d'exiger sur chacune d'elles un droit de commission moins élevé.

Dangers résultant de l'émission des billets de banque. — L'émission des billets de banque présente cependant des dangers qu'il ne faut pas se dissimuler. Il est à craindre que la banque n'use du droit d'émission qui lui appartient au delà des besoins du commerce, au delà des garanties dont elle dispose, dans le but d'augmenter ses bénéfices, de sorte que, les billets venant en remboursement à ses guichets, elle pourrait ne pas faire honneur à sa signature.

La même issue fatale est à redouter lorsque tous les porteurs de billets de banque réclament en même temps la conversion de leurs billets en argent monnayé. La banque, se trouvant dans l'impossibilité d'y faire face, serait déclarée en faillite.

Cela peut se présenter dans deux cas :

1° Lorsque, sous le coup d'une panique, à la suite d'une déclaration de guerre, ou par l'effet d'une insurrection, le public n'a plus confiance dans la solvabilité de la banque d'émission.

2° Lorsque de nombreux achats ont été faits à l'étranger, qu'on est obligé de régler en monnaie. On ne pourra effectuer ces payements en billets de banque, qui ne sont pas reçus comme monnaie internationale dans tous les pays; on viendra échanger ces billets aux guichets de la banque, contre de l'or ou de l'argent.

Intervention de l'Etat dans la constitution et le fonctionnement des banques d'émission. — On ne saurait sérieusement contester le droit pour l'Etat d'intervenir dans l'organisation des banques d'émission et dans la réglementation de l'émission même des billets de banque. Le billet de banque étant un titre destiné à circuler dans les mêmes conditions que la monnaie, l'Etat doit intervenir comme il intervient en matière monétaire, pour rassurer le public et le garantir contre toute surprise désagréable.

Cette intervention de l'Etat peut aboutir à trois solutions différentes :

1° La liberté subordonnée à la réunion de certaines conditions ;

2° Le monopole accordé à un établissement privé ;

3° L'organisation d'une banque d'Etat.

1° Système de la liberté des banques d'émission. — Ce système est en vigueur aux Etats-Unis. D'après la loi du 25 février 1863, toute banque peut mettre des billets en circulation pourvu qu'elle dépose, en garantie de ces billets, des titres |de la dette fédérale dans les caisses du Trésor public.

L'émission ne peut pas dépasser 90 p. 100 de la valeur des titres déposés, et l'*encaisse métallique* du banquier doit toujours être égale à 5 p. 100 des billets émis.

Ce système présente un grave inconvénient, en temps de crise. Les titres de la dette fédérale seront dépréciés comme toutes les autres valeurs. Si toutes les banques d'émission veulent réaliser ces titres pour satisfaire les demandes de remboursement dont elles sont l'objet, elles accentueront cette dépréciation et ne pourront pas se procurer la somme dont elles ont besoin pour faire face aux exigences des porteurs de billets ; la faillite en résultera.

2° Système du monopole. — Le système du monopole existe en France et en Angleterre.

De la Banque de France. — *Historique.* — La Banque de France a été créée en 1800, par un arrêté des Consuls. Elle ne différait en aucune façon des autres banques de Paris, avec lesquelles elle partageait le droit d'émettre des billets. En

1803, le privilège d'émettre des billets lui fut assuré d'une façon exclusive pour Paris. En échange, l'Etat se réservait le droit de nommer le gouverneur de la Banque. En 1848, à l'occasion de la crise financière qui sévit en France d'une façon si intense, la Banque obtint le monopole de l'émission des billets pour toute la France continentale par l'absorption des banques départementales qui jusque-là avaient joui de ce bénéfice (décrets des 27 avril et 2 mai 1848). Ce privilège a été renouvelé en dernier lieu par la loi du 17 novembre 1897.

Malgré ses attaches avec le gouvernement, la Banque de France n'est pas une banque d'Etat; c'est une banque privée, constituée en société anonyme. Elle est seulement placée sous la surveillance et le contrôle de l'Etat, qui nomme le gouverneur et ses deux sous-gouverneurs.

Loi du 17 novembre 1897. — La loi du 17 novembre 1897 a renouvelé le privilège de la Banque de France pour une période de vingt-trois ans, qui prendront fin le 31 décembre 1920; elle stipule cependant que le privilège pourra cesser à la date du 31 décembre 1912, en vertu d'une loi votée par les deux Chambres dans le cours de l'année 1911.

En échange du renouvellement de son privilège, l'Etat s'est fait consentir par la Banque les avantages suivants :

1° Le payement d'une redevance annuelle, égale au produit du huitième du taux de l'escompte par le chiffre de la circulation productive, sans qu'elle puisse jamais être inférieure à deux millions.

2° L'abandon des intérêts sur l'avance de 140 millions faite par la Banque au Trésor public en 1857 et en 1878, et la renonciation au droit de réclamer le remboursement de tout ou partie de ces avances pendant toute la durée de son privilège.

3° Une nouvelle avance de quarante millions sans intérêt, pour toute la durée de son privilège, en vue de doter les Caisses de crédit agricole.

4° Payement gratuit, concurremment avec les caisses publiques, des coupons de rentes et de valeurs du Trésor.

5° Emission gratuite des rentes et des valeurs du Trésor.

6° Augmentation du nombre des succursales de la banque, portées de 94 à 112.

Des opérations de la Banque de France. — Les opérations auxquelles se livre la Banque de France sont, à peu de chose près, celles des autres banques; mais elle est soumise à des règles particulières sur certains points :

1° Elle reçoit des dépôts des particuliers, mais elle ne peut leur servir de ce chef aucun intérêt [1].

2° Elle fait l'escompte des effets souscrits par des commerçants, par des syndicats agricoles ou autres et par toutes autres personnes, à condition qu'ils soient revêtus de trois signatures de personnes notoirement solvables et qu'ils soient tirés à 90 jours de date au plus.

Cette règle des trois signatures a été imposée à la Banque de France pour lui donner des garanties sérieuses pour le remboursement des effets dont elle garnit son portefeuille. Pour les warrants, deux signatures suffisent, la troisième étant remplacée par le gage qui est constitué par le warrant. On peut également suppléer à cette signature par un dépôt en garantie d'actions de la Banque ou d'autres valeurs sur lesquelles la Banque fait des avances.

3° Elle fait des avances sur lingots ou sur certains titres, tels que les rentes sur l'État, les obligations des villes et des départements, les actions et obligations du Crédit foncier, etc.

4° Elle émet des billets de banque.

Rôle joué par la Banque de France. — Le rôle joué par la Banque de France est considérable :

1° Au point de vue du taux de l'escompte, elle sert de régulateur au marché de l'argent.

2° Au point de vue monétaire, elle détient dans ses caves une encaisse métallique considérable, qui constitue pour la

---

1. Pourquoi cette règle ? Pour ne pas trop augmenter de ce chef le passif de la Banque, et aussi pour qu'elle puisse garder dans ses caisses les sommes qu'on lui dépose, en se tenant ainsi prête à les rembourser à première réquisition, sans avoir besoin de les faire fructifier pour payer des intérêts à ses déposants.

France un véritable trésor de guerre. Au 29 janvier 1903, cette encaisse s'élevait exactement à 3,606,268,337 fr. 09.

3° Enfin, dans les périodes de crise elle soutient l'Etat de son crédit. C'est ainsi qu'à deux reprises elle a été un port de refuge contre des dangers pressants : en 1848, à l'époque d'une crise financière sans précédent, et en 1871, pour payer l'indemnité de guerre à l'Allemagne. A ces deux époques, le cours forcé fut donné au billet de banque, du 15 mars 1848 au 6 août 1850, et du 12 août 1870 au 1er janvier 1878.

Limite du pouvoir d'émission de la Banque. — La Banque de France ne peut émettre des billets que dans une certaine limite déterminée par la loi. D'après la loi du 31 janvier 1884, le maximum de l'émission était fixé à 3 milliards 500 millions ; il a été porté à quatre milliards par la loi du 14 janvier 1893 ; la loi du 17 novembre 1897 l'a élevé à cinq milliards.

Au 29 janvier 1903, le montant des billets en circulation était de 4,425,952,990 francs.

On a critiqué avec raison cette limitation quant à l'émission des billets de banque. Elle se justifie aux périodes de crise, lorsque le billet de banque, ayant cours forcé, présente tous les caractères du papier-monnaie ; mais, en temps normal, elle est très dangereuse, parce que si la Banque a atteint la limite d'émission qu'elle ne peut franchir, elle se trouvera dans la nécessité de refuser toute nouvelle opération d'escompte ; non seulement le commerce s'en trouvera gêné, mais la confiance dans la solidité de la Banque pourra être ébranlée, et le public, sous le coup de la panique, pourra se présenter en masse à ses guichets pour réclamer le remboursement des billets mis en circulation. Il vaudrait mieux accorder à la Banque la liberté d'émettre des billets sans aucune limite. La nécessité où elle se trouve de les rembourser sur présentation l'empêchera d'user de son droit au delà des besoins du commerce[1].

1. En 1893, la Banque, ayant atteint la limite légale de son pouvoir d'émission, fut obligée de traiter ses affaires en monnaie métallique, ce qui pour les grosses sommes est plus gênant : on vit alors les billets faire prime sur l'or.

La Banque d'Angleterre. — En Angleterre, le régime des banques d'émission est un système mixte, tenant le milieu entre le monopole et la liberté; il est contenu dans le *Charter act* de 1844, rendu sous le ministère de Robert Peel. La Banque d'Angleterre n'a le privilège d'émettre seule des billets que pour la ville de Londres; dans les autres villes, elle partage ce droit avec les banques créées avant 1844 qui usaient de cette faculté au moment où le bill a été rendu, et ne cesseront pas d'émettre des billets dans l'avenir. Le nombre de ces banques était de 100 en 1844; il tend chaque année à diminuer, et il arrivera un moment où, par suite de leur extinction successive, la Banque d'Angleterre se trouvera investie du monopole exclusif de l'émission des billets, comme la Banque de France.

La Banque est divisée en deux départements : le département de l'émission et le département des affaires de banque. Le premier s'occupe exclusivement de l'émission des billets; le second se livre aux opérations de banque, comme ferait une banque ordinaire.

Maximum d'émission. — La faculté d'émission est limitée à l'encaisse métallique, avec le tempérament qu'elle pourrait dépasser cette encaisse d'une somme de 14 millions de livres sterling, ce qui, dans l'opinion commune, correspond à peu près au capital de la Banque.

Le taux maximum des billets que pouvait émettre la Banque en 1844 était de 14 millions de livres sterling. Il est actuellement de 16,800,000 livres sterling, par des accroissements successifs.

3º **Système des banques d'Etat.** — Il est un dernier système possible : il consiste, de la part de l'Etat, à se réserver le monopole de l'émission des billets de banque. C'est le système des banques d'Etat. Il est en vigueur en Russie. La Banque impériale de Russie est une banque officielle, puisque son capital appartient à l'Etat et que son personnel est composé de fonctionnaires; mais en même temps qu'elle émet des billets, elle se livre à des opérations commerciales comme les autres banques. En Suède, il y a également une banque d'Etat, mais à côté d'elle des banques privées peuvent fonctionner et émettre des billets, sous certaines conditions et sous le contrôle du gouvernement[1].

Les raisons qui nous ont fait rejeter le système du papier-monnaie doivent nous amener également à écarter le système des banques d'Etat, car ce système tend à faire peser sur l'Etat de trop lourdes responsabilités, et il lui donne les moyens de se procurer trop facilement des ressources pour des aventures dangereuses.

[1]. En Allemagne, la banque qui a le monopole d'émission est une société privée dont les capitaux ont été fournis par les particuliers, comme en France, mais elle est administrée par des fonctionnaires de l'Etat comme en Russie, et l'Etat a droit au partage des bénéfices.

QUESTIONNAIRE 2% sur le billet de banque.

1. Qu'est-ce que le billet de banque? — 2. Quels en sont les caractères essentiels? — 3. Quelles différences y a-t-il entre le billet de banque et le billet à ordre? — 4. Et le chèque? — 5. Quels sont les avantages du billet de banque? — 6. En quoi ressemble-t-il au papier-monnaie? — 7. En quoi en diffère-t-il? — 8. Quels services rend-il? — 9. Quels dangers peuvent résulter de l'émission des billets de banque? — 10. Pourquoi l'Etat doit-il intervenir dans la constitution et le fonctionnement des banques d'émission? — 11. En quoi consiste le système de liberté? — 12. Le système du monopole? — 13. Dites ce que vous savez sur la Banque de France. — 14. Quelle est l'importance de la loi du 17 novembre 1897? — 15. Quelles sont les opérations de la Banque de France? — 16. Quel a été le rôle joué par la Banque de France? — 17. Quelle est la limite de son pouvoir d'émission? — 18. Quel est le régime de la Banque d'Angleterre? — 19. Que faut-il penser du système des banques d'Etat?

RÉSUMÉ 24. — **Du billet de banque.**

I. Définition. { Ecrit par lequel une banque s'oblige à payer une somme déterminée. }

- *a.* Au porteur.
- *b.* A vue.
- *c.* A n'importe quelle époque.
- *d.* Emis pour des sommes rondes.
- *e.* Ne porte pas intérêt.

II. Ses avantages.

1° *Ressemblances avec le papier-monnaie.*
- *a.* Remplace la monnaie.
- *b.* Cours légal illimité.
- *c.* Cours forcé dans une époque de crise.

2° *Différences.*
- *a.* N'est pas émis par l'Etat.
- *b.* N'a pas cours forcé en temps ordinaire.
- *c.* Emis seulement pour favoriser les opérations commerciales.

3° *Services rendus.*
- *a.* La banque augmente ses capitaux sans beaucoup de frais.
- *b.* Le public profite de la baisse de l'escompte.

III. Ses dangers.

1° La banque peut en émettre au delà des besoins du commerce.
2° Sous le coup d'une panique, les porteurs veulent tous réaliser leurs billets en argent monnayé.
3° Quand de nombreux achats ont été faits à l'étranger, où le billet n'est pas reçu en payement.

IV. Intervention légitime de l'Etat.

1° *Système de la liberté.*
- *a.* Aux Etats-Unis (loi du 25 février 1863).
- *b.* Dépôt en garantie : titres de la dette fédérale.
- *c.* Emission : 90 p. 100 de la valeur des titres déposés.
- *d.* Encaisse métallique : 5 p. 100 des billets émis.
- *e.* Danger en temps de crise.

2° *Système du monopole.*
- *a.* Privilège de la Banque de France :
  1803, — pour Paris seulement ;
  1848, — pour toute la France.
- *b.* Surveillance et contrôle de l'Etat.
- *c.* Maximum d'émission : 4 milliards (14 janvier 1893).
- *d.* Loi du 17 novembre 1897.

3° *Système des banques d'Etat.*
- *a.* Russie et Suède.
- *b.* Lourde responsabilité pour l'Etat.

Le crédit immobilier. Sociétés de crédit foncier. — On entend par crédit immobilier celui qui repose sur l'affectation d'un immeuble, par voie d'hypothèque, à la garantie d'un prêt d'argent. Il est destiné à permettre à un propriétaire d'élever des constructions sur son terrain ou de faire des dépenses pour l'amélioration de son sol.

Ce genre de prêt offre certaines particularités :

Il doit être fait pour un temps assez long, de façon à faciliter le remboursement à l'emprunteur ; il entraine des difficultés pour sa réalisation, la saisie et la vente de l'immeuble. De simples particuliers peuvent bien, à la rigueur, consentir de pareils prêts, par l'intermédiaire des notaires, mais ils ne peuvent le faire qu'en exigeant un intérêt assez élevé, 5 p. 100, par exemple.

Pour obvier à cet inconvénient, on a eu recours à un procédé excellent, la création des banques dites de *crédit foncier*, qui servent d'intermédiaires entre les capitalistes et les propriétaires. Ces banques font appel à l'épargne du public en émettant des obligations au porteur 3 p. 100 remboursables dans un délai assez long, 75 ans en général, par voie d'amortissement, à la suite d'un tirage au sort annuel. Elles prêtent, à leur tour, aux propriétaires, sur hypothèque, pour un temps assez long, trente, quarante ou cinquante ans. Le propriétaire s'engage à rembourser chaque année une somme un peu supérieure à l'intérêt ; il amortit ainsi le capital, en sorte qu'il se trouve entièrement libéré, en capital et intérêts, lorsque la dernière année arrive.

Cette combinaison est très ingénieuse : elle permet au propriétaire d'emprunter à un taux modique, et de se libérer insensiblement, presque sans effort, de sa dette ; elle offre également de grands avantages au créancier, en ce qu'il conserve la libre disposition de son capital, par la facilité qu'il a de vendre à la bourse le titre qui représente sa créance ; et, en même temps, il a comme garantie, outre la solvabilité de la banque, l'hypothèque constituée par le propriétaire.

En France, un établissement modèle a pour objet les prêts hypothécaires : c'est le *Crédit foncier de France*, société privée, en la forme anonyme, placée comme la Banque sous le contrôle de l'État, qui en nomme le directeur.

On lui reproche de prêter aux propriétaires surtout en vue des constructions, mais de n'être d'aucun secours pour l'agriculture. Des projets ont été soumis aux Chambres tendant à organiser en France le *crédit agricole*, pour permettre au fermier de se procurer les ressources pécuniaires dont il a besoin, en donnant comme garantie ses instruments aratoires, le bétail et les récoltes ; mais ces projets n'ont pas encore abouti.

Le crédit mobilier. — Nous avons vu plus haut que l'une des opérations courantes des banques est de consentir des avances sur titres. Mais les prêts sur objets mobiliers ou sur marchandises sont effectués par des établissements spéciaux : les monts-de-piété et les magasins généraux.

Monts-de-piété. — Les monts-de-piété sont des maisons de prêts sur gage ; ils présentent un caractère en quelque sorte charitable, en ce qu'ils sont surtout destinés à venir en aide aux ouvriers ou petits employés, momentanément gênés à la suite de maladie ou de chômage ; ils sont également utilisés par les petits commerçants et les petits industriels, mais dans une moins large mesure ; en sorte que les prêts que font ces établissements sont plutôt des prêts à la consommation que des prêts à la production. On peut en conclure que leur influence sur le développement des richesses est en quelque sorte nul.

Magasins généraux. — Il en est différemment des magasins généraux. On entend par là de vastes locaux dans lesquels les commerçants peuvent déposer leurs marchandises. Les déposants reçoivent en échange un *récépissé* et un *warrant*, sur lesquels sont indiqués la nature, le poids et la qualité de la marchandise ; ce sont des titres à ordre, comme la lettre de change, se transmettant par voie d'endossement. Le propriétaire de la marchandise n'a, pour en transférer la propriété à une autre personne, qu'à endosser au nom de cette personne le récépissé et le warrant.

Il peut emprunter en donnant la marchandise en gage, par l'endossement au profit du prêteur du warrant seul. Le récépissé et le warrant peuvent ainsi se transmettre, comme des effets de commerce, avec la même facilité, sans que la marchandise soit déplacée. Celui qui, à l'échéance, est porteur du warrant détaché du récépissé, aura les mêmes droits qu'un créancier gagiste; il saisira la marchandise dans les magasins généraux, la mettra en vente, et se payera le premier sur le prix de vente.

Celui qui n'a en mains que le récépissé est bien propriétaire de la marchandise, mais d'une marchandise grevée d'un droit de gage; il ne pourra se faire délivrer ladite marchandise par le magasinier général qu'en consignant la somme nécessaire à désintéresser le créancier.

Cette facilité merveilleuse d'opérer la mise en gage et la vente des marchandises, sans déplacement, n'est pas le seul avantage que présente l'établissement des magasins généraux. Ils dispensent les commerçants qui ont des opérations sur des marchandises encombrantes d'avoir des locaux pour lesquels ils payeraient un loyer élevé, et d'avoir à leur service un personnel affecté à la manutention desdites marchandises. Depuis 1870, les magasins généraux ont été autorisés à faire eux-mêmes des avances sur les marchandises qu'ils reçoivent en dépôt. Ils sont donc de véritables banques de prêt sur meubles[1].

QUESTIONNAIRE 25 sur le crédit privé.

1. Qu'entend-on par crédit immobilier? — 2. A quoi est-il destiné? — 3. Qu'appelle-t-on banques de crédit foncier? — 4. Quels en sont les avantages? — 5. Qu'est-ce que le Crédit foncier de France? — 6. Que lui reproche-t-on? — 7. Qu'appelle-t-on monts-de-piété? — 8. Qu'est-ce que les magasins généraux? — 9. Qu'entend-on par récépissé et par warrant?

____

1. Pour plus de détails, voir nos *Notions de droit commercial*, p. 110.

RÉSUMÉ 25. — **Du crédit privé** (*suite*).

<table>
<tr><td>I. Crédit immobilier et crédit foncier.</td><td colspan="2">Celui qui repose sur l'affectation d'un immeuble par voie d'hypothèque, à la garantie d'un prêt d'argent.
Les banques de crédit foncier émettent des obligations au porteur, à 3 p. 100, remboursables dans un délai assez long, par voie d'amortissement.
Le gouverneur du Crédit foncier de France est nommé par l'Etat.</td></tr>
<tr><td rowspan="2">II. Crédit mobilier.</td><td>1° Monts-de-piété.</td><td>Maison de prêts sur gage.
Utiles aux ouvriers ou petits employés.</td></tr>
<tr><td>2° Magasins généraux.</td><td>Vastes locaux dans lesquels les commerçants peuvent déposer leurs marchandises.
Le récépissé et le warrant constatent le dépôt.
L'endossement du warrant sert à la mise en gage de la marchandise ; l'endossement du récépissé opère le transfert de propriété de la marchandise.</td></tr>
</table>

Chapitre III. — Du crédit public.

Dans quelles circonstances l'Etat fait appel au crédit. —
L'Etat fait appel au crédit dans les circonstances suivantes :

1° Lorsqu'il a une dépense extraordinaire à solder, telle qu'une guerre, une indemnité de guerre, l'exécution de grands travaux publics;

2° Lorsque, dans le courant d'une année, les impôts ne rentrent pas assez vite dans les caisses de l'Etat pour faire face au fonctionnement des services publics;

3° Lorsque le Trésor est en déficit, c'est-à-dire lorsque les revenus de l'Etat sont moins élevés que ses dépenses.

Des emprunts de l'Etat. — Leurs différentes formes. —
Dans ces différentes circonstances, l'Etat agit comme ferait un particulier; il a recours à l'emprunt pour se procurer les ressources qui lui manquent.

Suivant les cas, l'Etat opte entre trois systèmes :

1° Un emprunt en *rentes perpétuelles;*

2° Un emprunt à *longue échéance;*

3° Un emprunt à *court terme.*

1° *Emprunt en rentes perpétuelles. — Dette fondée ou consolidée.* — Le système des emprunts en rentes perpétuelles est le mode d'emprunt le plus usité de tous. L'Etat reçoit des particuliers les sommes dont il a besoin, moyennant l'engagement qu'il prend de servir à chaque prêteur, à perpétuité, un intérêt annuel de 3, 4 ou 5 p. 100, pour chaque somme prêtée, sans que le prêteur ait jamais le droit de lui réclamer le remboursement du capital. C'est à raison de cette dernière particularité que la dette de l'Etat, résultant de cette forme de l'emprunt, est appelée *dette fondée* ou *consolidée.* Mais l'Etat se réserve la faculté de se libérer du payement des arrérages, en remboursant le capital qui lui a été prêté.

L'Etat emploie ce procédé ingénieux d'emprunt lorsqu'il a besoin de sommes considérables qu'il pourrait difficilement rembourser à un moment donné à l'aide de ses ressources ordinaires.

Toutes les rentes sur l'Etat sont constatées sur un registre connu sous le nom de *grand livre de la dette publique*.

Sa création est l'œuvre de la Convention nationale (loi du 24 août 1793). Un extrait d'inscription au grand livre est délivré aux crédi-rentiers sous forme de titres nominatifs ou au porteur.

L'emprunt est réalisé par voie de souscription publique dans les caisses de l'Etat et des grands établissements de crédit. Les titres de rente sont généralement émis au-dessous du pair; cela veut dire que pour le prêt d'une somme de 60 francs ou de 80 francs, l'Etat remet au prêteur un titre remboursable à 100 francs et produisant un intérêt annuel de 3, 4, 5 p. 100.

2° *Emprunt à longue échéance. — Dette flottante. —* Parfois l'Etat emprunte sous la condition de rembourser le capital prêté au bout d'un temps assez long : trente ou quarante ans, par exemple. Lorsque le terme stipulé pour le remboursement arrive, la dette devient exigible; l'Etat est obligé de s'exécuter, comme un débiteur ordinaire. Si, à ce moment, la situation de ses finances ne lui permet pas de se libérer, il fait un emprunt, en rentes perpétuelles, dont le produit lui sert à payer ses créanciers. Il transforme ainsi une dette flottante en dette consolidée. Cette opération est connue pour cela sous le nom de *consolidation* de la dette flottante.

3° *Emprunt à court terme. — Dette flottante. —* L'emprunt à court terme résulte notamment des *bons du Trésor*. Ce sont des effets publics que le ministre des finances est autorisé, par la loi du budget, à émettre dans une limite déterminée; il y a recours lorsque l'impôt rentre trop lentement, pour assurer le fonctionnement continu des services publics. Ils sont remboursables à trois mois, six mois, un an, avec un intérêt de 1 à 1 et demi p. 100. Ces titres offrent un placement avantageux aux commerçants et aux industriels qui ne veulent disposer de leurs capitaux que pour un temps déterminé.

Sur quelles bases repose le crédit de l'Etat. — Le crédit de l'Etat repose sur les mêmes bases que le crédit des simples particuliers : sur la confiance qu'il inspire aux capitalistes, par sa solvabilité et la régularité avec laquelle il s'acquitte de ses engagements.

Un Etat qui, comme la France, dispose de revenus considérables et jouit de la réputation d'un débiteur toujours exact dans ses payements, sera en possession d'un crédit illimité. Au contraire, un Etat qui répudie sa dette ou fait banqueroute perd tout crédit auprès des capitalistes.

On a cependant soutenu que l'Etat puisait un double élément de crédit, qui fait défaut aux simples particuliers, dans la puissance publique dont il dispose, et dans son caractère de personnification de la nation. Il pourrait ainsi imposer aux capitalistes l'obligation de souscrire aux emprunts qu'il émet; ou bien il pourrait compter sur leur patriotisme pour se procurer les ressources dont il a besoin. Cette théorie n'est pas exacte; la France en a fait la triste expérience à diverses époques de son histoire. En 1793, un *emprunt forcé* de 1 milliard fut décrété par la Convention nationale : on obtint 100 millions seulement, malgré les menaces et les mesures d'intimidation auxquelles on eut recours. En 1830 et en 1848, un *emprunt patriotique* fut tenté; il ne donna pas un meilleur résultat que l'emprunt forcé de 1793.

Chapitre IV. — **Théorie des annuités, de l'amortissement et de la conversion.**

Théorie des annuités. — La théorie des annuités offre un procédé commode aux Etats, comme aux grandes compagnies financières, pour se libérer au bout d'un certain temps de la dette résultant des emprunts qu'ils ont contractés.

Deux combinaisons sont possibles :

1º Les annuités *terminables;*

2º Les rentes ou obligations *amortissables.*

Annuités terminables. — Les annuités terminables sont une forme particulière de la dette publique qui consiste dans l'obligation que prend l'Etat de payer chaque année une somme déterminée pendant 30, 50 ou 75 ans, de façon à être libéré complètement au bout de ce laps de temps.

L'Etat n'use pas de ce procédé lorsqu'il fait appel à l'épargne privée, en émettant un emprunt. Les particuliers qui cherchent un placement d'une durée indéfinie, à transmettre à leurs enfants, s'accommoderaient mal d'une semblable combinaison, qui mettrait fin à un moment donné à leur créance contre l'Etat. Mais ce système ingénieux est utilisé par l'Etat pour réaliser des emprunts indirects, par l'intermédiaire des villes, des départements ou des grandes sociétés financières, telles que la Banque de France et les compagnies de chemins de fer.

C'est sous cette forme que l'Etat s'est acquitté envers la Banque de France de la somme de 1 milliard et demi qu'elle lui avait prêtée après la guerre de 1870-1871. L'Etat a aussi recours à ce moyen lorsqu'il laisse une compagnie de chemin de fer ou une ville faire l'avance des frais d'un travail d'utilité générale, en s'obligeant à rembourser à cette compagnie ou à cette ville, en un certain nombre d'années, le montant de la dépense.

Rentes ou obligations amortissables. — Le système des rentes ou obligations amortissables est différent. Il consiste, de la part de l'Etat, à emprunter directement des simples particuliers, par voie d'émission de rentes, en s'obligeant à rembourser les porteurs des titres en un certain nombre d'années, 50, 60, 70 ans, ou davantage, suivant un tirage au sort opéré chaque année. Pour faire face à cette obligation, l'Etat inscrit à son budget une somme annuelle qui est destinée à payer les intérêts des crédi-rentiers et le remboursement des titres qui sont désignés par le sort. Les premières années, cette somme est surtout affectée au payement des intérêts; mais, au fur et à mesure que les années s'écoulent, le montant de l'intérêt à servir tend à s'abaisser de plus en plus par suite de la diminution du capital de la dette que les remboursements annuels ont occasionnée, en sorte qu'il arrive un moment où l'annuité inscrite au budget ne sert plus qu'à restituer le capital aux porteurs des titres non encore appelés au tirage.

De l'amortissement des rentes perpétuelles. — Amortir des rentes perpétuelles, c'est, de la part de l'État, réduire sa dette consolidée en remboursant aux porteurs le capital de la rente. L'amortissement de la dette est en quelque sorte obligatoire pour l'État, en ce qui concerne les annuités terminables et les rentes amortissables; il y est tenu par les termes mêmes de son contrat. Il en est différemment des rentes perpétuelles; l'État n'est jamais obligé d'en rembourser le montant; c'est une dette qui, par son essence, n'est pas exigible. En offrant à ses créanciers de leur restituer le capital de la rente, il agit spontanément et fait un acte qu'il pourrait ne pas faire. Cette opération est réglée par le droit civil sous le nom de *rachat de la rente*.

L'amortissement est un acte de sage politique financière de la part d'un gouvernement, mais à une condition : c'est que l'amortissement ne soit pas seulement apparent, mais réel. Or, pour qu'il en soit ainsi, il faut que le budget se solde par des excédents de recettes, et que ce soit avec ces excédents que l'État paye ses créanciers. En effet, si l'État emprunte d'un côté pour rembourser de l'autre, il ne diminue en rien sa dette, puisqu'il bouche un trou ici pour en ouvrir un autre un peu plus loin. C'est malheureusement de cette façon que l'amortissement a été pratiqué en France, à l'aide de la caisse d'amortissement, de 1816 à 1885.

Conversion des dettes publiques. — La conversion des rentes est encore le procédé le plus pratique qu'un État puisse employer pour opérer la réduction de ses dettes. Un État a émis des titres de rente 5 p. 100 à 80 francs. Ces titres se vendent, sur le marché des valeurs, à raison de 100, 105 francs; par suite de l'abondance des capitaux disponibles, l'intérêt moyen de l'argent s'est abaissé, et l'État trouverait facilement à emprunter à 4 et demi, 4 et même 3 p. 100. Dans ces conditions, le gouvernement serait vraiment coupable de négligence s'il continuait à servir aux porteurs de rentes un intérêt de beaucoup supérieur à l'intérêt normal. Il a recours au procédé de la conversion : il offre aux porteurs de titres : ou bien de leur rembourser le capital nominal qui est porté sur le titre, ou bien de conserver leurs titres actuels, mais en ne recevant plus qu'un intérêt moindre : 4 et demi au lieu de 5 p. 100, 3 et demi au lieu de 4 et demi. En procédant ainsi, l'Etat n'emploie pas une mesure exorbitante, uniquement justifiée par ses pouvoirs de puissance publique. Il ne fait qu'user d'un droit qui appartient à tout débiteur d'une rente perpétuelle d'imposer le rachat au crédi-rentier.

QUESTIONNAIRE 26 sur le crédit public.

1. Dans quelles circonstances l'Etat fait-il appel au crédit ? — 2. Qu'est-ce qu'un emprunt en rentes perpétuelles ? — 3. Qu'entend-on par dette fondée ou consolidée ? — 4. Qu'est-ce que le grand livre de la dette publique ? — 5. Qu'est-ce qu'un emprunt à longue échéance ? — 6. Qu'entend-on par dette flottante ? — 7. Qu'est-ce qu'un emprunt à court terme ? — 8. Qu'entend-on par bons du Trésor ? — 9. Sur quelles bases repose le crédit de l'Etat ? — 10. Qu'est-ce que la théorie des annuités ? — 11. Qu'appelle-t-on annuités terminables ? — 12. Rentes ou obligations amortissables ? — 13. Qu'est-ce que l'amortissement des rentes perpétuelles ? — 14. Qu'entend-on par rachat des rentes ? — 15. Qu'appelle-t-on conversion des dettes publiques ?

RÉSUMÉ 26. — Du crédit public.

I. L'État fait appel au crédit.
- 1° Il a une dépense extraordinaire à solder.
- 2° Les impôts ne rentrent pas assez vite.
- 3° Le Trésor est en déficit.

II. Trois systèmes d'emprunts.
- 1° *En rentes perpétuelles.* Le prêteur ne peut jamais réclamer le remboursement du capital, d'où l'expression *dette fondée* ou *consolidée*.
- 2° *A longue échéance.* Au bout de 30 ou 40 ans, la dette de l'Etat est exigible, mais elle peut être transformée de dette *flottante* en dette *consolidée*.
- 3° *A court terme.* Le ministre des finances est autorisé à émettre des *bons du Trésor* remboursables à 3, 6 ou 12 mois.

Le succès de tous ces emprunts dépend de la confiance qu'inspire l'Etat emprunteur.

III. Annuités terminables. L'Etat s'engage à payer chaque année une somme déterminée pendant 30, 50 ou 75 ans, de façon à se libérer complètement au bout de ce temps.

IV. Rentes ou obligations amortissables. Tirage au sort, tous les ans, des numéros des titres qui doivent être remboursés.

V. Amortissement des rentes perpétuelles. *Rachat de la rente:* l'Etat réduit sa dette consolidée en remboursant aux porteurs le capital de la rente. L'amortissement doit être réel et non apparent.

VI. Conversion. L'Etat offre aux porteurs de titres: ou bien de leur rembourser le capital nominal auquel les titres ont été émis, ou bien de conserver leurs titres actuels, mais en ne recevant plus qu'un intérêt moindre.

Chapitre V. — La bourse. — Son rôle au point de vue du crédit.

Définition. — Diverses espèces de bourses. — On entend par bourses des réunions que les commerçants tiennent à des heures déterminées de la journée pour négocier sur les effets publics, sur les marchandises ou sur les transports maritimes.

On distingue deux espèces de bourses : les bourses d'effets publics et les bourses de commerce. Tantôt elles ont lieu dans le même local, à des heures différentes de la journée; tantôt elles se tiennent dans des locaux séparés[1].

Bourses d'effets publics. — Les bourses d'effets publics sont celles où se font les achats et les ventes d'effets publics et des autres valeurs mobilières. On entend par effets publics les titres émis par des personnes morales ayant un caractère public, et ceux qui sont créés par des sociétés placées sous le contrôle du gouvernement.

Tels sont : les rentes sur l'Etat français ou sur les Etats étrangers, les obligations des départements et des villes, les bons du Trésor, les actions et obligations des chemins de fer, etc.

Tous les autres titres sont dits *privés*. La distinction entre ces deux catégories n'a plus guère aujourd'hui de portée pratique. Les uns comme les autres sont vendus à la bourse et peuvent faire l'objet des spéculations dont nous parlerons plus loin.

Ce sont les *agents de change* qui sont chargés d'être les intermédiaires des particuliers dans la négociation des valeurs mobilières; ils sont nommés par le gouvernement, sur la présentation du titulaire en fonction, à la suite d'une cession d'office analogue à celle qui s'opère pour les études d'avoué, de notaire, d'huissier ou de greffier. L'agent de change a

---

1. Pour plus de développements sur cette question, consulter les *Notions de droit commercial* par Boitel et Folguet (Ch. Delagrave éditeur), p. 153 et suivantes.

comme eux le caractère d'*officier ministériel*. Les agents de change ont un monopole pour l'achat et la vente des valeurs mobilières admises à la cote de la Bourse. Cependant, en fait, d'autres personnes se livrent, concurremment avec eux, aux négociations sur les valeurs sans que les agents de change protestent : ce sont les *coulissiers*; en sorte qu'à côté du marché officiel, il existe un marché libre.

Bourses de commerce. — Les bourses de commerce sont celles où les commerçants se livrent à l'achat et à la vente des marchandises, aux contrats de transports maritimes, ou affrétements, et aux assurances maritimes.

Ce sont les *courtiers* qui servent d'intermédiaires entre les parties. Ils ne contractent pas, comme les agents de change, au nom de leurs clients, en leur lieu et place; ils se bornent à les mettre en rapport et à faciliter leur négociation.

On distingue les courtiers de marchandises, les courtiers d'assurances maritimes, les courtiers interprètes et conducteurs de navires, et les courtiers gourmets-piqueurs de vins.

Depuis la loi du 18 juillet 1866, la fonction de courtier de marchandises est libre. Tous les autres courtiers, au contraire, sont encore aujourd'hui des officiers ministériels, ayant, comme les agents de change, un véritable monopole pour les opérations qu'ils sont chargés de faire, et sont désignés par le gouvernement.

Utilité économique des bourses de commerce. — Les bourses de commerce rendent de très grands services aux commerçants :

1° Elles leur offrent un lieu de réunion, où ils sont sûrs de se rencontrer, à une heure déterminée, d'une façon périodique, sans avoir besoin de se chercher.

2° Les bourses de commerce permettent d'être renseigné d'une façon certaine sur le cours des marchandises, des actions, des obligations, du fret et des primes d'assurances maritimes. Un cours officiel est dressé chaque jour à cet effet, après la clôture de la bourse, par les agents de change et les courtiers.

3° On a critiqué les marchés à terme en invoquant contre eux les mêmes arguments qui font considérer le jeu et le pari comme un mal au point de vue social. Ce sont, dit-on, des causes de trouble dans l'organisation économique, en raison des fortunes scandaleuses qu'ils peuvent faire naître, et des ruines lamentables dont ils sont souvent la conséquence.

Ces griefs sont exacts; et toutefois on est obligé d'admettre que les marchés à terme rendent des services réels au crédit; ils sont favorables à la bonne tenue des valeurs, parce que les titres se vendent un prix plus élevé à terme qu'au comptant; ils permettent un classement rationnel des valeurs, et déterminent le degré de confiance qu'on peut avoir dans chacune d'elles; ils sont très utiles à l'État, aux départements et aux communes, en facilitant l'émission des rentes ou des obligations, lorsqu'ils font appel à l'épargne privée.

QUESTIONNAIRE 27 sur la bourse.

1. Qu'appelle-t-on bourses? — 2. Que sont les bourses d'effets publics? — 3. Que sont les agents de change? — 4. Qu'entend-on par bourses de commerce? — 5. Que sont les courtiers? — 6. Quelle est l'utilité économique des bourses de commerce? — 7. Quelles critiques a-t-on faites aux marchés à terme?

I. Définition. { Réunion que les commerçants tiennent à des heures déterminées pour négocier soit { Sur les effets publics,
Sur les marchandises,
Sur les transports maritimes.

II. Bourse d'effets publics. { Lieu où se font, par l'intermédiaire des *agents de change* et des *coulissiers*, { Les achats et les ventes d'effets publics et des autres valeurs mobilières (actions, etc.).

III. Bourse de commerce. { Lieu où se font entre les commerçants ou par l'intermédiaire des *courtiers* { Les achats et les ventes des marchandises, les contrats de transports maritimes, les affrétements et assurances maritimes.

IV. Utilité économique des bourses de commerce. { 1° Elles offrent un lieu de réunion aux commerçants.
2° Elles renseignent sur le cours des marchandises, des actions, obligations, etc.
3° Elles facilitent les marchés à terme, qui, malgré de sérieux griefs, rendent de très grands services.

SECTION IV. — Le commerce intérieur et extérieur.

Notions générales et division de la section. — Dans la première partie de l'*Economie politique*, consacrée à la production des richesses, nous avons fait la théorie du commerce, envisagé comme industrie, et nous avons montré la part importante qui lui revenait dans l'œuvre de la production. Nous avons vu notamment que son rôle ne consistait pas à agir sur la matière première pour la transformer, mais qu'il se bornait à faciliter et à rendre plus active la production, en servant d'intermédiaire des échanges entre les consommateurs et les producteurs, et en permettant à ces derniers de consacrer tout leur temps et tous leurs efforts à produire, sans avoir à se préoccuper de trouver des débouchés pour leurs marchandises. A ce point de vue, le commerce est lié intimement à la théorie de l'échange et de la circulation des richesses; on peut même dire qu'il en est le facteur essentiel.

On divise le commerce en deux branches : le commerce intérieur et le commerce extérieur.

Le commerce intérieur est celui qui s'exerce dans les limites des frontières d'un Etat.

Le commerce extérieur est celui qui a lieu dans les rapports respectifs des Etats entre eux.

En ce qui concerne le commerce intérieur, nous n'avons rien à ajouter à ce que nous avons dit plus haut, au sujet de la production, ou à l'occasion de l'échange.

Au contraire, le commerce extérieur soulève les plus graves problèmes, tant au point de vue international qu'au point de vue économique; nous allons les étudier dans quatre chapitres :

Chapitre premier. — Du change.

Chapitre II. — De la balance du commerce.

Chapitre III. — De la réglementation du commerce extérieur. Libre-échange et protection.

Chapitre IV. — Des droits de douane.

Nous consacrerons un appendice à la théorie des crises économiques.

CHAPITRE PREMIER. — Du change.

Définition. — Le change est l'opération par laquelle un débiteur se procure le moyen de se libérer de sa dette dans un autre lieu que celui où il réside.

Cette opération peut se présenter soit à l'intérieur d'un pays, pour les règlements à faire d'une ville à une autre ville, soit dans les relations commerciales de deux pays différents. On l'appelle, dans ce dernier cas, change international.

Moyens que peut employer un débiteur pour se libérer, dans le commerce international. — Pour se libérer de sa dette à l'égard d'un créancier résidant en pays étranger, un débiteur peut employer l'un des trois procédés suivants :

1° Envoyer à son créancier du numéraire. C'est le procédé le plus élémentaire, mais aussi le moins commode ; il présente encore plus d'inconvénients dans les rapports des États que dans les limites d'un même territoire. A la difficulté résultant des frais de transport et des risques de perte et de vol, il faut ajouter celle qui consiste à faire accepter en pays étranger une autre monnaie que la monnaie nationale.

2° Accepter que son créancier tire sur lui une traite. Mais le procédé de la *traite* n'est possible que dans le cas où la dette est payable au domicile du débiteur.

3° Acheter une lettre de change payable dans le lieu où le payement de la dette doit être effectué, et l'envoyer par la poste à son créancier après l'avoir endossée à son nom. C'est le procédé de la *remise*.

Ce dernier procédé est le plus usité. C'est celui auquel se réfèrent tous les développements de ce chapitre.

Il se fait un commerce très actif des traites soit chez les changeurs, soit chez les banquiers. Ces commerçants achètent les lettres de change payables sur tous les points du monde aux personnes qui ont des créances payables en pays étrangers à raison des marchandises qu'elles leur ont vendues; et ils les vendent, d'autre part, aux personnes qui ont des payements à faire à l'étranger, à raison des marchandises qu'elles lui ont vendues, ou pour toute autre cause.

Du cours du change. — *Définition.* — On entend par cours du change la détermination de la somme moyennant laquelle se vendent et s'achètent les lettres de change sur tel pays.

Variations du cours. — On dit que le change est *au pair* d'un pays sur un autre, lorsque les lettres de change émises d'un pays et payables dans l'autre se vendent pour leur valeur nominale.

On dit que le change est haut d'une place sur l'autre, au-dessus du pair ou défavorable à une place, lorsque les lettres de change émises dans ce pays sur un autre pays se vendent pour une somme supérieure à son montant nominal.

Au contraire, le change est bas d'une place sur l'autre, au-dessous du pair ou favorable à une place, lorsque les lettres de change émises d'un pays sur l'autre sont vendues pour une somme inférieure à son montant nominal.

Circonstances qui influent sur le cours du change entre deux pays à étalon d'or. — Comme toutes les marchandises, les lettres de change subissent des variations de valeur sous l'influence de la loi de l'offre et de la demande. Plus les lettres de change mises en vente sur le marché seront nombreuses, la demande restant uniforme, plus le taux du change tendra à s'abaisser; plus, au contraire, les lettres de change diminueront pour une demande égale, et plus leur valeur aura une tendance à s'élever, par la concurrence des acheteurs; et comme la quantité des lettres de change offertes ou demandées dépend de la quantité de marchandises vendues ou achetées entre les deux places, cela revient à dire que le cours du change est en raison directe des importations et des exportations entre deux pays déterminés.

Exemple pratique. — Supposons deux pays, comme la France et l'Angleterre, qui ont l'étalon d'or, quoique n'ayant pas le même système monétaire. Pour déterminer le pair du change en monnaie d'or, il suffit de savoir que le souverain anglais ou la livre sterling vaut 25 fr. 22 en or[1].

Cela étant, supposons que Paris ait acheté à Londres[2] pour 2 millions de marchandises, alors qu'il ne lui en a vendu que pour 1 million seulement; le nombre de commerçants pouvant tirer des lettres de change payables à Londres sera deux fois moins grand que le nombre de commerçants ayant besoin d'acheter des lettres de change pour régler leurs achats à Londres; il s'établira une concurrence entre les acheteurs de lettres de change; le prix de chacune d'elles tendra à s'élever au delà de son montant nominal. Ainsi, une traite d'une livre sur Londres se vendra au-dessus de 25 fr. 22.

Au contraire, si Paris a vendu à Londres pour 2 millions de marchandises alors qu'il ne lui en a acheté que pour un million seulement, le phénomène inverse va se produire. La somme pour laquelle des traites pourront être tirées par les commerçants de Paris sur Londres sera deux fois plus grande que la somme pour laquelle des commerçants de Paris auront besoin d'acheter des traites pour régler les achats qu'ils ont faits à Londres; il y aura concurrence cette fois entre vendeurs de lettres de change : ils seront obligés de consentir un sacrifice pour pouvoir les écouler. Ainsi, une traite d'une livre se vendra au-dessous de 25 fr. 22.

Limite que ne peut dépasser le change. — Le point d'or

1. On arrive à cette constatation à l'aide du calcul suivant : on sait qu'avec un kilogramme d'or fin on fabrique en France 3444 fr. 44, et 136,568 souverains en livres sterling; dès lors, pour avoir la valeur d'un souverain exprimée en francs, il suffit de diviser 3444 fr. 44 par 136,568; le quotient est 25,221.

2. Si, au lieu d'étudier le change entre deux pays à étalon d'or, comme la France et l'Angleterre, on l'étudie dans les relations commerciales d'un pays à étalon d'or et d'un pays à étalon d'argent, le cours du change va varier : 1° suivant l'offre et la demande de traites comme ci-dessus; 2° suivant la valeur de l'argent par rapport à l'or. Il en serait de même dans les rapports d'un pays à étalon d'or et d'un pays ayant de la monnaie de papier déprécié; il faudrait tenir compte de la dépréciation du papier-monnaie en plus et de l'offre et de la demande de traites.

ou « gold point ». — Il est cependant une limite que ne peut dépasser le taux du change : c'est le prix du transport du numéraire.

Supposez, par exemple, que pour transporter la valeur d'une livre sterling de France en Angleterre on ait à payer 0 fr. 15, le change sur Londres ne pourra s'élever au delà de 25 fr. 37 pour chaque traite d'une livre (soit 25 fr. 22 en or). En effet, si le change était plus élevé, le débiteur de Paris, au lieu d'acheter une traite sur Londres, enverrait à Londres en numéraire les sommes dont il est redevable. Cette limite maxima s'appelle le point de sortie de l'or.

D'autre part, le change ne peut pas descendre au-dessous de 25 fr. 07 pour chaque traite d'une livre, c'est-à-dire au-dessous de 25 fr. 22 moins 0 fr. 15, prix de transport du numéraire. En effet, si le change descendait plus bas, les commerçants de Paris qui ont des traites payables à Londres, au lieu de les vendre au-dessous du prix de 25 fr. 07, préféreraient les faire toucher à Londres à l'échéance et s'en faire envoyer le montant en monnaie. C'est le point d'entrée de l'or.

D'une façon générale, cette limite extrême du change s'appelle *gold point* ou point d'or.

Circonstances qui tendent à ramener le change à un taux normal. — *Énumération.* — Deux circonstances tendent à ramener et à maintenir le change entre deux pays à un taux normal : l'arbitrage, et la répercussion exercée par le change sur le mouvement d'importation et d'exportation.

De l'arbitrage. — On entend par arbitrage, en matière de change, l'opération qui consiste pour un banquier à acheter des lettres de change là où elles sont bon marché, pour les revendre là où elles sont chères.

Supposons, par exemple, que le change soit haut de Paris sur Londres, mais qu'il soit bas de Berlin sur Londres ; l'arbitragiste achètera à Berlin du papier sur Londres et viendra le vendre à Paris ; par ce moyen, l'équilibre sera bientôt rétabli entre l'offre et la demande, le change de Paris sur Londres tendra vers la baisse.

Répercussion du change sur l'importation et sur l'exportation. — Lorsque le change est haut d'une place sur une autre place, les commerçants de la première place réalisent un double bénéfice : d'une part, sur le prix des marchandises qu'ils écoulent à l'étranger; d'autre part, sur la vente des lettres de change qu'ils tirent sur leurs acheteurs. Ce dernier profit étant souvent plus élevé que l'autre, les commerçants auront intérêt à abaisser le prix de vente de leurs marchandises dans une large proportion, pour augmenter le chiffre de leur vente à l'étranger, et par conséquent le nombre des lettres de change qu'ils pourront émettre. En outre, ceux qui achètent à l'étranger diminueront leurs acquisitions en raison de la dépense supplémentaire que l'élévation du change leur impose. De sorte que, d'un côté, l'offre du papier sur l'extérieur augmentera, tandis que, de l'autre, la demande ou bien restera la même, ou bien ira en diminuant. Dans ces conditions, le taux du change baissera.

Indications précieuses que le change fournit au commerce et aux banquiers. — Le change fournit des indications précieuses au commerce en général et en particulier aux banquiers.

Au commerce en général. — Le commerçant qui achète des marchandises à l'étranger a intérêt à bien connaître le cours du change. Car, pour déterminer le prix auquel il revendra les marchandises dans le pays où il les importe, il doit tenir compte non seulement du prix d'achat et des frais accessoires de transport, d'assurance et de douanes, mais encore du change qu'il aura à subir au moment où il opérera le payement de son prix d'achat.

De son côté, le commerçant qui vend des marchandises à l'étranger doit aussi tenir compte du cours du change pour fixer son prix de vente. Ainsi que nous l'avons dit plus haut, si le change est haut du pays d'exportation sur le pays d'importation, le commerçant aura intérêt à diminuer le prix de vente de ses marchandises pour augmenter le chiffre de ses affaires, en raison du bénéfice que lui procure la vente des lettres de change qu'il peut tirer sur la place où il écoule ses produits.

Aux banquiers en particulier. — Mais c'est surtout aux banquiers que le change est utile à connaître; à tel point qu'on a pu dire, sans trop d'exagération, qu'il leur rendait le même service que la boussole ou le baromètre au navigateur.

Lorsque le taux du change s'élève, en effet, c'est que les commerçants ont de gros payements à faire à l'étranger; il est à craindre que le papier sur l'extérieur ne soit pas suffisant pour satisfaire à toutes les demandes qui se produiront et qu'il y ait une différence importante à solder en numéraire. Les banquiers sont alors menacés d'un danger : c'est de voir leurs clients venir en masse réclamer le remboursement des dépôts qu'ils leur ont faits ou exiger le payement des billets qu'ils ont pu émettre. S'ils n'y prennent garde, leur encaisse métallique s'épuisera rapidement, et ils seront obligés à un moment donné de cesser leurs payements.

Que doivent-ils faire pour parer à ce péril? La banque ne peut à son gré augmenter son encaisse métallique, mais elle peut diminuer ses engagements envers le public en restreignant ses opérations d'escompte sur les effets de commerce qui font sortir de sa caisse ou des espèces ou des billets de banque, et pour cela elle n'a qu'à élever le taux de l'escompte.

Il y a donc un lien étroit de dépendance entre le taux du change et le taux de l'escompte[1].

Effets produits par l'élévation du taux de l'escompte. — L'élévation du taux de l'escompte produit des effets remarquables :

1. La Banque de France emploie souvent un autre moyen pour défendre son encaisse métallique : c'est la *prime sur l'or*. Ce moyen consiste à rembourser tous ses billets en monnaie d'argent, comme elle a le droit de le faire, et à prélever une prime sur les payements qu'elle fait en or. Un autre moyen qui lui a été concédé en temps de crise, en 1848 et en 1871, résulte du cours forcé donné aux billets.

1° Elle entraîne une dépréciation générale des effets de commerce; telle lettre de change de 100 francs qui se négociait à 90 francs lorsque l'escompte était à 3 p. 100, ne se vendra plus que 80 francs si l'escompte est à 5 p. 100.

2° La monnaie devenant rare, son pouvoir d'acquisition augmentera, et les marchandises se vendront très bon marché.

Mais, par un phénomène curieux à observer, cette dépréciation des effets de commerce et des marchandises provoquera des achats considérables de la part des commerçants étrangers, et, au bout de quelque temps, le pays se trouvera créancier de l'extérieur pour des sommes élevées; le numéraire affluera de nouveau; le change s'abaissera et tendra à se rapprocher du pair. Le mal aura été guéri par le mal, comme dans la médecine homéopathique[1].

QUESTIONNAIRE 28 sur le commerce intérieur et extérieur et le change.

1. Quel rôle joue le commerce dans l'œuvre de la production? — 2. Qu'est-ce que le commerce intérieur? — 3. Le commerce extérieur? — 4. Qu'est-ce que le change? — 5. Quels moyens peut employer un débiteur pour se libérer dans le commerce international? — 6. Qu'entend-on par cours du change? — 7. Quelles sont les diverses variations du cours? — 8. Quelles circonstances influent sur ces variations? — 9. Quelle est la limite que ne peut dépasser le change? — 10. Qu'appelle-t-on le point d'or ou *gold point?* — 11. Quelles circonstances tendent à ramener le change à un taux normal? — 12. Qu'appelle-t-on arbitrage en matière de change? — 13. Comment s'explique la répercussion du change sur l'importation et l'exportation? — 14. Quelles indications le change fournit-il au commerce et aux banquiers? — 15. Quels sont les effets produits par l'élévation du taux de l'escompte?

1. Gide, *op., cit.,* p. 352.

RÉSUMÉ 28. — Du change.

I. Le commerce.
Intérieur. | S'exerce dans les limites des frontières d'un Etat.
Extérieur. | A lieu dans les rapports respectifs des Etats entre eux et soulève de graves questions au point de vue international et économique.

II. Moyens de se libérer.
1° Envoyer du numéraire.
2° Accepter une traite payable au domicile du débiteur.
3° Acheter une lettre de change payable au domicile du créancier : c'est le procédé de la *remise*, le plus usité.

III. Le cours du change.
1° Détermination de la somme moyennant laquelle se vendent et s'achètent les lettres de change.
2° *Variations.*
   a. *Au-dessus* ou *au-dessous* du pair.
   b. *Haut* ou *bas* d'une place sur une autre.
   c. *Défavorable* ou *favorable* à une place.
3° *Limite.* | Prix du transport du numéraire à l'étranger.
4° *Arbitrage.* | Un banquier achète des lettres de change là où elles sont bon marché pour les revendre là où elles sont chères.
5° *Offre et demande.* | Contribue avec l'arbitrage à ramener le cours au *taux normal*.

IV. Indications précieuses fournies par le change.
1° Il est facile de savoir quel est celui des deux pays qui a le plus vendu ou acheté à l'autre.
2° Sert de *boussole* aux banquiers, qui peuvent élever ou abaisser le taux de l'escompte et ramener ainsi l'équilibre un instant rompu.

CHAPITRE II. — **Balance du commerce. — Importation et exportation.**

Importation et exportation. — Le commerce extérieur donne lieu à deux phénomènes en sens inverse : l'*importation* et l'*exportation*.

Pour un Etat, il y a importation lorsque des marchandises entrent sur son territoire, venant d'un autre Etat;

Il y a exportation lorsque des marchandises sortent de ses frontières à destination d'un autre Etat.

L'importation crée l'Etat qui importe débiteur; l'exportation le rend, au contraire, créancier de l'étranger.

Balance du commerce. Théorie de l'école mercantile. — On entend par balance du commerce le rapport qui existe entre le chiffre des importations et celui des exportations d'un pays dans ses relations avec les autres Etats.

Une école célèbre dans l'histoire de l'économie politique, l'*école mercantile*, s'attachant aux relevés fournis par les statistiques douanières, disait que la balance du commerce est *favorable* à un Etat lorsque les exportations dépassent les importations, *défavorable* lorsque le chiffre des importations est supérieur à celui des exportations. Elle raisonnait de la façon suivante : un Etat qui achète à l'étranger plus de marchandises qu'il ne lui en vend, ne peut payer toutes ses dettes avec des lettres de change; il est obligé de solder la différence entre ses ventes et ses achats avec du numéraire, qu'il doit faire transporter à l'étranger à grands frais. Ce pays s'appauvrit donc, et, si la situation se prolonge, il peut arriver un moment où son encaisse métallique soit insuffisante pour faire face aux besoins de son commerce intérieur.

Objections contre la théorie de la balance du commerce. — Cette théorie, qui a été en honneur du xvie au xviiie siècle, a été démontrée fausse depuis longtemps, et voici quelles sont les principales objections qu'on a formulées contre elle :

1° Il est inexact de se baser uniquement sur le mouvement d'importation et d'exportation publié par l'administration des douanes, pour apprécier la situation des relations économiques de deux nations. Les créances d'un Etat contre les Etats étrangers ne résultent pas, en effet, seulement de ses exportations. Elles ont d'autres sources encore qui échappent aux investigations des agents des douanes :

a) Ce sont d'abord les dépenses que les étrangers font sur le territoire d'un pays, pendant tout le temps qu'ils y séjournent. De ce chef, la France jouit d'une situation très favorable vis-à-vis des autres pays, à raison de sa position géographique, de son climat et des curiosités historiques qu'elle renferme.

b) C'est ensuite le fret dont la marine marchande d'un Etat peut se trouver créancière des autres Etats pour le transport des marchandises qu'elle effectue dans leur intérêt. A cet égard, l'Angleterre a une créance très élevée vis-à-vis des autres Etats, la France une dette assez considérable.

c) Enfin, ce sont les intérêts des capitaux qui ont pu être prêtés à un moment donné par les capitalistes d'un Etat au gouvernement d'un autre Etat.

2° D'ailleurs, même en se plaçant uniquement sur le terrain des importations et des exportations, il est facile de se rendre compte que les données fournies par les statistiques douanières ne présentent pas une base sérieuse de renseignements pour l'économiste. En effet, la valeur des marchandises qui entrent en France figure sur ces tableaux avec la majoration que leur ont donnée les frais de transport, les frais d'assurance, de courtage et autres, tandis que les marchandises qui sont exportées sont évaluées à la sortie, avant d'avoir eu à subir ces mêmes frais. Il est dès lors impossible de tirer des conséquences sérieuses du rapprochement de deux chiffres obtenus de façon aussi dissemblable.

3° On peut ajouter que c'est une grave erreur de prétendre que l'Etat se ruine par ses importations. En effet, si nous faisons venir de l'étranger certaines marchandises, c'est que nous pouvons nous les procurer à meilleur compte qu'en les produisant nous-mêmes, et les revendre ensuite en France, avec un profit plus élevé; à l'inverse, si nous exportons d'autres marchandises, c'est que nous espérons les vendre dans de meilleures conditions dans le lieu où nous les faisons transporter. Dans les deux cas nous réalisons un bénéfice.

Principe fondamental du commerce international : les produits se payent avec des produits. — Nous l'avons d'ailleurs constaté plus haut, cette théorie est complètement abandonnée aujourd'hui. Le principe qui est considéré comme la règle fondamentale du commerce international peut être ainsi formulé : *les produits se payent avec des produits.*

Cela veut dire que lorsqu'un État a acheté des marchandises à l'étranger, il ne paye pas les achats avec du numéraire qu'il fait sortir du pays; il se libère en nature, en lui vendant des marchandises dans une proportion égale à celles qu'il a reçues; en sorte que le commerce international, à la différence du commerce intérieur, prend tout à fait le caractère d'un troc direct, marchandises contre marchandises, chaque importation devant amener nécessairement une exportation dans une égale proportion, comme nous l'avons expliqué en faisant la théorie du change.

Il pourra bien arriver quelquefois que, à un moment donné, les importations d'un pays auront été supérieures à ses exportations, lorsque, par exemple, une récolte mauvaise ou une guerre aura rendu nécessaires d'importants achats à l'étranger. Alors, pendant un certain temps tout au moins, il faudra régler l'excédent des dépenses par l'envoi d'une certaine quantité de numéraire ou par les *fonds internationaux*[1].

Mais ce fait se produira assez rarement; et d'ailleurs, comme nous l'avons montré à l'occasion du change, l'équilibre ne tardera pas à se rétablir tout naturellement au bout de peu de temps.

1. On entend par là des valeurs qui sont cotées sur les principales bourses de l'Europe et dont les coupons sont payables dans les principaux centres du commerce européen; telles sont : la rente italienne, les obligations des chemins de fer lombards, etc.

QUESTIONNAIRE 29 sur la balance du commerce.

1. Quand y a-t-il, pour un pays, importation? — 2. Quand y a-t-il exportation? — 3. Qu'entend-on par balance du commerce? — 4. Quelle fut la théorie de l'école mercantile? — 5. Quelles objections peut-on faire à cette théorie? — 6. N'y a-t-il pas des créances provenant d'autres sources que de l'exportation? — 7. Le prix des marchandises importées est-il réel? — 8. Quel est le principe fondamental du commerceinternational?

RÉSUMÉ 29. — De la balance du commerce.

I. Commerce extérieur.	1° *Importation.*	Des marchandises, venant d'un autre Etat, entrent sur le territoire d'un Etat.
	2° *Exportation.*	Des marchandises sortent de cet Etat, à destination d'un autre Etat.
II. Balance du commerce.	1° *Définition.*	Rapport entre le chiffre des importations et celui des exportations.
	2° *Théorie de l'école mercantile.*	La balance du commerce serait *favorable* à un pays lorsque le chiffre des exportations est supérieur à celui des importations, et *vice versa.*

III. Objections contre les théories de l'école mercantile.

1° *L'administration des douanes ne tient pas compte :*
a. Des dépenses faites par les étrangers séjournant dans un Etat;
b. Du fret de la marine marchande;
c. Des intérêts des capitaux prêtés à un gouvernement étranger.
2° La valeur des marchandises diffère selon qu'elles sont importées ou exportées.
3° Il est faux de dire que les importations ruinent un État.

IV. Principe du commerce international : Les produits se payent avec des produits.

CHAPITRE III. — **De la réglementation du commerce extérieur. — Libre-échange, protection et prohibition.**

Enoncé du problème. — Tout le monde est d'accord pour admettre que le commerce intérieur doit être essentiellement libre et dégagé de toute entrave. Cette règle, nous l'avons vu, a été posée par la Révolution française et constitue l'une des formes de la liberté du travail.

Pour le commerce extérieur, au contraire, la même entente est loin d'exister entre les auteurs ; trois systèmes sont en présence : le système du libre-échange, le système prohibitif et le système protecteur. Nous allons successivement les passer en revue.

Système du libre-échange. — Le système du libre-échange, qu'on peut appeler le système libéral, consiste à rejeter toute intervention de l'Etat dans le commerce international, et à supprimer toute barrière qui serait de nature à gêner le libre essor des transactions d'un pays à un autre pays. Sa formule est la suivante : « Laissez faire, laissez passer. »

A l'appui de cette doctrine on fait valoir des arguments qui sont bien de nature à faire impression sur l'esprit.

1º Tout d'abord, dit-on, il paraît étrange que le principe de la liberté du commerce, que tous les économistes sont d'accord pour reconnaître excellent, lorsqu'il est appliqué au commerce dans l'intérieur d'un pays, ne présente plus que des inconvénients et doive être rejeté lorsqu'il s'agit du commerce international.

2º On ne peut nier que la libre concurrence entre les producteurs de tous les pays ne soit le meilleur moyen de lutter contre l'esprit de routine et d'obtenir les marchandises les meilleures aux meilleures conditions de bon marché possible.

3º De cette façon, il arrivera que chaque pays se consacrera plus particulièrement à la production des richesses que la nature de son climat, la fertilité de son sol, le goût de ses habitants, ou d'autres circonstances encore, lui permettront de livrer à la consommation dans de meilleures conditions que ses voisins. Ainsi, la division du travail s'étendra aux relations des Etats, au lieu de rester limitée à l'organisation industrielle de chaque Etat. Les hommes se sentiront, de la sorte, solidaires les uns des autres; et, étant obligés de compter les uns sur les autres pour se procurer tous les objets nécessaires à leur existence, ils seront naturellement portés à éviter tout prétexte de conflit et de guerre.

4° Ce n'est pas à dire cependant, comme on l'a prétendu, que l'on aboutirait à un monopole de fait au profit de chaque Etat, dans les diverses branches de l'industrie, en sorte que l'un serait, par exemple, exclusivement agricole, et l'autre exclusivement industriel. Il n'en serait ainsi que pour un petit nombre de produits que les habitants du pays ne pourraient continuer à produire qu'à trop grands frais. Mais pour ceux qu'ils peuvent fabriquer dans des conditions normales, ils pourront facilement soutenir la concurrence étrangère, puisqu'ils auront en moins la dépense du transport.

5° L'établissement de droits protecteurs sur les marchandises venant de l'étranger est destiné à élever le prix des produits de façon à permettre aux industriels indigènes de lutter contre les concurrents de l'extérieur. Ce droit est inique, parce qu'il lèse la masse des consommateurs, dans l'intérêt privé d'un petit nombre de producteurs.

6° On ajoute, enfin, qu'il est impossible de frapper ainsi des marchandises au profit d'une industrie sans porter en même temps atteinte aux intérêts d'une autre industrie. Si, dans l'intérêt de l'agriculture, on établit un droit sur telle matière première, on nuit à l'industrie qui se sert de cette matière première, en l'obligeant à la payer plus cher.

Système de la prohibition. — Le système de la prohibition consiste à fermer la frontière aux produits étrangers, de façon à réserver le marché intérieur à la production indigène.

Ce système présente des inconvénients considérables : en enlevant aux industriels l'aiguillon de la concurrence, il assure le triomphe de l'esprit de routine. De plus, en tarissant

la source des importations, elle amène, par voie de conséquence, la fin des exportations, puisque, nous l'avons vu, les
deux phénomènes sont dans un lien de dépendance absolue :
les importations commandent les exportations, et les exportations ne peuvent se produire sans des importations corres-
pondantes.

Système de la protection. — Le système de la protection
procède de la même idée, et poursuit le même but que celui
de la prohibition : mettre l'industrie nationale à l'abri de la
concurrence étrangère. Mais, au lieu de fermer purement et
simplement les portes aux marchandises des autres pays, il
se borne à assurer la supériorité aux produits indigènes, soit
par l'établissement de droits suffisamment élevés à l'entrée
des autres marchandises, soit par la distribution de primes
aux producteurs.

Supposons que le fabricant anglais puisse produire le coton
écru à 1 fr. 64 le kilogramme, alors que le fabricant français ne
peut le produire que pour une somme supérieure, 1 fr. 66 par
exemple. D'après le système protecteur, l'État pourrait faire
cesser l'infériorité dans laquelle se trouve le commerçant français, ou bien en frappant les cotons anglais à leur entrée en
France d'un droit de 2 centimes par kilogramme, ou bien en
accordant au Français qui le fabrique une prime de pareille
somme.

A l'appui de ce système on fait valoir les arguments suivants :

1° Le système du libre-échange, dit-on en premier lieu, ne
tend à rien moins qu'à sacrifier les États dont le développement industriel est peu avancé, au profit des États plus forts
et mieux outillés; ceux-ci pourront, au prix de sacrifices
momentanés, se rendre maîtres du marché intérieur et se
constituer ainsi, pour certaines branches du commerce, un
véritable monopole.

2° D'après la théorie libre-échangiste, chaque pays devrait
se livrer particulièrement aux industries qui ont le plus de
chance de se développer sur son territoire, et se désintéresser

des autres industries. L'application de cette doctrine exposerait un Etat à de graves dangers. Il y a des industries qu'on peut considérer comme *nécessaires*, pour chaque Etat, et comme devant avoir forcément leur siège sur son territoire, sous peine d'abdiquer son indépendance, de compromettre sa sécurité ou de priver ses habitants de travail.

Ces industries nécessaires sont, par exemple, celles qui touchent à la défense nationale : la fabrication des armes de guerre, la métallurgie, la marine. Ce sont aussi celles qui fournissent aux habitants les objets de consommation pour lesquels cet Etat ne pourrait, sans inconvénient, être tributaire de l'étranger, en cas de guerre ou de conflit. Enfin, dans l'intérêt de sa prospérité, un Etat peut très légitimement considérer comme indispensable de soutenir contre la concurrence étrangère une industrie qui occupe sur son territoire un nombre considérable d'ouvriers. En effet, si cette industrie était obligée de fermer ses ateliers, vaincue par la production étrangère, elle jetterait sur le pavé toute une armée de travailleurs qui ne pourraient trouver à s'employer dans une autre branche que très difficilement et après un nouvel apprentissage, quelquefois fort long.

3° D'ailleurs, est-il bien certain qu'il faille reconnaître à chaque pays une supériorité nécessaire, permanente et définitive dans chaque branche de la production ? Si tel pays produit telles marchandises dans de meilleures conditions que d'autres pays, au point de vue de la qualité et du bon marché, c'est uniquement, peut-être, parce que le travail y est mieux organisé, les ouvriers, exercés depuis longtemps, plus habiles, les moyens de transport et de crédit plus développés. Or, ce sont là des conditions qui peuvent s'acquérir à la longue, grâce à la protection de l'industrie nationale.

4° Peut-être aussi la cherté d'une marchandise fabriquée à l'intérieur d'un Etat est-elle la conséquence des impôts qui pèsent sur le travailleur et qui ont pour résultat de rendre la matière première plus chère et la main-d'œuvre plus exigeante. Dans ce cas, rien ne paraît plus juste que d'imposer les mêmes charges aux objets de même espèce venant de l'étranger, en les frappant, à leur entrée sur le territoire, de *droits compensateurs*. Il serait, en effet, assez étrange de faire un traitement plus favorable au producteur étranger qu'au producteur national.

5° On critique le système des droits protecteurs en disant qu'ils constituent une sorte d'impôt prélevé sur le consommateur, dans l'intérêt privé d'un certain nombre d'industriels. Cette objection n'est pas tout à fait exacte. Sans doute, les particuliers qui exercent l'industrie sur laquelle la loi étend sa protection tirent un profit des mesures dont il s'agit, et, d'autre part, on ne peut nier que l'établissement de droits protecteurs n'ait pour conséquence d'imposer un sacrifice au pays, en élevant le prix des marchandises. Mais ce n'est pas dans l'intérêt privé du producteur que les mesures sont prises, c'est dans l'intérêt général du pays, pour sauvegarder sa situation économique dans le monde. L'Etat s'impose de lourds sacrifices pour le développement de sa marine de guerre et de son armée : il est rationnel qu'il n'hésite pas à faire également des sacrifices pour maintenir sa puissance industrielle et commerciale.

6° Le principal argument du libre-échange peut être ainsi résumé : la liberté du commerce international amène le bon marché; la protection est, au contraire, la cause de la cherté des produits.

On peut répondre à cet argument en contestant tout d'abord que libre-échange soit toujours synonyme de bon marché. Nous avons vu, en effet, que la liberté du commerce peut amener la ruine d'une industrie locale et constituer au profit d'un pays un véritable monopole de fait, qui lui permettra de faire la loi sur le marché et de vendre ses produits comme il voudra.

Mais il y a mieux à répondre à cette objection. On peut dire que tout individu est à la fois consommateur et producteur, et producteur avant d'être consommateur. Il faut tout d'abord qu'il produise pour se procurer ensuite, avec ce qu'il aura produit, les objets dont il a besoin comme consommateur. Dès lors, s'il ne produit plus, étant ruiné par la concurrence étrangère, il n'aura plus rien à donner en échange des marchandises que l'étranger viendra lui offrir; et quelque minime que soit désormais le prix de ces marchandises, elles seront encore trop chères pour lui, puisqu'il n'aura pas produit cette somme, si infime soit-elle, qu'on lui demande comme équivalent de l'objet mis en vente.

Conclusion. — De tout ce qui précède que faut-il conclure?

Il paraît bien difficile de se prononcer d'une façon absolue soit pour l'un, soit pour l'autre système. Cela dépendra du moment et des circonstances.

Il est certain, par exemple, qu'une nation, à ses débuts dans l'industrie, aura besoin d'une protection sérieuse pour être défendue contre la concurrence des nations étrangères, sous peine de voir l'industrie étouffée dans son germe naissant. Au contraire, lorsque l'organisation industrielle sera parvenue à son complet développement, que les producteurs indigènes pourront lutter à armes égales contre leurs rivaux de l'extérieur, à partir de ce moment les mesures de protection ne devront être prises qu'avec une très grande prudence, et à titre exceptionnel, pour la défense d'une de ces industries qu'on peut considérer comme indispensables dans un État.

Histoire de la réglementation du commerce extérieur. — Si l'on remonte à l'époque où le commerce extérieur commence à apparaître, c'est-à-dire au XVIe siècle, et si l'on veut faire l'historique des règles qui lui ont été successivement appliquées, on peut déterminer cinq périodes distinctes pendant lesquelles tantôt c'est le libre-échange, tantôt c'est la protection qui l'a emporté.

1re période : du seizième au dix-huitième siècle. — Au XVIe siècle, nous l'avons vu, l'école mercantile pose en règle que la monnaie constitue la suprême richesse, et aboutit au système de la balance du commerce, dont nous avons montré la fausseté. Un État doit développer ses exportations et restreindre autant que possible ses importations : dès lors le régime protecteur doit être appliqué pour opposer une barrière aux envois de l'étranger.

Cette même conception servit de base à la politique de Colbert : il organisa la protection naissante par un ensemble de mesures savamment combinées : entrée libre accordée aux matières premières et aux denrées alimentaires; prohibition de la sortie des mêmes marchandises; droits d'entrée très élevés établis sur les objets manufacturés, et primes attribuées pour l'exportation des objets fabriqués en France.

En même temps, il établissait le *pacte colonial*, qui ne fut supprimé qu'en 1866, et qui fut une cause de ruine pour nos colonies. D'après cet acte, les colonies étaient obligées de faire tous leurs approvisionnements en France et de lui vendre tous leurs produits; de plus, le transport des marchandises entre les colonies et la métropole était réservé aux seuls navires français.

2e période : dix-huitième siècle, les physiocrates. — Vers la fin du xviii° siècle, la doctrine du libre-échange est défendue avec beaucoup d'ardeur par l'école des physiocrates, qui la résument pour la première fois dans cette formule saisissante : « Laissez faire, laissez passer. » En même temps, la politique du gouvernement français semble s'orienter dans un sens plus libéral.

3e période : depuis la Convention nationale jusqu'à 1860. — Mais la réforme fut de courte durée; le système restrictif reparut bientôt sous la Convention nationale, par suite de la lutte que la France eut à soutenir contre l'Angleterre. L'empire suivit la même politique et organisa le blocus continental, qui interdisait tout commerce entre l'Angleterre et le continent européen. La Restauration et la monarchie de Juillet adoptèrent la même ligne de conduite.

Cependant, un mouvement considérable d'opinion se produisait de l'autre côté de la Manche, avec Richard Cobden comme chef de parti, pour amener le triomphe des idées libérales. Après de longues années de lutte, il était parvenu à convertir à ses théories le premier ministre Robert Peel; et à partir de 1846 l'Angleterre était résolument entrée dans la voie du libre-échange, auquel elle est restée fidèle.

4e période : de 1860 à 1892. — Ce ne fut que bien plus

tard, en 1860, que le gouvernement français se laissa séduire à son tour par les doctrines nouvelles, défendues avec beaucoup d'habileté par l'économiste Bastiat. Bien qu'il eût contre lui la majorité du parlement, restée protectionniste, l'empereur, usant du droit que lui conférait la constitution, signa avec l'Angleterre, le 23 janvier 1860, un traité de commerce qui inaugurait le régime du libre-échange dans nos relations extérieures.

5ᵉ période : depuis 1892. — Ce régime a pris fin en 1892; depuis cette époque, les idées protectionnistes ont de nouveau repris le dessus, non seulement en France, mais encore en Europe et aux Etats-Unis. L'Angleterre reste seule attachée à la pratique du libre-échange[1].

---

1. La Belgique, la Hollande et les Etats scandinaves sont également restés fidèles au système du libre-échange. La France, l'Allemagne, l'Autriche, l'Italie et les Etats-Unis sont, au contraire, nettement protectionnistes.

QUESTIONNAIRE 30 sur la réglementation du commerce extérieur.

1. Qu'est-ce que le système du libre-échange ? — 2. Quelles raisons donne-t-on en faveur de ce système ? — 3. En quoi consiste le système de prohibition ? — 4. Quels en sont les inconvénients ? — 5. Qu'est-ce que le système de protection ? — 6. Quels arguments fait-on valoir en faveur de ce système ? — 7. Quelles critiques soulève-t-il ? — 8. Faites l'histoire de la réglementation du commerce extérieur.

RÉSUMÉ 30. — Réglementation du commerce extérieur.

I. Libre-échange. — Rejette toute intervention de l'Etat et toute entrave aux transactions entre les divers pays.

1. Le commerce international doit être libre comme le commerce intérieur.
2. La libre concurrence est le meilleur moyen de lutter contre la routine.
3. La division du travail s'étend à tous les pays.
4. On n'aboutirait pas à un monopole pour chaque Etat.
5. Un droit protecteur est inique, parce qu'il lèse les consommateurs.
6. En frappant une industrie, on nuit à toutes les autres.

II. Prohibition. — Ferme la frontière aux produits étrangers.

1. Triomphe de la routine.
2. Suppression des exportations.

III. Protection. — Assure la supériorité aux produits indigènes par l'établissement de droits élevés sur les marchandises étrangères et de primes aux producteurs indigènes.

1. Par le libre-échange, certains Etats se constitueront un monopole.
2. Certaines industries sont nécessaires à la sûreté de l'Etat.
3. Un travail bien protégé et mieux organisé peut lutter avantageusement contre la concurrence étrangère.
4. Un produit indigène est souvent d'un prix élevé à cause des impôts, d'où la nécessité de frapper les produits étrangers de *droits compensateurs*.
5. Les mesures protectrices sont prises dans un intérêt général.
6. Le libre-échange n'est pas toujours synonyme de bon marché ; avant d'être consommateur, on est producteur.

IV. Conclusion. — Une industrie naissante doit être protégée jusqu'au jour où son développement lui permet de lutter avantageusement avec une industrie similaire étrangère.

V. Historique.

1º Du XVIᵉ au XVIIIᵉ siècle. Ecole mercantile. Système protecteur rigoureux, *colbertisme*.
2º Au XVIIIᵉ siècle. Les physiocrates : libre-échange.
3º Sous la Révolution et jusqu'en 1860 : guerre de tarifs entre la France et l'Angleterre. Blocus.
4º De 1860 à 1892. Traité de commerce avec l'Angleterre : libre-échange (Bastiat et Cobden.
5º Depuis 1892, la France retourne aux idées protectionnistes. Loi du 11 janvier 1892 : tarif général.

Chapitre IV. — Des droits de douane.

Définition. — Les droits de douane sont des taxes perçues à l'entrée de certains produits sur le territoire d'un État.

Ils présentent un double caractère :

1° Ainsi que nous venons de le voir, ils servent de moyens de protection pour mettre l'industrie nationale à l'abri de la concurrence étrangère ;

2° Ils constituent des impôts indirects et procurent des revenus à l'État.

Tarifs de douane et traités de commerce. — On entend par tarif de douane le tableau des marchandises soumises au droit de douane, avec indication du droit auquel elles sont soumises.

Il y a deux espèces de tarifs : 1° le tarif général ; 2° le tarif conventionnel.

Le *tarif général* est celui qui est établi pour toutes les marchandises, de quelque provenance qu'elles soient. Il est établi par une loi et ne peut être modifié que par une autre loi.

Le *tarif conventionnel* est celui qui, par dérogation au tarif général, est établi à l'égard de certaines marchandises, provenant de certains pays, en vertu de traités de commerce passés avec ces pays par la France.

Ces traités de commerce ont pour but, par des concessions réciproques que se font les États contractants, d'amener un abaissement de la moyenne des droits d'entrée.

Une clause remarquable, toujours inscrite dans les traités de commerce, est la clause de la *nation la plus favorisée*, d'après laquelle chaque signataire du traité se fait reconnaître le droit de profiter des abaissements de tarifs que l'autre signataire pourrait dans la suite accorder à un autre État. Elle est de style dans tous les traités de commerce, parce qu'autrement, par des concessions plus avantageuses faites à un État concurrent, l'État signataire du traité pourrait se voir enlever indirectement le profit qu'il espérait retirer de ce traité.

Régime actuel de la France. — *Loi du 11 janvier 1892.* — Sous l'influence des idées protectionnistes, la France a dénoncé tous les traités de commerce qu'elle avait avec les États étrangers; et elle a établi une législation douanière nouvelle, à la date du 11 janvier 1892.

Cette loi contient un double tarif : un tarif maximum, qui forme le droit commun[1], et un tarif minimum, dont les droits sont plus réduits. Ce tarif minimum peut être accordé d'une façon unilatérale, en vertu d'un décret, à certains États qui font bénéficier les marchandises françaises d'avantages corrélatifs; il peut leur être concédé également à la suite d'un traité de commerce ; ce traité peut même contenir un tarif inférieur au-dessous du tarif minimum. Cela ne présente pas d'inconvénients, puisque de semblables traités doivent être ratifiés par les Chambres.

Loi du cadenas du 18 novembre 1897. — On entend par loi du cadenas une loi du 18 novembre 1897 qui autorise le gouvernement à percevoir, en vertu d'un simple décret, une nouvelle taxe ou une surtaxe qu'il propose d'établir sur certains produits venant de l'étranger (blé, viande, vin) dès l'instant où le projet de loi est déposé sur le bureau des Chambres, avec cette réserve que les droits ainsi perçus seront restitués aux ayants droit si la mesure proposée n'est pas votée par le parlement.

Cette loi est destinée à empêcher qu'une semblable mesure soit compromise par le fait des importateurs étrangers, qui se hâteraient de faire rentrer leurs marchandises en grandes quantités dans l'intervalle — souvent assez long — qui s'écoulerait entre le dépôt du projet de loi et le vote de la loi par le parlement.

Diverses espèces de droits de douane. — On peut distinguer : 1° les droits à l'importation, et 2° les droits à l'exportation des marchandises.

---

1. Ce tarif a frappé les objets manufacturés avec une majoration de 30 p. 100 par rapport aux droits qui résultaient des anciens traités de commerce. C'est par là que son caractère protectionniste est nettement apparu.

Il n'existe plus de droits à l'exportation.

On distingue en second lieu : les droits *spécifiques* et les droits *ad valorem*.

Les droits *spécifiques* sont ceux qui sont établis d'après le poids, le nombre ou la mesure de la marchandise, sans avoir égard à sa valeur.

Les droits *ad valorem* sont, au contraire, ceux qui sont établis d'après la valeur de la marchandise déclarée par les parties. Les droits *ad valorem*, pour éviter les déclarations frauduleuses, donnent lieu au droit pour l'État de retenir la marchandise au prix pour lequel elle a été déclarée : c'est ce qu'on appelle le droit de préemption.

Les droits *ad valorem*, en théorie, paraissent plus justes, parce qu'ils suivent toutes les fluctuations de prix de la marchandise et atteignent le produit suivant sa valeur; mais en pratique ils présentent de grands inconvénients, à cause des fraudes qu'ils rendent possibles, au détriment du Trésor et du commerce honnête, et des vérifications et des expertises qu'ils nécessitent en cas de contestation. Aussi le tarif général ne comporte-t-il pas de droits *ad valorem*.

Une catégorie de marchandises, les animaux, étaient taxés *à tant par tête*, d'après le tarif général du 7 mai 1881, suivant la classe dont ils font partie, sans égard à leur poids ni à leur valeur. La loi de 1892 a innové sur ce point et décidé que les bestiaux sont taxés au poids et non par tête, sauf pour les animaux de la race chevaline, mulassière et asine.

Exemptions des droits de douane. — Il y a exemption des droits de douane, au cas de transit, d'entrepôt et pour les matières premières réexportées.

Du transit. — On dit qu'il y a transit lorsqu'une marchandise ne fait que traverser le territoire français pour une destination étrangère. Les marchandises en transit échappent au payement des droits de douane, pourvu qu'elles soient transportées dans des wagons plombés. Cette exemption est destinée à favoriser les industries nationales des transports, et à les protéger contre la concurrence des transports étrangers.

De la faculté d'entrepôt. — C'est la faculté pour le commerçant d'éviter provisoirement de payer les droits de douane tant qu'il n'a pas vendu la marchandise en France, en la déposant dans des magasins dirigés par l'administration, ou dans ses propres magasins sous certaines garanties de contrôle; dans le premier cas, l'entrepôt est *réel* ; dans le second cas, l'entrepôt est *fictif*.

Si la marchandise n'est pas vendue en France, mais réexpédiée à l'étranger, elle ne paye aucun droit.

Matières premières réexportées. — Si nos industries d'exportation avaient à supporter des droits de douane sur les matières premières ou sur les produits à moitié ouvrés dont elles se servent, à leur entrée en France, elles auraient du mal à lutter dans les pays étrangers contre la concurrence des industries nationales, puisqu'en outre de ce droit d'entrée qu'elles auraient à payer en France, elles auraient encore à supporter dans les pays d'autres droits d'entrée sur leurs produits achevés. C'est pour parer à ce danger que l'on a imaginé le *drawback* et l'*admission temporaire*.

Le *drawback* est le système qui consiste à faire payer la matière première à l'importation et à restituer le droit perçu lorsque cette matière première est réexportée comme produit manufacturé. Ce système présente pour les industriels le grand inconvénient de leur imposer l'avance du droit de douane, ce qui exige d'eux la disposition d'un fonds de roulement considérable. Ce système n'est employé actuellement que pour les tissus de coton.

L'*admission temporaire* consiste dans la dispense pour le fabricant de payer les droits de douane, sous la condition de réexporter la matière première sous forme d'objet fabriqué, dans un certain délai. Passé ce délai, si la réexportation n'a pas eu lieu, les droits qui n'ont pas été acquittés doivent être versés au Trésor. Le fabricant prend à cet effet un engagement par un acte écrit qu'on appelle *acquit-à-caution*, qui est garanti soit par une caution, soit par le dépôt d'une somme d'argent.

L'admission temporaire est un système plus commode pour

le fabricant que le drawback, puisqu'il le dispense de faire l'avance des frais de douane. Ce système est notamment employé pour le blé et pour près de quarante autres produits. Mais on lui a reproché de favoriser la spéculation, par le trafic des acquits-à-caution, et de détruire l'effet des droits protecteurs établis en faveur de l'agriculture. C'est sous l'empire de ces idées que le régime de l'admission temporaire a été modifié, en ce qui concerne le blé, par la loi du 4 février 1902, qui lui a substitué un régime analogue au drawback[1].

Système des primes. — *Son but et ses avantages.* — Le système des primes est un moyen de protection de l'industrie nationale qui est préférable au système des droits de douane.

1° Au lieu de tendre à l'élévation des prix au détriment des consommateurs, comme l'établissement des droits de douane, il doit avoir pour résultat de contribuer à la bonne qualité et au bon marché des produits, lorsqu'il est établi dans des conditions propres à stimuler le producteur dans la voie du progrès.

2° Il ne soulève pas, en général, les mêmes conflits internationaux que les droits de douane, qui apparaissent toujours

1. D'après le décret du 9 août 1897, la réexportation pouvant avoir lieu librement par tous les bureaux de douanes, la spéculation suivante avait lieu : le minotier du Midi importait du blé en admission temporaire et le transformait en farine, qu'il vendait à l'intérieur; puis il transmettait son acquit-à-caution à un minotier exportateur du Nord, à charge de l'apurer, c'est-à-dire de le présenter au bureau de sortie de ses farines. Pour le service qu'il lui rendait ainsi, il se faisait payer un droit qui était inférieur au droit de douane, soit 3 fr. 50 ou 4 francs, au lieu de 7 francs. Il en résultait, en définitive, pour les minotiers du Midi un abaissement du droit de douane, qui avait sa répercussion sur le prix du blé à l'intérieur, et pour les minotiers du Nord, une véritable prime à l'exportation. La loi du 4 février 1902, pour mettre fin à de semblables spéculations, décide : 1° que le montant des droits de douane des blés étrangers présentés à l'admission temporaire devra être consigné au moment de l'importation; c'est donc bien le régime du *drawback*; 2° le remboursement de ces droits est subordonné à la condition qu'il y ait réexportation dans les deux mois des farines, semoules et sons, en quantité équivalente, par l'importateur lui-même; en sorte que le titre de perception est désormais incessible.

comme une machine de guerre dirigée contre les producteurs étrangers.

Ses applications en France. — Le système des primes a été appliqué en France sous trois formes :

1° La prime à la culture du lin, du chanvre, à l'élevage des vers à soie (loi du 13 janvier 1892).

2° La prime à la construction des navires et à l'armement maritime (loi du 7 avril 1902).

3° La prime à l'exportation sur les sucres. Cette prime a été supprimée par la France, l'Allemagne et l'Autriche à la suite de la convention de Bruxelles du 5 mars 1902. Cette prime avait pour résultat de faire vendre le sucre plus cher aux nationaux qu'aux étrangers.

QUESTIONNAIRE 31 sur les droits de douane.

1. Qu'appelle-t-on droits de douane? — 2. Quel est le double caractère qu'ils présentent? — 3. Qu'entend-on par tarif de douane? — 4. Qu'est-ce que le tarif général? — 5. Le tarif conventionnel? — 6. Que faut-il entendre par la clause de la nation la plus favorisée? — 7. Quel est le régime actuel de la France en matière de droits de douane? — 8. Qu'entend-on par la loi du cadenas? — 9. Combien y a-t-il d'espèces de droits de douane? — 10. Que sont les droits spécifiques? — 11. Les droits *ad valorem?* — 12. Dans quels cas y a-t-il exemption des droits de douane? — 13. Quand dit-on qu'il y a transit? — 14. Qu'est-ce que la faculté d'entrepôt? — 15. Qu'arrive-t-il quand les matières importées doivent être réexportées? — 16. Qu'est-ce que le système des primes? — 17. Quel en est le but? — 18. Quels en sont les avantages?

RÉSUMÉ 31. — Des droits de douane.

I. Droits de douane.	Sont des taxes perçues à l'importation de certains produits.	
	Double caractère.	1° Servent de moyen de protection. 2° Constituent des impôts indirects.
II. Tarif de douane.	1° *Général.*	Etabli pour toutes les marchandises, de quelque provenance qu'elles soient (loi du 11 janvier 1892).
	2° *Conventionnel.*	Etabli à l'égard de certaines marchandises provenant de certains pays, en vertu de traités de commerce contenant toujours la clause de la *nation la plus favorisée.*
III. Diverses espèces de droits de douane.	1° *A l'importation.* 2° *A l'exportation.*	
	3° *Spécifiques.*	Etabli d'après le poids, le nombre ou la mesure de la marchandise.
	4° *Ad valorem.*	Etabli d'après la valeur de la marchandise déclarée par les parties.
IV. Exemptions.	1° *Transit.*	Une marchandise ne fait que traverser le territoire français pour une destination étrangère.
	2° *Faculté d'entrepôt.*	Les marchandises sont déposées dans des magasins qui appartiennent : soit à l'administration (entrepôt réel), soit aux commerçants (entrepôt fictif).
	3° *Matières premières importées pour être réexportées.*	a. Admission *temporaire* : le fabricant doit fournir caution. b. Le *drawback* : le droit perçu à l'entrée est restitué à la sortie du produit manufacturé.
V. Système des primes.	1° Contribue à la bonne qualité et au bon marché des produits. 2° Ne soulève pas les mêmes conflits internationaux que les droits de douane.	

APPENDICE. — Les crises économiques.

Des crises économiques de surproduction. — *Définition*. Une crise économique est l'état de gêne et de malaise que subit un pays lorsqu'il y a rupture d'équilibre entre les forces économiques, en particulier entre la production et la consommation.

On a dit avec raison qu'elle était pour le corps social ce que la maladie est pour le corps humain, et, s'il faut en croire certains auteurs, elle se reproduirait d'une façon périodique tous les dix ans environ.

Diverses espèces de crises économiques. — On distingue trois espèces de crises économiques :

Les crises commerciales ou industrielles, qui résultent d'un excès ou d'un déficit dans la production ;

Les crises financières, qui tiennent à une raréfaction ou à une abondance très grande des capitaux ;

Les crises monétaires, qui se manifestent par l'abondance ou la rareté du numéraire.

Nous ne nous occupons en ce moment que des premières.

Causes générales des crises économiques. — Les crises économiques ont des causes nombreuses et variées :

1º Ce peuvent être des événements exceptionnels et particulièrement graves, tels qu'une guerre, une menace de guerre, une révolution intérieure ou une mauvaise récolte.

2º Ce peut être aussi un développement exagéré accordé au capital fixe, notamment par la construction trop considérable de lignes de chemins de fer, qui produit une rareté du capital circulant ; ou, au contraire, ce peut être une surabondance de capitaux circulants qui s'accumulent sans pouvoir trouver un emploi utile.

3º Enfin, et principalement, les crises économiques peuvent résulter d'un excès dans la production.

Dans le régime de la concurrence, le seul régulateur de la production est le prix des marchandises. C'est la seule boussole du producteur. Or, il peut se tromper dans ses calculs et produire plus que ne le comportent les besoins du marché.

Effets généraux des crises. — Les crises économiques produisent presque toujours les mêmes effets généraux.

Les transactions se ralentissent; le crédit se resserre; les banquiers élèvent le taux de leur escompte; enfin, les prix s'avilissent.

Chose remarquable! l'avilissement général du prix des marchandises ne se manifeste pas seulement lorsqu'il y a surproduction, mais aussi, ce qui paraît moins facile à comprendre au premier abord, quand un déficit a lieu dans une branche déterminée de l'industrie.

Cela s'explique cependant.

Supposons, en effet, qu'une mauvaise récolte se produise; les denrées alimentaires augmenteront de valeur. Le consommateur sera donc obligé d'affecter une plus grande part de ses ressources à l'acquisition de ces objets, dont il a besoin pour vivre. Les autres marchandises seront ainsi délaissées; pour les écouler, ceux qui les produisent devront les vendre avec perte.

Remèdes aux crises. — Les crises trouvent leur remède en elles-mêmes; le mal est guéri par le mal. Lorsque l'imprudence des producteurs a amené un excès dans la production, l'avilissement des prix détermine la faillite de ceux qui ont été les plus audacieux; il s'écoule un certain temps pendant lequel l'œuvre de la production est arrêtée, on vit sur le stock accumulé; puis, quand il est à peu près épuisé, l'équilibre entre l'offre et la demande se trouvant rétabli, le travail reprend, la confiance renaît, et la banque ouvre de nouveau ses guichets à l'escompte des billets.

Les ententes entre producteurs. Kartells et trusts. — En vue d'éviter les crises de surproduction et d'empêcher l'avilissement du prix des marchandises, des ententes se sont établies dans les principaux pays. Les formes de ces coalitions sont très variables : kartells, pools, consortium ou trusts. Les unes, comme les kartells, en Allemagne, consistent dans un simple engagement pris par les grands fabricants d'une marchandise déterminée de ne pas étendre leur production au delà d'une certaine quantité et de ne pas vendre au-dessous d'un certain prix; elles laissent à chaque fabricant son autonomie particulière.

Les autres, comme les trusts [1] américains, aboutissent à la fusion de toutes les entreprises particulières en une vaste association à laquelle les fabricants abandonnent la propriété de leurs entreprises, moyennant un certain nombre d'actions représentatives de leur valeur.

Ces coalitions ne peuvent s'appliquer qu'à des produits simples dont la consommation est universelle, et elles supposent l'existence d'entreprises déjà concentrées et peu nombreuses. Enfin, elles ne sont possibles que grâce à la protection des tarifs douaniers, qui écartent les concurrents du dehors, et grâce à la complicité des compagnies de chemins de fer, qui, en leur concédant des tarifs différentiels, leur permet de lutter victorieusement contre les concurrents de l'intérieur. Aux Etats-Unis se sont formés successivement des trusts pour le pétrole, pour le charbon, pour le cuivre, pour l'acier; récemment, des négociations ont été entamées en vue de l'établissement d'un trust de l'Océan, entre les différentes compagnies transatlantiques anglaises, américaines et allemandes.

Avantages des trusts. — Les trusts présentent les avantages suivants :

1° En régularisant la production, ils évitent les crises, et ils assurent aux ouvriers qu'ils emploient une certaine sécurité, en écartant les occasions de chômage;

2° Produisant en quantités énormes, ils peuvent produire à

---

1. Dans l'enquête faite aux Etats-Unis sur la question, voici la définition donnée du trust par M. James Lee, président de la *Pure Oil' C°* :

« Un trust est une société ou une combinaison de sociétés ayant pour but de créer et de conserver un monopole dans une industrie quelconque. » T. XIII, p. 668.)

très bon marché; et, quoique pourvus d'un monopole de fait, ils peuvent abaisser le prix des produits qu'ils vendent pour augmenter la consommation.

Inconvénients des trusts. — Les trusts présentent de graves inconvénients, qui ont déterminé les Etats-Unis à prendre contre eux des mesures répressives, dont la plupart sont d'ailleurs restées sans résultat appréciable.

1° Ces associations, disposent de moyens financiers qui peuvent être à un moment donné très redoutables pour le gouvernement du pays sur le territoire duquel ils sont constitués. Ce sont de véritables Etats dans l'Etat.

2° Ces associations, ayant un véritable monopole de fait, tiennent les consommateurs à leur merci, réglant à leur gré le prix des marchandises. Pour augmenter leur production, ils abaissent le prix des produits qu'ils vendent au dehors, mais ils font payer au consommateur national un prix de monopole.

QUESTIONNAIRE 32 sur les crises économiques.

1. Qu'est-ce qu'une crise économique ? — 2. Combien y a-t-il d'espèces de crises ? — 3. Quelles sont les causes générales des crises ? — 4. Quels en sont les effets généraux ? — 5. Quels sont les principaux remèdes aux crises ? — 6. Qu'entend-on en général par les expressions : kartells, pools, consortium et trusts ? — 7. Qu'entend-on par kartell en Allemagne ? — 8. Par trust eh Amérique ? — 9. Quels sont les avantages des trusts ? — 10. Quels en sont les inconvénients ?

RÉSUMÉ 32. — Des crises économiques.

I. Définition.
Etat de gêne et de malaise que subit un pays lorsqu'il y a rupture d'équilibre entre les forces économiques (production et consommation).
Trois espèces de crises.
1° Commerciales ou industrielles.
2° Financières.
3° Monétaires.

II. Causes.
1° La superproduction ou excès dans la production.
2° Développement trop grand du capital fixe ou surabondance de capitaux.
3° Evénements exceptionnels : guerre, disette, etc.

III. Effets.
1° Les transactions se ralentissent.
2° Le crédit se resserre.
3° Les banquiers élèvent le taux de l'escompte.
4° Les prix s'avilissent.

IV. Remèdes.
Le mal est guéri par le mal.
Les producteurs imprudents font faillite, et l'on vit quelque temps sur le stock accumulé.
L'équilibre se rétablit peu à peu.

V. Ententes entre producteurs.
Kartells (Allemagne).
Engagement pris par les grands fabricants d'une même marchandise de ne pas étendre leur production au delà d'une certaine quantité et de ne pas vendre au-dessous d'un certain prix.
Trusts (Amérique).
Société ou combinaison de sociétés ayant pour but de créer et de conserver un monopole dans une industrie quelconque.
Avantages et inconvénients.

QUATRIÈME PARTIE

CONSOMMATION DE LA RICHESSE

Des divers emplois qu'on peut faire d'une richesse. — Division de la quatrième partie. — L'homme peut employer la richesse qu'il a produite à trois usages bien différents :

1° Il peut la consommer pour la satisfaction d'un besoin personnel ;

2° Il peut la consommer pour produire d'autres richesses ;

3° Il peut, enfin, la tenir en réserve pour plus tard.

Consommations improductives, consommations reproductives et épargne, tels sont les divers emplois qu'on peut faire d'une richesse.

Nous consacrerons un chapitre spécial à chacune de ces questions.

CHAPITRE PREMIER. — **Des consommations improductives.**

Définition. — On entend par consommations improductives celles qui consistent dans l'emploi que l'homme fait d'une richesse pour la satisfaction d'un besoin personnel.

Par exemple, brûler du charbon l'hiver dans sa cheminée pour se garantir du froid, porter des vêtements qui s'usent à la longue, manger du pain ou d'autres aliments pour apaiser sa faim, etc.

Dans les sociétés avancées, où la monnaie est l'intermédiaire normal des échanges, c'est sous forme de *dépense* que ce genre de consommation se produit. L'homme emploie une certaine quantité de numéraire pour se procurer les objets qu'il destine à sa consommation personnelle.

Ces consommations sont dites *improductives*, parce qu'elles n'ont pas pour but et pour résultat la production de nouvelles richesses. C'est à cette espèce de consommation que l'on fait allusion lorsqu'on parle purement et simplement de la consommation.

Du rôle de la consommation en économie politique. Ses rapports avec la production et la circulation. — La consommation est le but final auquel tend tout le problème économique. C'est en vue de consommer, c'est-à-dire de satisfaire leurs besoins matériels, que les hommes produisent des richesses, que des arrangements sont établis entre eux pour leur distribution, et que des systèmes perfectionnés sont inventés pour en assurer la circulation.

En sorte qu'entre les divers phénomènes de production, de répartition, de circulation et de consommation, il existe un lien mystérieux qui les rattache les uns aux autres, comme les anneaux d'une même chaîne. La production est le point initial; la consommation, le point d'arrivée; la répartition et la circulation, les étapes intermédiaires.

Il est dès lors facile de comprendre combien la consommation agit puissamment sur la production de la richesse. Comme on ne produit que pour consommer, il est logique que la production se règle sur la consommation et que les deux phénomènes marchent d'un pas égal, dans un équilibre parfait. Si l'un d'eux se trouve en avance ou en retard sur l'autre, une crise éclate, ainsi que nous l'avons dit déjà.

Cependant, la production elle-même n'est pas, nous le savons, sans influence sur la consommation des richesses.

Ce n'est pas seulement la mesure des besoins qu'il éprouve qui forme la limite des consommations de l'homme ; c'est encore ses facultés d'acquérir et de se procurer ce dont il a besoin. Il suit de là qu'une production abondante peut développer la consommation, parce qu'elle rend le produit moins cher, tandis qu'une production restreinte, en élevant les prix, est de nature à limiter le nombre des consommations et l'importance de leur demande. Quant à la circulation, qui sert comme de trait d'union entre la production et la consommation, elle subit fatalement le contre-coup des circonstances qui influent l'une sur l'autre.

Mesure normale des consommations improductives. L'avarice et la prodigalité. — Ce serait une erreur de s'élever d'une façon systématique contre toute espèce de consommation de jouissance.

Le but de l'économie politique serait absolument manqué, si les efforts tentés par l'homme, les capitaux qu'il accumule et les inventions qu'il découvre ne devaient pas avoir pour résultat d'augmenter le bien-être général. Mais il y a une certaine règle à observer par l'homme à cet égard.

1° On doit approuver et encourager toutes les consommations ou toutes les dépenses qui tendent à faire vivre l'individu, à le maintenir en état de santé, ou à développer ses facultés physiques et intellectuelles.

2° On doit combattre toutes les consommations ou toutes les dépenses qui sont de nature à compromettre l'existence de l'individu, à altérer sa santé, ou à arrêter son développement physique et intellectuel.

3° On doit également blâmer la prodigalité.

De la prodigalité. — On entend par là le fait d'une personne qui dépense au delà de ses revenus et qui entame son capital par ses consommations de jouissance.

En agissant ainsi, le prodigue est exposé à être réduit à la misère, lui et sa famille. C'est pourquoi la loi civile intervient et organise des mesures de protection, en le déclarant incapable de faire certains actes sans l'assistance d'un conseil judiciaire [1].

L'économie politique doit être encore sur ce point d'accord avec le droit, pour considérer la prodigalité comme un vice funeste qu'il faut combattre. Il est vrai, a-t-on dit, que les sommes d'argent qu'il dépense ainsi pour des consommations

---

1. Voir sur ce point Foignet, *Manuel de droit civil* (A. Rousseau éditeur), I, p. 268.

improductives ne sont pas perdues ni détruites ; elles se retrouvent entre les mains des commerçants qui lui ont vendu les objets qu'il a consommés ; en sorte que la prodigalité aiderait très heureusement la production « en faisant aller le commerce ». Mais ce n'est là qu'une apparence trompeuse. Si, au lieu de dépenser cet argent, il l'avait prêté à un industriel, la production aurait été accrue par l'emploi de ce capital pour le profit commun. A cet égard, la prodigalité est le contre-pied absolu de l'épargne ; elle tend à la destruction des capitaux, tandis que l'épargne a pour résultat la formation et l'accroissement des capitaux. Les raisons qui font de l'épargne une qualité précieuse chez un individu et chez un peuple, doivent nous amener, nécessairement, à ne pas approuver la prodigalité [1].

Cette vérité a été mise en relief d'une façon très claire par Bastiat, dans un petit pamphlet intitulé *la Vitre cassée*. Il suppose qu'un enfant casse une vitre et se demande s'il y a là un bien ou un mal au point de vue économique. Ce qu'on voit, dit-il en substance, c'est que, cette vitre étant cassée, l'industrie des vitriers va se trouver encouragée dans la mesure de six francs, valeur de la vitre cassée. Mais ce qu'on ne voit pas, c'est que, la vitre étant cassée, son propriétaire obligé de la faire réparer, ne pourra pas dépenser pareille somme pour remplacer ses chaussures éculées ; en sorte que l'industrie cordonnière va se trouver lésée de pareille somme de six francs. L'ensemble du travail national n'est donc pas intéressé à ce que les vitres se cassent ou ne se cassent pas. En ce qui concerne Jacques Bonhomme, sa vitre étant cassée, il dépense six francs pour la faire réparer ; il n'a ni plus ni moins que la jouissance d'une vitre ; tandis que si la vitre n'était pas cassée, il aurait pu dépenser ses six francs à acheter une paire de chaussures et aurait eu la jouissance d'une vitre et d'une paire de souliers. Et « comme Jacques Bonhomme fait partie de la société, il faut conclure de là que,

---

1. Dans ce sens, Beauregard, *op. cit.*, p. 289. En sens contraire, Cauwès, *op. cit.*, n° 415.

considérée dans son ensemble et toute balance faite de ses travaux et de ses jouissances, elle a perdu la valeur de la vitre cassée [1] ».

Du luxe. — Le luxe ne doit pas être confondu avec la prodigalité ; la prodigalité implique évidemment le luxe, mais il peut y avoir luxe sans prodigalité. C'est ce qui se produit lorsqu'une personne fait des *dépenses de luxe* sans entamer son capital dans les limites de ses revenus. Il n'est pas facile de définir ce qu'il faut entendre par *dépenses de luxe*. On peut dire que ce sont des dépenses qui ne tendent pas à la satisfaction pure et simple d'un besoin, mais qui impliquent une certaine recherche, un certain raffinement dans l'assouvissement du désir qu'on éprouve.

Doit-on blâmer le luxe, comme la prodigalité ? Les économistes ne sont pas tous d'accord sur cette question. D'après quelques-uns, le luxe serait un mal au point de vue économique, parce qu'il a pour conséquence d'employer des capitaux et d'utiliser des bras pour produire des choses qui ne devront profiter qu'à un petit nombre de privilégié. Ces capitaux et ces bras seraient mieux employés s'ils servaient à produire en plus grande quantité, et par conséquent à meilleur marché pour le plus grand bien de la masse des consommateurs, les objets indispensables à l'existence. L'opinion générale est, au contraire, favorable au luxe.

Si l'industrie avait à satisfaire purement et simplement aux besoins de première nécessité des hommes, la production se trouverait forcément limitée par son objet même, et il y aurait une grande quantité de capitaux inemployés et de bras inoccupés. Au contraire, grâce au luxe, un plus grand nombre d'industries se forment, et dans chacune d'elles la variété des produits est infinie, pour répondre à la demande des consommateurs. Les capitaux et le travail trouvent des emplois à la fois plus nombreux et plus appropriés au goût du producteur.

<hr>

1. Bastiat, *Pamphlets*, V, p. 337.

Il faut ajouter que le luxe est l'agent le plus important du progrès dans le bien-être des individus.

Tout produit nouveau, ne répondant pas à un besoin déjà ressenti, apparaît tout d'abord comme un objet de luxe; il est fabriqué à grands frais et coûte cher; un petit nombre de consommateurs, les plus fortunés, peuvent l'acheter. Mais au bout d'un certain temps, grâce aux progrès réalisés par la main-d'œuvre, le produit se vend meilleur marché, et son usage se généralise. C'est ainsi que les chemises que nous portons aujourd'hui, et qui sont considérées comme objets de première nécessité, ont été, au début, des objets de luxe.

Chapitre II. — Des consommations reproductives.

Définition. — On entend par consommations *reproductives ou industrielles* celles qui consistent dans l'emploi d'une richesse à la production d'une autre richesse : brûler du charbon pour faire marcher une machine, semer du blé au lieu de l'absorber sous forme de pain ou de gâteaux, etc.

Dans les sociétés avancées où l'usage de la monnaie est général, la richesse se trouve accumulée sous forme de numéraire; c'est sous cette forme aussi que les consommations reproductives ont lieu. On dit que celui qui affecte telle somme déterminée à une branche quelconque de l'industrie effectue un *placement*. Un placement peut avoir lieu sous deux formes différentes :

Ou bien en se mettant en personne à la tête d'une entreprise, dans laquelle on engage tout ou partie de ses capitaux ;

Ou bien en confiant les sommes qu'on veut utiliser à des personnes plus capables d'en tirer parti, et qui payeront un intérêt ou abandonneront une part du bénéfice. Ce dernier genre de placement a lieu soit sous forme de dépôt chez un banquier, qui, nous l'avons vu, est l'intermédiaire naturel entre les capitalistes et les producteurs ; soit sous forme de souscriptions d'actions ou d'obligations à une société anonyme ou en commandite.

Nous n'insistons pas sur ce mode d'emploi des capitaux; il intéresse plus la production que la consommation.

QUESTIONNAIRE 33 sur les consommations improductives et les consommations reproductives.

1. A quels usages l'homme peut-il employer la richesse? — 2. Qu'appelle-t-on consommations improductives? — 3. Quel est le rôle de la consommation en économie politique? — 4. Quels sont ses rapports avec la production et la circulation? — 5. Quelle est la mesure normale des consommations improductives? — 6. Qu'entend-on par prodigalité? — 7. Qu'est-ce que le luxe? — 8. Qu'appelle-t-on dépenses de luxe? — 9. Doit-on blâmer ou approuver le luxe? — 10. Qu'entend-on par consommations reproductives?

RÉSUMÉ 33. — **Des consommations improductives et des consommation reproductives.**

I. Définition des premières.
) Celles que l'homme emploie pour la satisfaction d'un besoin personnel.
Ex. : brûler du charbon pour se chauffer.

II. Rapports de la consommation avec

La production. (Elles influent réciproquement l'une sur l'autre et doivent être en équilibre.

La circulation. (Qui sert de trait d'union entre la production et la consommation.

III. Mesure normale des consommations improductives.

1° *Règles.*
  a. Il faut approuver les consommations qui améliorent le bien-être de l'homme.
  b. On doit combattre toutes celles qui nuisent à la santé ou au développement physique et intellectuel de l'homme.
  c. On doit blâmer la *prodigalité* comme l'*avarice*.

2° *De la prodigalité.*
  Le prodigue est celui qui dépense au delà de ses revenus.
  Il consomme des capitaux qui auraient pu servir à la production.

3° *Du luxe.*
  a. Les dépenses de *luxe* ne tendent pas à la satisfaction pure et simple d'un besoin.
  b. Le luxe favorise un grand nombre d'industries.
  c. Il est souvent un agent important du progrès de la civilisation.
      Ex. : les chemises.

IV. C. reproductives ou industrielles.
(Celles qui consistent dans l'emploi d'une richesse à la production d'une autre richesse.
    Ex. : semer du blé, placer de l'argent.

CHAPITRE III. — De l'épargne.

Définition. — L'épargne est l'acte par lequel une personne ne consomme pas toute la richesse qu'elle a produite immédiatement, mais en tient une certaine portion en réserve, en vue de l'avenir.

Elle consiste dans un simple fait d'abstention ou, si l'on préfère, d'abstinence.

L'épargne ne doit pas être confondue avec l'emploi qui peut être donné à la somme épargnée : thésaurisation ou placement. Epargner, c'est mettre de côté une certaine richesse, l'économiser; thésauriser, c'est laisser cette richesse épargnée sans emploi, en l'entassant dans son coffre-fort sous forme de lingots, de billets de banque ou de pièces de monnaie; placer, c'est, comme nous le disions tout à l'heure, donner à une richesse un emploi productif. L'épargne est l'acte initial qui permet à la richesse de s'accumuler; la thésaurisation et le placement constituent la destination que l'on réserve à cette richesse.

Sources de l'épargne : la prévoyance. — L'épargne tire sa source principale de l'esprit de prévoyance. On entend par là ce sentiment que la plupart des hommes éprouvent de se réserver des ressources dans la crainte des événements malheureux qui peuvent les mettre dans l'impossibilité de gagner pour vivre et faire vivre leur famille : la maladie, le chômage, les accidents, la mort.

L'individu qui épargne s'impose une privation, un sacrifice; il limite ses jouissances et son bien-être actuel en vue de la satisfaction des besoins du lendemain. L'homme qui a produit une richesse se trouve ainsi partagé entre deux sentiments opposés : d'une part, l'attrait d'une jouissance immédiate qui le pousse à consommer cette richesse entièrement; d'autre part, la préoccupation de l'avenir, qui le détermine à limiter son appétit, à ne consommer que le strict nécessaire, et à conserver le reste pour le jour où il ne pourra plus produire. Pour que la balance penche du côté de l'épargne, il faut que l'esprit de prévoyance l'emporte sur le désir des satisfactions immédiates.

Utilité de l'épargne.

— Si la prodigalité est un vice qui doit être combattu, l'épargne est, au contraire, une vertu qui doit être approuvée et encouragée.

Au point de vue individuel, elle met la famille à l'abri du besoin, dans le cas où le malheur vient la frapper dans la personne de son chef; en outre, elle est le secret de la prospérité dans les familles, et elle permet à un individu parti de très bas de s'élever aux plus hautes situations sociales. La petite épargne que le père aura amassée et qu'il aura transmise à son fils permettra à celui-ci de s'instruire et d'apprendre un métier. Le père était simple manœuvre, le fils sera ouvrier, peintre ou maître maçon; le fils transmettra à son tour à ses propres enfants l'épargne reçue du père, après l'avoir accrue par son travail personnel; ses enfants seront entrepreneurs, banquiers, ou s'adonneront à une carrière libérale et seront avocats, professeurs ou magistrats.

Au point de vue social, le rôle de l'épargne n'est pas moins considérable. C'est elle, en effet, nous le savons[1], qui forme, qui accroît et qui conserve le capital. Sans cette masse de richesses qu'elle tient en réserve, et qui se transmet de génération en génération, en s'augmentant toujours, sous forme de capitaux, la production serait nécessairement limitée, et le progrès industriel à peu près nul.

Des caisses d'épargne.

— On entend par caisses d'épargne des banques d'une espèce particulière, organisées d'après certaines règles déterminées, dans le but de faciliter l'épargne.

Ces banques rendent l'épargne plus facile, en recevant les sommes les plus minimes, en les gardant pour mettre le déposant à l'abri de la tentation qu'il pourrait avoir de les

---

1. Voir *supra*, page 55.

dépenser, s'il les conservait entre ses mains, et en servant un petit intérêt pour chaque somme déposée.

Historique des caisses d'épargne. — C'est en France que la première idée des caisses d'épargne fut émise; mais il fallut qu'elle fût pratiquée avec succès en Angleterre pour que nos banquiers en fissent à leur tour l'expérience, vers 1818. Tout d'abord, les caisses d'épargne furent des banques privées, librement constituées, sans l'intervention de l'Etat, et s'administrant conformément à des statuts qu'elles établissaient elles-mêmes. Le fonctionnement de ces caisses d'épargne était très difficile à assurer. Elles ne pouvaient, en effet, trouver des placements avantageux aux sommes d'argent qui leur étaient confiées, parce qu'elles étaient obligées de s'en réserver la libre disposition, pour faire face aux demandes de remboursement auxquelles elles étaient exposées à tout instant, et cependant elles devaient verser un intérêt aux déposants. Dans cette situation, les directeurs des caisses d'épargne demandèrent à l'Etat de leur venir en aide, en leur facilitant le placement de leurs capitaux. L'Etat y consentit, en subordonnant son intervention à certaines conditions. D'après la loi du 5 juin 1835, les caisses d'épargne purent, en recevant un intérêt de 4 p. 100, verser leurs capitaux à la Caisse des dépôts et consignations, caisse dépendant de l'Etat; mais, en échange de cette faveur, elles perdirent une partie de leur indépendance. Désormais, elles durent obtenir l'autorisation du gouvernement pour se constituer, et elles furent soumises, quant à leur fonctionnement, à des règles particulières. Cette réforme fut insuffisante encore pour donner aux caisses d'épargne françaises le développement que cette institution réalisait dans les pays voisins.

En 1881, l'intervention de l'Etat se manifesta d'une façon plus énergique. Suivant encore une fois l'exemple de l'Angleterre, la France organisa, par la loi du 9 avril 1881, une Caisse nationale postale d'épargne à côté des caisses d'épargne privées. Cette loi a été modifiée sur plusieurs points par la loi du 20 juillet 1895.

Organisation actuelle. — Les caisses d'épargne, la Caisse

nationale, comme les caisses d'épargne privées, sont soumises à un certain nombre de règles communes, dont les principales sont les suivantes :

1° Le montant des dépôts ne peut pas être inférieur à 1 franc, ni supérieur à 1,500 francs[1]. — Pour faciliter encore davantage l'épargne aux petites bourses, la Caisse nationale délivre gratuitement à tout requérant un *bulletin d'épargne,* sur lequel il peut coller des timbres ; lorsqu'il a ainsi parfait la somme de 1 franc, il peut présenter ce bulletin à la caisse d'épargne, qui le reçoit comme une pièce de 1 franc.

2° La *clause de sauvegarde* met les caisses d'épargne à l'abri des demandes de remboursement qui pourraient se produire pour des sommes très élevées, à des époques de crise. En vertu de cette clause, les caisses d'épargne ont le droit de n'opérer les remboursements que quinze jours après la demande ; le gouvernement peut même les autoriser, par un décret en conseil d'Etat, à rembourser les sommes déposées par fractions de cinquante francs et par quinzaine.

3° Les sommes déposées dans les caisses d'épargne sont toutes versées à la Caisse des dépôts et consignations. Elles sont employées : 1° en valeurs de l'Etat ou jouissant d'une garantie de l'Etat ; 2° en obligations entièrement libérées des départements, des communes, des chambres de commerce ou du Crédit foncier. Les sommes non employées sont placées en *compte courant* au Trésor ou déposées à la Banque. Cependant la partie déposée en compte courant au Trésor ne peut dépasser 100,000,000 de francs.

4° Chaque caisse d'épargne privée doit avoir un fonds de réserve et de garantie sur lequel sont imputées toutes les pertes résultant de sa gestion, et qui constitue sa fortune personnelle.

Elle est autorisée à employer cette fortune personnelle en valeurs d'Etat, en obligations foncières et communales, et

---

1. Cependant les sociétés de secours mutuels sont admises *de droit* à avoir des comptes de 15,000 fr. Les sociétés de coopération et de bienfaisance peuvent jouir de la même faveur après *autorisation* du ministre du commerce.

même, dans une certaine mesure, en prêts aux sociétés coopératives de crédit, en acquisition ou construction d'habitations à bon marché.

5° Toute personne — même un mineur non émancipé, sans l'assistance de ses père et mère ou de son tuteur, et une femme mariée sans l'autorisation de son mari — peut déposer de l'argent dans les caisses d'épargne et se faire délivrer un livret en son nom[1].

6° Enfin, toutes les caisses d'épargne servent un intérêt aux déposants : cet intérêt, qui était tout d'abord de 3 à 3 et demi p. 100, a été successivement abaissé, et est actuellement de 2,75 p. 100.

Réformes réalisées par la loi du 20 juillet 1895. — On avait adressé deux critiques principales à l'organisation des caisses d'épargne en France :

1° Tout d'abord, on avait trouvé mauvais le versement au Trésor des sommes déposées, parce que, disait-on, l'Etat avait ainsi un moyen trop facile de trouver des ressources pour des opérations inutiles ou hasardeuses; parce que, d'autre part, l'Etat assumait une lourde responsabilité, pour les remboursements à effectuer aux déposants; enfin parce que l'intérêt que l'Etat servait aux caisses d'épargne était trop élevé (4 p. 100).

2° On ajoutait que le meilleur usage qui pourrait être fait des fonds des caisses d'épargne serait de les confier à des industriels, à de petits artisans, ou de les prêter à des sociétés de crédit populaire pour en assurer le développement en France.

La loi du 20 juillet 1895 a tenu compte de ces vœux et réalisé, dans cet ordre d'idées, des réformes importantes, bien qu'un peu timides encore.

C'est ainsi, nous l'avons vu, que le compte courant que les caisses d'épargne privées ont avec le Trésor ne peut pas excé-

---

1. Ce livret peut être remboursé directement au titulaire à partir de 'âge de seize ans (loi du 9 avril 1881).

der 100,000,000 de francs, que l'intérêt à servir par l'Etat sera désormais établi en tenant compte du revenu des valeurs du portefeuille; enfin, que les caisses d'épargne ont maintenant la liberté d'utiliser une partie de leurs ressources à des œuvres industrielles[1].

Autres institutions de prévoyance. — Les caisses d'épargne ne sont pas les seules institutions inspirées par la préoccupation de l'avenir; il faut mettre à côté l'assurance et les *sociétés de secours mutuels*.

Du contrat d'assurance. — L'assurance est un contrat par lequel une personne se fait promettre une indemnité pour le dommage qui peut résulter pour elle d'un événement déterminé. Elle apparaît alors sous deux formes différentes : l'*assurance à prime* et l'*assurance mutuelle*.

L'assurance est à prime lorsque l'assuré s'oblige à payer annuellement à l'assureur une somme fixée dans la police d'assurance d'une façon invariable. L'assureur supporte tous les risques et recueille tous les bénéfices de l'opération. L'assurance mutuelle est une sorte d'association formée entre un certain nombre de personnes qui s'engagent à supporter en commun les risques dont elles sont menacées. Les pertes et les bénéfices de l'opération sont partagés entre les associés.

Les événements en vue desquels l'assurance est contractée peuvent être multiples : le naufrage d'un navire ou la perte de sa cargaison, l'incendie d'une maison, la perte d'une récolte par l'effet de la grêle ou de l'orage, l'incapacité de travail résultant de la vieillesse, de la maladie ou d'un accident, et enfin la mort d'une personne.

Assurance sur la vie. — Cette dernière forme d'assurance, connue sous le nom d'assurance sur la vie, est de beaucoup la plus intéressante. Elle présente une variété infinie de combinaisons. La plus usuelle est la suivante : un individu se

---

1. Cette loi a institué une commission supérieure de vingt membres, qui se réunit au moins une fois l'an pour donner son avis sur les questions concernant les caisses d'épargne.

fait promettre par une compagnie d'assurance un capital déterminé qui devra être versé à sa mort entre les mains de ses enfants; il s'oblige en échange à payer une somme annuelle à titre de prime.

Ainsi pratiquée, l'assurance sur la vie offre des avantages économiques considérables :

1º Elle force la personne assurée à épargner, pour faire face au payement régulier de la prime; à cet égard, elle apparaît comme étant le complément et l'auxiliaire de l'épargne.

2º Elle met la famille de l'assuré à l'abri du besoin, dans le cas où son chef vient à disparaître brusquement, frappé par une mort prématurée. C'est surtout contre ce risque que l'assurance sur la vie offre un secours précieux qu'on demanderait vainement à l'épargne pure et simple.

Sociétés de secours mutuels. — Les sociétés de secours mutuels rendent des services aussi appréciables, quoique plus modestes, que les assurances sur la vie. Formées entre personnes exerçant une même profession ou des professions similaires, elles assurent à chacun de leurs membres, moyennant une cotisation mensuelle très minime, les soins médicaux en cas de maladie, une sépulture convenable en cas de mort, et même un secours à la famille si elle se trouve dans le besoin. Ces sociétés sont de nature à venir utilement en aide à la classe ouvrière. Il est regrettable que leur développement soit peu considérable en France. Elles ont prospéré davantage en Angleterre, mais il faut espérer que la loi du 31 mars 1898, qui a réalisé d'importantes réformes, donnera un nouvel essor aux sociétés de secours mutuels de notre pays.

QUESTIONNAIRE 3½ sur l'épargne.

1. Qu'est-ce que l'épargne? — 2. Quelle est la principale source de l'épargne? — 3. Quelle est l'utilité de l'épargne? — 4. Qu'entend-on par caisses d'épargne? — 5. Faites l'historique des caisses d'épargne. — 6. Quelle en est l'organisation actuelle? — 7. Qu'est-ce que le bulletin d'épargne? — 8. Qu'entend-on par clause de sauvegarde? — 9. Où sont déposées les sommes versées aux caisses d'épargne? — 10. Qui peut déposer de l'argent à la caisse d'épargne? — 11. Quelles sont les réformes réalisées par la loi du 20 juillet 1895? — 12. N'y a-t-il pas d'autres institutions de prévoyance? — 13. Qu'est-ce que le contrat d'assurance? — 14. En quoi consiste l'assurance sur la vie? — 15. Quel rôle peuvent jouer les sociétés de secours mutuels?

RÉSUMÉ 34. — De l'épargne.

I. Définiti..n. { Acte par lequel une personne, au lieu de consommer toute la richesse produite par elle, tient, en vue de l'avenir, une partie de cette richesse en réserve.

II. Source principale. } *Prévoyance.* { Sentiment qui pousse l'homme à se réserver des ressources pour les jours malheureux.
Sentiment opposé : le désir de jouissance.

III. Son utilité au point de vue :
- 1° *Individuel.* { a. Met la famille à l'abri du besoin si le chef vient à manquer.
  b. Contribue puissamment à la prospérité des familles.
- 2° *Social.* { a. Forme }
  b. Accroit } le capital
  c. Conserve }

- 1° *Définition.* { Banques d'une espèce particulière ayant pour but de faciliter l'épargne.
- 2° *Historique.* { D'abord indépendantes, puis intervention de l'Etat. Lois des 5 juin 1835, 9 avril 1881 et 20 juillet 1895.

IV. Des caisses d'épargne.
3° Règles principales.
- a. Le montant des dépôts ne peut être inférieur à 1 fr., ni supérieur à 1,500 francs.
- b. *Clause de sauvegarde* en cas de crise : les remboursements ne se font que 15 jours après la demande et par 50 francs.
- c. Les sommes versées à la Caisse des dépôts et consignations.
- d. Chaque caisse privée doit avoir un fonds de réserve et de garantie.
- e. Le mineur et la femme mariée peuvent retirer un livret en leur nom.
- f. L'intérêt est de 2,75 p. 100.

V. Du contrat d'assurance. { Contrat par lequel une personne se fait promettre une indemnité en raison du dommage qui peut résulter pour elle d'un événement déterminé.
Deux formes. { a. A prime. Ex. : assurance sur la vie. Avantages économiques.
b. *Mutuelle.* Association de personnes.

VI. Des sociétés de secours mutuels.
{ Cotisation mensuelle très minime.
Soins médicaux et secours aux familles.
Sépulture convenable et digne.
Il faut regretter leur peu de développement en France.

CINQUIÈME PARTIE

DU ROLE DE L'ÉTAT EN MATIÈRE ÉCONOMIQUE, FINANCIÈRE, COLONIALE

Division de la cinquième partie. — La cinquième partie comprendra trois sections :

Ire section. Du rôle de l'Etat dans le domaine économique.

IIe section. Du rôle de l'Etat en matière financière.

IIIe section. Du rôle de l'Etat en matière coloniale.

PREMIÈRE SECTION. — Du rôle de l'État dans le domaine économique.

Division de la section. — Nous consacrerons deux chapitres à cette matière :

Chapitre premier. — Etude théorique du rôle de l'Etat.

Chapitre II. — Des principaux modes d'intervention de l'Etat dans l'ordre économique.

CHAPITRE PREMIER. — Étude théorique du rôle de l'État dans l'ordre économique.

Les trois systèmes en présence. — La question du rôle de l'Etat dans l'ordre économique a donné naissance à deux systèmes absolument opposés : l'individualisme et le socialisme, et à un système mixte : l'interventionnisme.

Individualisme. — L'individualisme a ses principaux défenseurs dans l'école anglaise : l'un de ses plus illustres partisans est Herbert Spencer. D'après cette doctrine, le rôle de l'Etat se bornerait à l'administration de la justice, et au maintion du bon ordre et de la sécurité au dehors et au dedans. La politique du gouvernement devrait se résumer dans la célèbre formule : « Laissez faire, laissez passer. » C'est de l'initiative individuelle, dégagée de toute entrave et de toute protection gênante, que l'on peut attendre le développement des forces économiques d'un pays. La puissance publique ne doit intervenir que pour sauvegarder la liberté sous ses différentes formes, prévenir les désordres et trancher les conflits qui peuvent surgir. Dans cette conception, l'Etat serait simplement un Etat-gendarme.

Objections contre l'individualisme. — La doctrine individualiste est trop absolue ; elle présente des exagérations qui doivent la faire écarter :

1° L'initiative individuelle, guidée par le sentiment de l'intérêt personnel, est évidemment un puissant élément de progrès, et on ne peut méconnaître la part considérable qui lui revient dans le développement du commerce, de l'industrie et de l'agriculture. Mais, livré à lui seul, l'individu n'aurait pas suffi à pourvoir à tous les besoins d'intérêt collectif : constructions de routes, reboisement des montagnes, création et fonctionnement d'écoles d'enseignement professionnel ou scientifique, etc. Pour toutes ces œuvres indispensables, qu'un particulier n'aurait pas intérêt immédiat à fonder et faire fonctionner, on est obligé de compter sur l'Etat.

2° La doctrine individualiste semble considérer que l'industrie relève exclusivement de l'intérêt privé. C'est là une erreur : l'Etat est aussi intéressé au développement des forces économiques du pays, qu'au maintien et au développement de ses forces matérielles. Il est dès lors tout naturel qu'il intervienne dans une certaine mesure au point de vue économique, pour prêter le concours de la puissance publique à l'initiative privée, en stimulant la production, en l'éclairant de ses renseignements et de ses conseils autorisés, en encourageant les innovations utiles et en répandant les connaissances pratiques.

3° On peut enfin reprocher au système individualiste une

équivoque : elle considère toute intervention de l'Etat dans le domaine économique comme un mal, parce qu'elle lui semble de nature à porter atteinte au régime de la liberté politique. Cette appréhension n'est nullement fondée. Ce n'est pas à la réglementation plus ou moins développée, à l'intervention plus ou moins fréquente de l'Etat dans les questions industrielles, que l'on peut juger du degré de liberté dont un pays est doté dans son organisation politique : c'est à la participation des citoyens au maniement des affaires. On a éclairé cette explication théorique d'une façon saisissante, par un exemple pratique, en comparant la situation de l'Angleterre et celle de la Russie. En Angleterre, l'Etat a des attributions très complexes, son action s'étend à une foule d'objets qui ont donné lieu à des actes nombreux du parlement. En Russie, au contraire, la réglementation industrielle est tout à fait rudimentaire. Et cependant il n'est pas de régime politique plus despotique qu'en Russie, ni plus libéral qu'en Angleterre[1].

Socialisme. — En opposition avec la doctrine individualiste, qui tend à exclure toute intervention de l'Etat dans le domaine économique, la théorie socialiste voudrait, au contraire, que les individus abdiquassent toute initiative et toute action personnelle entre les mains de l'Etat, qui serait à la fois l'*Etat-producteur*, chargé de diriger dans tous ses détails le travail industriel, et l'*Etat-providence*, chargé d'assurer le bonheur de tout le monde.

Objection contre le socialisme. — Nous avons assez longuement étudié plus haut les solutions socialistes et exposé les critiques qu'elles soulèvent, pour n'avoir pas à y revenir encore. Il nous suffit de renvoyer à nos explications précédentes[2].

L'interventionnisme et les véritables attributions de l'Etat. — La vérité sur le rôle de l'Etat en matière économique

1. Cauwès, *op. cit.*, n° 116.
2. Voir page 160.

se trouve dans un système intermédiaire, l'interventionnisme, qui reconnaît à l'Etat une place considérable au point de vue économique, tout en sauvegardant les droits imprescriptibles de l'individu.

On peut diviser ses attributions en deux catégories :

a) Attributions essentielles ;

b) Attributions facultatives.

a) *Attributions essentielles de l'Etat*. — L'Etat a pour attribution essentielle d'assurer le maintien de l'ordre et de la sécurité.

Cette attribution entraîne l'organisation, au sein de toute société régulièrement constituée, d'un gouvernement central et d'administrations locales, d'un personnel judiciaire, d'une police préventive et d'une police répressive.

C'est en raison de cette attribution que l'Etat prend des mesures réglementaires sur la police du travail, en déterminant les conditions d'âge et de durée en ce qui concerne les femmes et les enfants employés dans les manufactures, sur le fonctionnement des ateliers insalubres, dangereux et incommodes, etc.

C'est dans le même esprit que l'Etat est appelé à s'occuper d'assurer la liberté des transactions et leur fidèle exécution, d'organiser tout un système de protection pour les incapables, de mettre obstacle aux excès de la spéculation, par des règles sagement combinées sur le jeu, sur les opérations de bourse, sur la formation et le fonctionnement des sociétés commerciales.

b) *Attributions facultatives*. — A côté des attributions que nous venons d'assigner à l'Etat et qui sont dites essentielles, parce que la notion de l'Etat ne peut se concevoir sans elles, il en existe d'autres, d'ordre secondaire, qui s'imposent à l'Etat d'une façon moins pressante, mais qu'un gouvernement réellement soucieux du développement économique du pays qu'il dirige se garde bien de négliger. On est convenu de les appeler les *attributions facultatives* de l'Etat. Elles tendent à assurer le progrès, tandis que les attributions essentielles ont pour but la conservation des forces économiques.

18

A ce point de vue, l'action de l'Etat se manifeste de plusieurs façons différentes : tantôt l'Etat supplée à l'initiative privée pour exécuter des travaux ou assurer le fonctionnement de services que des particuliers ne pourraient entreprendre : par exemple, construction de voies ferrées, de digues contre la mer, de ponts sur les fleuves, service des postes et télégraphes; tantôt l'Etat vient en aide à l'industrie privée pour lui faciliter sa tâche, sous forme de subventions, de primes, de commandes, etc.

Limite des attributions de l'Etat. — Il est à noter que plus une société progresse, au point de vue économique, et plus l'action de l'Etat tend à se développer et à se diversifier, d'une façon parallèle. Elle ne peut cependant dépasser une certaine limite : celle des droits individuels; l'Etat ne saurait, par sa législation ou par ses institutions, porter atteinte à la liberté individuelle, à la liberté du travail, ni aux droits de famille[1].

Chapitre II. — Des principaux modes d'intervention de l'État dans l'ordre économique.

Division. — En raison des attributions que nous venons de lui reconnaître, l'Etat est appelé à intervenir au sujet des différents phénomènes économiques, dans la production, dans la distribution, dans la circulation et dans la consommation de la richesse. Nous allons nous placer à ces divers points de vue. Sur plus d'une question, d'ailleurs, nous n'aurons qu'à nous reporter à des explications déjà données précédemment.

§ 1er. — Intervention de l'État dans la production.

Deux principaux cas d'intervention. — L'intervention de l'Etat dans la production se manifeste de trois façons différentes : par voie d'exploitation directe, par voie de réglementation et de contrôle, ou par voie d'assistance.

---

1. Voir notre *Manuel de droit constitutionnel*, p. 124 et suiv.

I. Exploitation directe. — *Subdivision.* — Certaines branches de l'industrie sont monopolisées au profit de l'Etat, qui les exploite directement; d'autres industries sont exploitées par l'Etat concurremment avec les simples particuliers; enfin, certaines branches de la production sont concédées par l'Etat ou par les communes à des compagnies privilégiées.

1º Monopoles de l'Etat. — *Deux catégories.* — Les monopoles de l'Etat peuvent être groupés en deux catégories : les uns sont établis dans un intérêt général, les autres dans un intérêt purement fiscal.

Monopoles établis dans un intérêt général. — Les monopoles établis dans un intérêt général sont les suivants :

1. Le monopole de la fabrication des poudres, basé sur un motif de sécurité publique.

2. Le monopole des postes, télégraphes et téléphones, qui a pour principale raison d'être que l'Etat ne peut pas confier le secret de ses correspondances à des agents non placés sous son contrôle et sous son autorité.

3. Le monopole de la fabrication des monnaies, qui repose sur des considérations tirées de la protection du crédit.

Monopoles fiscaux. — Les monopoles fiscaux sont ceux qui ont pour but de procurer des ressources à l'Etat; ils constituent en définitive de véritables impôts indirects.

Tels sont le monopole du tabac, des allumettes, des cartes à jouer et du papier timbré.

Dans quelques Etats étrangers existe également le monopole de l'alcool. Il en est ainsi en Suisse et en Russie. On a proposé, dans ces dernières années, de l'introduire en France; la question est actuellement à l'étude. La réalisation de ce projet aurait un double avantage : procurer à l'Etat des ressources considérables, et enrayer le mal de l'alcoolisme, qui fait des ravages inquiétants dans la population ouvrière et à la campagne.

Industries exploitées par l'Etat sous le régime de libre concurrence. — Il est certaines industries qui sont exploitées par l'Etat concurremment avec les industries particulières, dans un intérêt esthétique. Ce sont : les manufactures de Sèvres pour les porcelaines, et les manufactures des Gobelins et de Beauvais pour les tapis.

2° Concessions à des compagnies privilégiées. — *Enumération.*

— Il en est ainsi pour l'exploitation des mines et pour les chemins de fer en ce qui concerne l'Etat, et pour le service des eaux, du gaz et des omnibus, en ce qui concerne les communes.

Exploitation des mines. — L'intervention de l'Etat dans l'exploitation des mines se justifie par l'intérêt considérable que présente cette exploitation au point de vue de la fortune nationale.

Différents systèmes ont été proposés pour trancher la question de savoir à qui appartient la propriété des mines.

1. La mine appartient à l'Etat. Ce système était adopté sous l'ancien régime; il est encore suivi dans certaines législations étrangères, notamment en Allemagne, en Suède et en Norwège.

2. La mine appartient au propriétaire du sol, par voie d'accession.

3. La mine n'appartient à personne. C'est une *res nullius* qui devient la propriété du premier occupant.

Exploitation des chemins de fer. — La question du régime auquel doit être soumise l'exploitation des chemins de fer a donné lieu à trois systèmes, qui sont pratiqués dans différents pays.

Un premier système consiste à s'en remettre à l'initiative individuelle pour la construction et l'exploitation des lignes de chemins de fer, et à laisser librement s'exercer le jeu de la concurrence.

A l'appui de ce système, on invoque comme arguments que l'Etat construit et exploite à plus grands frais et dans de moins bonnes conditions que des particuliers, parce qu'il n'est pas stimulé comme eux par le sentiment puissant de l'intérêt personnel. On ajoute que, dans un Etat de suffrage universel, il serait dangereux que l'Etat se fît constructeur et entrepreneur de transports, parce que cette exploitation serait dirigée dans le sens politique, et pour satisfaire les amis de ceux qui détiennent le pouvoir, plutôt que dans un intérêt commercial et industriel.

D'autre part, on déclare que le système du monopole est moins propre que le régime de la libre concurrence à assurer le progrès au point de vue de la rapidité, de la multiplicité, de la commodité et de l'économie des transports.

Ce système est pratiqué aux Etats-Unis et en Angleterre.

Un second système, prenant le contre-pied du précédent, tend à faire de l'exploitation des chemins de fer un monopole d'Etat.

Cette solution s'impose, dit-on, pour plusieurs raisons : d'abord, pour la sécurité des voyageurs, il n'est pas admissible que sur une même ligne de chemins de fer il y ait plusieurs compagnies opérant concurremment, parce qu'autrement les accidents seraient à craindre à tous moments; ensuite, dans l'intérêt de la défense nationale, il est indispensable que l'Etat soit maître des chemins de fer pour construire des lignes stratégiques souvent improductives et pour disposer librement de tous les moyens de transport, en cas de guerre, afin d'assurer la mobilisation rapide de toutes ses forces militaires; enfin, au point de vue du commerce international, il est indispensable que l'Etat réglemente les transports des marchandises; sinon, par des concessions faites aux produits venant de l'étranger, des compagnies privées pourraient indirectement détruire l'effet des tarifs de douane établis par le gouvernement en vue de protéger l'industrie nationale.

Ce second système est en vigueur en Belgique et en Allemagne[1].

Un troisième système, tenant le milieu entre les deux précédents, part de l'idée que la construction et l'exploitation des chemins de fer doivent être laissées à l'industrie privée, mais il ajoute que l'intervention de l'Etat doit se faire sentir d'une

---

1. En faveur de ce système, Pic, *op. cit.*, p. 466; Berthélemy, *op. cit.*, p. 649.

façon très étroite, pour diriger, contrôler et renforcer l'initiative individuelle.

Ce dernier système est le meilleur : il évite les dangers que présenterait l'application du système de l'exploitation libre, et il échappe aux objections du monopole de l'Etat.

A l'heure actuelle, la France se trouve dans une situation particulière : elle a un réseau exploité directement par l'Etat, et un autre réseau, le plus considérable, concédé à des compagnies privées, contrôlées de très près et subventionnées par l'Etat[1].

II. Réglementation et contrôle. — On peut grouper les lois sur la réglementation en trois catégories :

Les unes réglementent la durée du travail;

D'autres protègent les ouvriers contre les risques professionnels;

D'autres enfin prennent des mesures générales dans l'intérêt de l'hygiène publique.

1º Réglementation de la durée du travail. — *Point de vue théorique.* — Est-il légitime que l'Etat intervienne dans le contrat de travail pour arrêter la durée des heures de travail que le patron pourra imposer à ses ouvriers ?

En ce qui concerne les enfants et les femmes, la question ne soulève plus aujourd'hui de sérieuses objections, et la plupart des économistes, même de l'école libérale, admettent comme légitime l'intervention de l'Etat pour la protection d'êtres faibles ne pouvant fournir sans danger un travail long et pénible. Le souci de la conservation de la race, en dehors de toute considération de sentiment, fait à l'Etat un devoir d'intervenir.

Il en est autrement en ce qui concerne les adultes; à leur égard, l'intervention de l'Etat est très discutée, pour deux raisons : on dit qu'elle est contraire à la liberté du travail; on

---

1. Le réseau de l'Etat comprend 2,916 kil., celui des grandes compagnies comporte l'étendue suivante : Paris-Lyon-Méditerranée, 0,247 kil.; Orléans, 7,030 kil.; Ouest, 5,713 kil.; Est, 4,012 kil.; Nord, 3,703 kil.; Midi, 3,687 kil.

ajoute qu'elle est de nature à compromettre le développement de l'industrie nationale.

On peut répondre que la liberté du travail n'est nullement violée, puisqu'on n'interdit pas à l'individu travaillant pour lui-même de fournir la somme de travail qui lui convient. L'Etat intervient dans le contrat de travail, parce que dans ce contrat l'une des parties n'est pas libre du consentement qu'elle donne; l'ouvrier est obligé, pour gagner sa vie et celle de ses enfants, de subir les conditions que lui imposerait le patron; c'est pour rétablir l'égalité qui est rompue au profit d'une des parties contractantes que l'Etat intervient.

Quant à prétendre que l'industrie nationale peut souffrir d'une semblable limitation, il faut observer que la durée du travail n'est pas la seule condition de la productivité; il faut en outre tenir compte de son intensité. Or, nous avons observé que le travail de l'ouvrier ne se prolongeait qu'au détriment de la qualité et de la quantité des produits.

Economie générale de la loi du 30 mars 1900. — Pour étudier rapidement les dispositions de cette loi, il convient de déterminer : les établissements et les personnes auxquels elle s'applique, les limitations qu'elle renferme et les mesures qu'elle prend pour en assurer l'observation.

Etablissements visés. — La loi ne s'applique qu'aux établissements industriels, laissant hors de sa portée les magasins[1], les bureaux, les travaux agricoles, les professions ambulantes, etc.

Personnes protégées et mesures de protection. — La loi de 1892 s'applique aux enfants de l'un ou de l'autre sexe jusqu'à dix-huit ans, aux filles mineures de dix-huit à vingt et un ans, et enfin aux femmes majeures. Elle ne concerne pas les mâles à partir de l'âge de dix-huit ans.

Pour les enfants, interdiction de les employer avant treize

---

1. Cependant, la loi du 30 décembre 1900 sur le travail des femmes dans les magasins oblige les patrons à mettre des sièges à la disposition du personnel.

ans; il n'est pas encore élevé physiquement et intellectuellement. Cependant, à douze ans, un enfant aura accès à l'atelier s'il a son certificat d'études primaires et s'il présente un certificat d'aptitude physique (ART. 2).

Pour les mineurs de dix-huit ans et pour les femmes, la durée du travail est limitée à onze heures : elle a été abaissée à dix heures et demie à partir du 31 mars 1902, et sera réduite à dix heures à partir du 31 mars 1904.

Interdiction du travail de nuit (de 9 heures du soir à cinq heures du matin) pour les enfants, les filles mineures et les femmes, sauf certains tempéraments nécessaires (ART. 4).

Sanctions. — Pour assurer l'observation des mesures précédentes, un corps d'inspecteurs est organisé : onze inspecteurs divisionnaires, ayant sous leurs ordres 92 inspecteurs départementaux. Ces inspecteurs ont droit d'entrer à toute heure dans les ateliers, de faire des vérifications et de dresser des procès-verbaux.

Les contraventions donnent lieu à des amendes variant entre 5 francs et 1,000 francs (ART. 26 A 30).

Décret du 14 septembre 1848 à l'égard des adultes. — Nous avons dit plus haut que la loi de 1900 ne s'appliquait pas aux travailleurs adultes. Mais ils sont toujours protégés par le décret-loi du 14 septembre 1848, qui fixe à douze heures le maximum de la journée du travail.

La question des trois huit. — Cette réglementation n'a pas paru suffisante à certains esprits, qui ont demandé que l'État déterminât les heures de travail des ouvriers de telle sorte qu'ils eussent : huit heures de travail, huit de repos et huit heures pour se distraire. Cette question n'a pas été agitée seulement dans les écrits des économistes; elle a fait l'objet d'une tentative très intéressante au point de vue international. Sur l'initiative de l'empereur Guillaume II, une conférence se réunit à Berlin du 15 au 29 mars 1890, pour étudier ce problème; la plupart des États européens s'y étaient fait représenter. Mais on ne put s'entendre sur les voies et les moyens d'assurer l'observation rigoureuse des résolutions arrêtées dans la conférence, à l'intérieur de chaque Etat. La Suisse proposa d'organiser une autorité internationale chargée de réprimer les infractions aux engagements pris par les Etats contractants. Mais la France et l'Angleterre refusèrent d'admettre une semblable proposition, au nom du principe de souveraineté et d'indépendance respective des nations. Cette difficulté fit échouer la conférence, qui se sépara sans avoir rien décidé.

Cet échange de vues n'a pas cependant été inutile. Il a eu pour résultat de développer la réglementation du travail industriel dans la plupart des Etats qui avaient des représentants à la conférence de Berlin.

2° De la garantie des ouvriers contre les risques professionnels. — La loi du 9 avril 1898 sur les accidents du travail a réalisé un progrès considérable dans la voie de la protection des ouvriers, en mettant à la charge du patron, comme risques professionnels, les accidents survenus à ces ouvriers pendant la durée de leur travail.

Le patron en est responsable, même s'il n'y a pas faute de sa part, même s'il y a faute inexcusable de l'ouvrier. Sa responsabilité ne cesse qu'en cas de faute intentionnelle de l'ouvrier ou de crime.

La loi fixe à forfait l'indemnité ; elle varie suivant qu'il résulte de l'accident : une incapacité absolue et permanente, une incapacité partielle et permanente, une incapacité temporaire, ou la mort. Dans ce dernier cas, la loi établit des distinctions nombreuses, suivant que l'ouvrier est marié, a des enfants ou est étranger.

Enfin, la loi organise des garanties pour assurer le payement des pensions concédées. Quand le patron est insolvable, l'indemnité doit être acquittée par la Caisse nationale des retraites pour la vieillesse. À cet effet, un fonds spécial de garanties est constitué à l'aide de 4 centimes additionnels au principal des patentes et d'une taxe de 5 centimes sur les concessionnaires de mines par hectare concédé.

Mais il est à remarquer que le patron n'est tenu ni de s'as-

surer contre les risques professionnels, ni d'assurer ses ouvriers contre les accidents. Il en est autrement en Allemagne.
L'assurance est obligatoire pour le patron en matière d'accidents, et il en supporte la charge entière, sans contribution
ni de la part de l'Etat, ni de la part de l'ouvrier.

Critiques dirigées contre la loi du 9 avril 1898. — La loi du
9 avril 1898 a soulevé différentes critiques, les unes fondées,
les autres inexactes.

1° On a dit que son application conduisait à de choquantes
inégalités. Supposons, en effet, qu'un petit patron, travaillant seul, soit victime d'un accident dans son ouvrage : il
n'aura de recours contre personne pour se faire indemniser.
Au contraire, s'il était occupé comme ouvrier chez un patron,
il serait protégé par la loi de 1898 et recevrait une indemnité.
Il y a là une différence de traitement véritablement choquante,
dont la conséquence ne peut être que favorable au développement du régime du salariat. L'artisan indépendant trouvera
plus d'avantage à travailler chez les autres en qualité de salarié qu'à demeurer patron, exposé à tous les risques de son
entreprise.

2° La responsabilité du risque professionnel, qui est supportée assez facilement par la grande industrie, peut souvent
être une cause de ruine pour la petite industrie. Le petit patron peut être conduit à la faillite et à la misère par suite
d'un accident survenu à l'ouvrier qu'il emploie. Aussi, qu'ar-
rivera-t-il souvent ? C'est que le petit patron préférera travailler seul, et refusera un supplément de travail qu'il ne
pourrait exécuter qu'avec l'aide d'un ouvrier; d'où une double perte : pour le patron, qui est obligé de limiter sa production, et pour l'ouvrier lui-même, qui pourrait être embauché
et qui ne l'est pas.

3° L'indemnité qui est due à l'ouvrier varie suivant qu'il
est célibataire ou marié, suivant qu'il a des enfants et d'après
le nombre de ses enfants. Il en résultera, a-t-on dit, que le
patron aura tout intérêt à employer des ouvriers célibataires
ou des ouvriers mariés qui n'ont pas d'enfant.

4° Enfin, la sphère d'application de la loi de 1898 est mal

définie; on ne sait exactement ni quelles sont les professions qu'elle concerne, ni à quelles conditions, dans chaque profession visée par la loi, son application est subordonnée[1].

3° Mesures générales dans l'intérêt de l'hygiène publique. — Enfin, l'État intervient dans l'intérêt de l'hygiène et de la sûreté publique. On peut rattacher à cet ordre d'idées :

a) Le décret du 15 octobre 1810, qui soumet à la nécessité d'une autorisation administrative l'ouverture et le fonctionnement des établissements classés comme dangereux, insalubres et incommodes, dans un intérêt de sécurité et de salubrité pour les maisons voisines.

b) La loi du 12 juin 1898, concernant l'hygiène et la sécurité des travailleurs dans les établissements industriels. Elle impose aux chefs de ces établissements des mesures de nature à prévenir les accidents (les roues, les courroies, les engrenages pouvant offrir une cause de danger doivent être séparés des ouvriers; les puits, trappes et ouvertures doivent être clôturés, etc.); elle prévoit également des mesures générales dans l'intérêt de la santé des ouvriers, notamment en ce qui concerne l'éclairage, l'aération ou la ventilation, les eaux potables, les fosses d'aisances, l'évacuation des poussières et vapeurs, les précautions à prendre contre l'incendie.

c) La loi du 15 février 1902, relative à la protection de la santé publique. Cette loi impose aux communes l'obligation d'avoir un règlement sanitaire; elle prescrit aux médecins la déclaration des maladies contagieuses entraînant la désinfection obligatoire des locaux contaminés; elle impose la vaccination et la revaccination à trois époques différentes de l'existence; elle arme l'administration de pouvoirs très étendus en cas d'épidémie qui menace tout ou partie du territoire; elle édicte des mesures pour l'alimentation en eau potable des communes urbaines; enfin, elle organise un ensemble de me-

1. Consulter sur ce point, dans les *Questions pratiques de législation ouvrière* (année 1902, p. 368), un article de M. Henri Bigallet : *Comment la loi du 9 avril 1898 nuit à ceux qu'elle veut protéger.*

sures sanitaires relatives aux immeubles : nécessité pour le propriétaire d'obtenir une autorisation de la municipalité pour pouvoir construire une maison d'habitation; droit pour l'administration d'imposer au propriétaire d'une maison antérieurement construite les travaux jugés nécessaires pour l'hygiène de ses habitants, et même d'interdire l'habitation, si l'assainissement de l'immeuble est reconnu impossible à réaliser.

III. Assistance de l'Etat. — L'assistance de l'Etat se manifeste de différentes façons : soit par des primes à la production, soit par l'établissement de droits de douane pour la protection de l'industrie nationale, soit par le développement des voies ferrées, de canaux de navigation, le creusement de ports de commerce, etc.

§ 2. — Intervention de l'État dans la répartition.

Enumération des principaux cas d'intervention. — En matière de distribution des richesses, l'Etat intervient :

Pour organiser le régime de la propriété individuelle, et déterminer les règles de la transmission après décès, soit par succession *ab intestat*, soit par testament. Le principe de la liberté des conventions qui préside aux arrangements des divers copartageants exclut l'intervention de l'Etat pour la détermination du fermage, du profit et du salaire; mais nous avons vu que l'Etat intervenait dans le prêt à intérêt, pour établir un taux maximum, et nous avons critiqué cette intervention; enfin, nous avons montré comment, dans ces dernières années, l'Etat s'était préoccupé d'une façon très active de donner aux ouvriers les moyens de discuter librement leurs intérêts professionnels : loi du 25 mai 1864 abolissant le délit de coalition, loi du 21 mars 1884 organisant les syndicats d'ouvriers et de patrons; dans un ordre d'idées voisin, nous avons aussi expliqué que l'Etat avait cherché à prévenir les conflits entre le travail et le capital, par la tentative de conciliation et d'arbitrage (loi du 27 décembre 1892).

Nous n'avons pas à nous étendre sur tous ces points. Il

suffit de les rappeler, en renvoyant aux explications précédemment données.

§ 3. — Intervention de l'État dans la circulation.

Enumération des principaux cas d'intervention. — Dans la circulation des richesses, les cas d'intervention de l'État sont assez nombreux et très importants.

Son action se manifeste tout d'abord dans l'organisation du système monétaire. C'est lui, nous l'avons vu, qui détermine les objets qui servent de monnaie, les types des monnaies d'or, d'argent et de cuivre, ainsi que leur titre, en leur conférant le cours légal. L'État intervient d'une manière très minutieuse aussi dans l'établissement et le fonctionnement des banques d'émission, il réglemente avec soin les conditions d'émission des billets de banque, soit au point de vue de la faculté même d'émission, soit au point de vue du cours légal ou du cours forcé. Il intervient dans le commerce intérieur, soit en ce qui concerne le commerce de détail, pour garantir le consommateur contre les tromperies sur la qualité des marchandises vendues, soit en ce qui concerne le commerce de gros pour réglementer les bourses de commerce et régler les ventes de spéculation. Enfin, dans le commerce international, le rôle de l'État consiste à établir des droits de douane sur les marchandises étrangères.

Toutes ces questions ont été étudiées plus haut. Nous nous bornons à renvoyer à nos précédentes explications.

§ 4. — Intervention de l'État dans la consommation.

Enumération des principaux cas d'intervention. — L'intervention de l'État se manifeste de deux façons : en matière de prévoyance et en matière d'assistance.

Rôle de l'Etat en matière de prévoyance. — En matière de prévoyance, l'action de l'État consiste, nous l'avons vu, à mettre un frein aux consommations personnelles exagérées, par des mesures de protection établies à l'égard du prodigue. De plus, l'État s'applique à développer le sentiment de prévoyance chez les individus, en réglementant les caisses d'épargne, les sociétés de secours mutuels et les compagnies d'assurances.

Bien mieux, nous avons vu que, depuis 1881, l'Etat lui-même a organisé une caisse nationale postale d'épargne. Il est également à la tête de trois caisses d'assurances : l'une pour les accidents, l'autre pour les décès, la troisième pour la vieillesse.

On a critiqué cette intervention directe qui fait de l'Etat un assureur concurrent des compagnies privées et qui lui impose de ce chef une responsabilité très lourde. Son rôle, a-t-on dit, devrait se borner à réglementer la matière des assurances, en exigeant, pour la constitution des sociétés privées qui s'établissent, des garanties sérieuses.

Rôle de l'Etat en matière d'assistance. — *Point de vue théorique.* — Le rôle de l'Etat en matière d'assistance est très débattu. Les uns estiment que c'est une obligation positive pour l'Etat de venir en aide aux enfants et aux vieillards qui sont dans l'impossibilité de travailler, à ceux qui, par suite du chômage, n'ont pas momentanément les moyens de travailler, et enfin à ceux-là mêmes qui n'ont pas la volonté de travailler. L'indigent, de cette façon, aurait un véritable droit à l'égard de la société, le droit d'être secouru.

La société, dit-on en substance, est responsable des inégalités choquantes qui font que les uns ont en abondance tout ce dont ils ont besoin pour vivre, tandis que d'autres manquent du strict nécessaire. Il est donc juste qu'elle s'applique elle-même à supprimer les inégalités dont elle est la source. On ajoute qu'il y va de son intérêt bien entendu; car, si la société ne vient pas au secours des malheureux, ils se jetteront dans le crime et dans le vice. L'Etat sera tout de même obligé de les nourrir dans ses prisons. Il vaut mieux qu'il cherche à prévenir le danger par des mesures sagement appropriées à ce résultat[1].

Cette solution est vivement critiquée par les économistes

1. Gide, *op. cit.*, p. 583.

qui appartiennent à l'école classique. D'après eux, l'assistance doit avant tout être une œuvre privée. L'État doit se contenter de suppléer à l'insuffisance des ressources particulières par des subventions en argent; il ne doit pas s'imposer le fardeau du service d'assistance publique. De plus, l'assistance ne doit pas cesser d'avoir le caractère d'un don et d'une libéralité; on ne saurait y voir la source d'une obligation formelle pour l'État, ni la cause d'un droit pour les individus. Autrement les particuliers, assurés d'être soutenus dans le besoin et de ne pas manquer, quoi qu'ils fassent, des choses indispensables à l'existence, s'adonneraient à l'oisiveté et ne chercheraient pas à se tirer d'affaire eux-mêmes.

Principes de la législation française. — Dans l'état actuel de la législation charitable en France, on peut dire que l'assistance publique présente deux caractères essentiels : 1° elle est facultative ; 2° elle est communale.

Par exception, dans trois cas, l'assistance publique est obligatoire : pour les aliénés, pour les enfants assistés et pour l'assistance médicale gratuite. Dans deux cas elle est départementale au lieu d'être communale : pour les aliénés et pour les enfants assistés.

Il faut noter cependant que, même dans les cas exceptionnels où l'assistance publique est obligatoire, elle ne fait naître aucun droit pour l'individu à l'encontre de l'administration : en sorte que, par une anomalie remarquable, il existe une obligation sans droit correspondant.

L'assistance publique en Angleterre. — En Angleterre et dans la plupart des États protestants, l'assistance est considérée comme un devoir pour les paroisses, en vertu d'un statut de la reine Élisabeth. Tout d'abord, les secours étaient distribués à domicile; mais, comme le nombre des assistés augmentait dans des proportions inquiétantes (1 sur 10 habitants), on substitua au système des secours à domicile le système de l'internement dans des maisons où l'assisté est astreint au travail, et qu'on appelle des *workhouses*. Cette mesure a eu pour conséquence de réduire d'une façon sensible le chiffre des assistés.

La question des retraites ouvrières. — *Point de vue théorique.* — Le droit pour l'État d'intervenir pour assurer aux ouvriers une pension suffisante pour vivre alors qu'ils ne peuvent plus travailler, soit pour cause d'invalidité, soit pour cause de vieillesse, n'est plus guère discuté aujourd'hui d'une façon sérieuse. Mais, si l'on s'accorde sur le principe lui-même, on est loin de s'entendre sur ses conditions d'application.

L'État doit-il se borner à favoriser l'établissement des retraites ouvrières en stimulant l'initiative des patrons et des ouvriers et en accordant soit des subventions, soit des faveurs spéciales en vue de faciliter la création et la prospérité des caisses de retraite, tout en laissant à cet égard toute liberté aux intéressés? Ou bien, au contraire, l'État doit-il poser le principe de l'obligation pour les patrons de fonder une caisse de retraite pour les ouvriers qu'ils emploient?

En supposant admis le caractère obligatoire des retraites ouvrières, à l'aide de quelles ressources ces retraites seront-elles constituées? Le patron sera-t-il seul à faire des versements à cet effet? L'ouvrier devra-t-il également y verser des cotisations, sous forme de retenues sur son salaire? Dans quelle mesure et sous quelle forme l'État doit-il accorder son assistance pécuniaire à cette œuvre de prévoyance? Enfin, quel emploi donner aux fonds recueillis? Faut-il adopter le système de la capitalisation ou le régime de la répartition? Le système de la capitalisation consiste à accumuler dans les caisses de l'État les sommes provenant des cotisations des patrons et des ouvriers et à servir les pensions de retraite à l'aide des revenus capitalisés de ces sommes. Ce système, dit-on, est impraticable, parce qu'il sera impossible de faire fructifier d'aussi énormes capitaux, que l'on évalue à 12 ou 15 milliards. Le système de la répartition consiste à distribuer chaque année les sommes versées entre tous ceux qui ont droit à une pension de retraite; si la répartition est insuffisante, l'État fait le reste.

D'autres questions d'ordre secondaire se posent : quels doivent être les bénéficiaires des pensions de retraite? Doit-on en faire bénéficier les petits patrons au même titre que les ouvriers? A quel âge la pension de retraite doit-elle être servie? Que décider à l'égard des ouvriers qui arrivent à l'âge de la retraite sans avoir fait les versements qui seraient prescrits par une loi nouvelle sur cette matière?

Etat actuel de la législation en France. — La question des retraites n'a été résolue en France qu'au profit de trois catégories de personnes :

1º Au profit des fonctionnaires civils et militaires (loi du 9 juin 1853);

2º Au profit des invalides de la marine, dont l'institution remonte à Colbert;

3º Au profit des ouvriers mineurs (loi du 29 juin 1894).

Il n'existe aucune loi générale sur les retraites ouvrières. On a tenté récemment de combler cette lacune. Un projet déposé par le gouvernement est venu en discussion à la Chambre des députés dans la séance du 4 juin 1901.

Le projet présenté par la commission comportait l'assurance obligatoire contre l'invalidité et la vieillesse des ouvriers de l'industrie, du commerce et de l'agriculture, des versements corrélatifs des ouvriers et des patrons, la participation de l'Etat sous forme de garantie du maintien du taux de l'intérêt à 3 p. 100, les retraites basées sur la capitalisation, et des dispositions transitoires.

Après une discussion approfondie qui occupa plusieurs séances, on décida que le projet de loi serait soumis à l'examen des associations professionnelles patronales et ouvrières ainsi qu'aux chambres de commerce (séance du 2 juillet 1901). La consultation dans son ensemble fut plutôt défavorable au projet. Depuis cette époque, la discussion n'a pas été reprise au Parlement[1].

---

1. En ce moment, la Chambre des députés examine une proposition de loi sur l'assistance aux vieillards et aux infirmes indigents. D'après l'article 1er de cette proposition, « tout Français indigent, soit âgé de soixante-dix ans, soit atteint d'une maladie incurable et qui le rend incapable de pourvoir à sa subsistance par le travail, a droit... au service de solidarité sociale institué sous forme d'assistance obligatoire par la présente loi. » Consultez le *Journal officiel* des 28, 30, 31 mai 1903 et jours suivants.

Les retraites ouvrières à l'étranger[1]. — L'Allemagne est le seul pays qui ait créé des retraites ouvrières contre l'invalidité et la vieillesse. D'après la loi allemande de 1889, des retraites sont assurées à l'ouvrier à l'aide de cotisations mises pour moitié à la charge du patron et pour moitié à la charge de l'ouvrier; l'Etat verse annuellement une somme de 50 marks (62 fr. 50) pour chaque retraité; les sommes ainsi versées sont capitalisées par des caisses régionales. La retraite de vieillesse est payée à l'âge de soixante-dix ans; des retraites d'invalidité sont en outre servies, quel que soit l'âge, pourvu que l'ouvrier ait cinq ans d'inscription à la caisse. La moyenne des pensions de vieillesse qui sont distribuées s'élève à 177 fr. par an, celle d'invalidité monte à 165 francs.

En Belgique, une loi de mai 1900 donne des subventions à toute personne qui est porteur d'un livret de la caisse générale des retraites ou aux membres des sociétés de secours mutuels qui ont des livrets individuels à la caisse générale.

En Italie, on est allé un peu plus loin. Une dotation annuelle de 10 millions est allouée par l'Etat pour accorder des encouragements aux ouvriers qui ont fait des versements pour la retraite et auxquels une pension est assurée à soixante ans, après vingt-cinq versements au minimum, ou en cas d'invalidité.

1. Voir le discours du rapporteur de la loi sur les retraites ouvrières (Chambre, séance du 4 juin 1901, *Officiel* du 5 juin, p. 1213).

QUESTIONNAIRE 35 sur le rôle de l'État dans l'ordre économique.

1, A combien de systèmes le rôle de l'Etat dans l'ordre économi-que a-t-il donné lieu? — 2. En quoi consiste l'individualisme? — 3. Quelles objections fait-on à cette doctrine? — 4. Que propose le socialisme? — 5. En quoi consiste l'interventionnisme? — 6. Quel-les sont les attributions essentielles de l'Etat? — 7. Quelles sont ses attributions facultatives? — 8. Quelle est la limite des attri-butions de l'Etat? — 9. Quels sont les principaux modes d'inter-vention de l'Etat dans la production? — 10. Dans la répartition? — 11. Dans la circulation? — 12. Dans la consommation? — 13. Com-ment peut-on grouper les monopoles de l'Etat? — 14. Comment peut-on expliquer l'intervention de l'Etat dans l'exploitation des mines? — 15. Des chemins de fer? — 16. En quoi consiste la régle-mentation de la durée du travail? — 17. Quelle est l'économie géné-rale de la loi du 30 mars 1900? — 18. Du décret du 14 septembre 1848? — 19. En vertu de quelle loi les ouvriers sont-ils garantis contre les risques professionnels? — 20. Quelles critiques fait-on à cette loi? — 21. Quelles sont les mesures générales prises dans l'intérêt de l'hygiène publique? — 22. Comment se manifeste l'assis-tance de l'Etat? — 23. Que pensez-vous de la question des retraites ouvrières en France et à l'étranger?

RÉSUMÉ 35. — Intervention de l'État en matière économique.

I. Etude théorique.

1° *Individualisme.* — L'Etat se bornerait à l'administration de la justice et au maintien du bon ordre et de la sécurité au dedans et au dehors.

2° *Socialisme.* — L'Etat se chargerait à la fois de présider à la production et d'assurer le bonheur de tous.

3° *Interventionnisme.* — L'Etat doit avoir une place considérable, sans nuire aux droits imprescriptibles de l'individu.

D'où 2 sortes d'attributions.
- *a. Essentielles :* assurer l'ordre et la sécurité dans le pays.
- *b. Facultatives :* aider l'initiative individuelle en vue d'assurer le développement des forces industrielles du pays.

1° *Dans la production.*

1° Exploitation directe.
- *a. Monopoles de l'Etat :* poudres, postes et télégraphes, etc.
- *b. Concessions à des compagnies privilégiées :* mines, chemins de fer.

2° Réglementation et contrôle.
- a. Réglementation de la durée du travail des femmes, des enfants (loi du 30 mars 1900) et des adultes (décret du 13 sept. 1848).
- b. Garantie des ouvriers contre les risques professionnels (loi du 9 avril 1898).
- c. Mesures générales dans l'intérêt de l'hygiène publique.

II. Intervention de l'Etat.

3° Assistance de l'Etat.
- a. Primes à la production.
- b. Etablissement de droits de douane.
- c. Construction de voies ferrées, canaux, ports, etc.

2° *Dans la répartition.* — L'Etat organise le régime de la propriété, réglemente le prêt à intérêt.
Etablissement des associations et syndicats ouvriers.

3° *Dans la circulation.*
1° Organisation du système monétaire.
2° Organisation et fonctionnement des banques d'émission.

4° *Dans la consommation.*
1° Surveille les caisses d'épargne privées et dirige les caisses d'épargne postales.
2° Administre trois caisses d'assurance : accidents, décès, vieillesse.
3° Intervient par des subventions aux œuvres de bienfaisance.

SECTION II. — Du rôle de l'État en matière financière.

Cette section comporte deux chapitres :
1° Le budget de l'État;
2° La théorie générale des impôts.

CHAPITRE PREMIER. — Le budget de l'État.

Définition du budget et des lois de finances. — Le budget est l'acte par lequel sont prévues et autorisées les recettes et les dépenses annuelles de l'Etat ou des autres services que la loi assimile aux mêmes règles (art. 5 décret du 31 mai 1862 sur la comptabilité publique).

Le terme de *lois de finances* est employé dans un sens large et dans un sens étroit.

Dans un *sens large*, on entend par loi de finances toute loi relative aux ressources et aux dépenses de l'Etat : loi portant fixation annuelle du *budget*, loi des *comptes*, loi autorisant un *emprunt*, loi accordant ou ratifiant des *crédits supplémentaires* ou *extraordinaires*.

Dans un *sens étroit*, on entend par loi des finances la loi portant fixation annuelle du budget de l'Etat.

Ce chapitre comprend en outre l'étude :
1° De la division du budget;
2° Des opérations relatives au budget (préparation, vote, exécution, etc.);
3° De l'examen pratique et détaillé d'un budget;
4° Des crédits ordinaires, supplémentaires et extraordinaires.

CHAPITRE II. — Théorie générale des impôts.

Comme pour le premier chapitre, nous ne pouvons que renvoyer à nos *Notions d'instruction civique, et de droit usuel*, où nous avons traité assez complètement cette question, à propos des institutions financières de la France. (Voir de la page 111 à la page 169.) Cependant nous croyons bon, au lieu de reprendre nos développements, d'en reproduire ici les résumés en tableaux synoptiques, lesquels pourront, nous l'espérons du moins, donner une idée suffisante de ces deux chapitres sur le rôle de l'État en matière financière.

Toutefois, en raison de leur importance au point de vue économique, nous traiterons des impôts de répartition et des impôts de quotité.

Impôts de répartition et impôts de quotité.

Définition de l'impôt de répartition et de l'impôt de quotité. — L'impôt de répartition est celui dont le *produit* total est *connu* à l'avance, étant fixé d'autorité par la loi de finances, mais dans lequel la *part* de chaque contribuable est *indéterminée* et ne sera établie que par une opération ultérieure, dite de *répartition*.

L'impôt de quotité, au contraire, est celui dans lequel la *part* de chaque contribuable est *déterminée* par la loi elle-même, mais dont le produit total est *indéterminé*.

Traits caractéristiques des deux sortes d'impôts. — Les impôts de répartition se distinguent des impôts de quotité par les traits caractéristiques suivants :

1° *Contingent ou tarif.* — Les impôts de répartition comportent un contingent. On entend par là la somme totale qui forme le produit de ces impôts et qui est fixée chaque année par la loi de finances, pour être répartie, suivant des règles que nous indiquerons plus tard, entre les arrondissements, entre les communes et entre les contribuables de chaque commune.

Pour les impôts de quotité, au contraire, il n'y a pas de contingent, mais un tarif qui détermine pour chaque espèce particulière le taux applicable à chaque contribuable.

2° *Fixation ou évaluation.* — Au budget des recettes de l'État, le produit des deux catégories d'impôts ne figure pas de la même façon : les impôts de répartition donnent lieu à une fixation par voie d'autorité, tandis que pour les impôts de quotité on procède par évaluation, en tenant compte des résultats de l'antépénultième année.

3° *Réimposition ou non-valeurs*. — Le montant intégral de l'impôt de répartition devant être intégralement recouvré, si, par suite d'erreurs commises dans le travail de répartition, des contribuables ont obtenu décharge ou réduction de leur imposition, le montant de ces décharges ou de ces réductions doit être ajouté l'année suivante au contingent de la commune ; c'est l'opération de la réimposition. Il en est autrement pour les impôts de quotité. Les cotes ou les parties de cotes qui ont donné lieu à décharge ou à réduction constituent une perte définitive pour l'État et sont imputées sur le fonds de non-valeurs.

Il est cependant un point commun aux deux catégories d'impôts : c'est en ce qui concerne les cotes non recouvrées par suite d'insolvabilité ou de disparition de contribuables.

Pour les impôts de répartition, comme pour les impôts de quotité, la perte en est supportée par l'État, qui l'impute sur le fonds de non-valeur. Il serait donc inexact de supposer que pour l'impôt de répartition il existe un lien de solidarité entre les contribuables de chaque commune pour garantir à l'État le recouvrement de cet impôt.

Appréciation des deux sortes d'impôts au point de vue économique. — *Avantages théoriques de l'impôt de quotité.* — Il n'est pas douteux que l'impôt de quotité présente, en théorie, une supériorité marquée sur l'impôt de répartition.

1° Il a un caractère plus scientifique. L'impôt de répartition a quelque chose d'empirique ; on l'a comparé avec raison à une sorte de contribution de guerre qu'un conquérant lèverait sur une contrée pour assurer la marche de ses opérations et le ravitaillement de ses troupes.

2° Il est plus proportionnel que l'impôt de répartition, dont l'application aboutit aux plus choquantes différences et aux inégalités les plus regrettables d'un département à un autre. C'est ainsi qu'avant d'avoir été transformé en impôt de quotité par la loi du 8 août 1890, l'impôt foncier sur les propriétés bâties représentait dans certains départements 3 p. 100 du revenu, tandis qu'il atteignait jusqu'à 9 p. 100 dans d'autres régions.

3° Enfin, il suit de plus près les variations de la matière imposable et peut donner des plus-values que l'on ne peut espérer de l'impôt de répartition.

Avantages pratiques de l'impôt de répartition. — Malgré toutes ces raisons, il convient de ne pas sacrifier entièrement les impôts de répartition, qui présentent à certains égards des avantages pratiques incontestables.

1° Ils assurent à l'Etat un revenu certain, à des époques connues à l'avance, en raison de l'obligation du payement par douzièmes qui incombe au contribuable, tandis que l'impôt de quotité peut être la cause de mécomptes graves, en raison des moins-values dont il est susceptible.

2° L'impôt de répartition offre cet avantage précieux, dans un gouvernement démocratique, d'associer les représentants élus de la nation à concourir à l'établissement de l'impôt aux différents degrés de la répartition, ainsi que nous l'expliquerons plus loin.

3° Enfin, le système des impôts de répartition expose moins le contribuable aux excès de fiscalité de la part des agents du Trésor, puisque l'Etat est désintéressé en ce qui concerne le produit total de l'impôt, qui est fixé à l'avance, d'autorité, par le Parlement. Au contraire, les excès de zèle sont à craindre de la part des agents du fisc dans l'établissement des impôts de quotité, puisque le produit total dépend de l'application qui est faite individuellement à chaque contribuable du tarif de l'impôt.

Énumération des impôts de répartition et des impôts de quotité. — Sont impôts de quotité : tous les impôts indirects, l'impôt de la patente et l'impôt foncier sur les propriétés bâties. Ils comportent, en effet, un tarif, et ils n'ont pas de contingent.

Sont impôts de répartition : l'impôt foncier sur les propriétés non bâties, l'impôt personnel et mobilier et l'impôt des portes et fenêtres.

Pour le dernier impôt, cependant, on serait tenté de lui attribuer un caractère mixte; il comporte, en effet, un tarif et un contingent. On le range, cependant, dans la catégorie des impôts de répartition, parce que le tarif est dominé par le contingent.

On doit, en effet, dans chaque commune, appliquer le tarif; s'il donne un résultat supérieur ou inférieur au contingent, on diminue ou on abaisse le contingent proportionnellement, de façon à obtenir un résultat égal au contingent.

Des différents degrés de la répartition. — Il y a quatre degrés dans la répartition[1] :

1er degré : la loi des finances établit le montant des impôts de répartition à percevoir chaque année, dans tout le pays, et le répartit entre tous les départements.

2e degré : le conseil général de chaque département opère la répartition de la somme mise à sa charge, entre tous les arrondissements qui composent le département.

3e degré : le conseil d'arrondissement opère la répartition entre les communes qui composent l'arrondissement.

4e degré : une commission spéciale, dite *des répartiteurs,* opère la répartition entre tous les habitants de la commune.

Cette commission est composée de sept membres :

1° Le maire et son adjoint, dans les communes de moins de 5,000 habitants.

Le maire et son adjoint, ou, au choix du sous-préfet, deux conseillers municipaux désignés par lui, dans les autres communes.

2° Cinq répartiteurs titulaires et cinq suppléants, nommés par le sous-préfet parmi les contribuables de la commune, dont deux au moins sont domiciliés dans la commune. Ils doi-

---

1. Il y a ainsi, à chaque degré de la répartition, un *contingent :* contingent législatif ou départemental établi par les Chambres pour chaque département, contingent de l'arrondissement et contingent de la commune.

vent être pris sur une liste dressée chaque année par le conseil municipal et contenant un nombre double de celui des répartiteurs à nommer (loi du 3 frimaire an VII; arrêté du 10 floréal an VIII, art. 4; loi du 5 avril 1884, art. 61).

A Paris, le service de la répartition est confié à une commission dite « Commission des contributions directes de la Ville de Paris ». Le nombre des membres de cette commission, qui était de cinq, d'après la loi du 23 frimaire an III, a été porté à sept par la loi du 24 juin 1880.

Actuellement donc, la commission se compose d'un président et de six membres, ayant le titre de répartiteurs titulaires. De plus, quarante agents sont attachés à la commission, en qualité de répartiteurs adjoints; ils sont recrutés par la voie du concours [1].

1. Dans la séance de la Chambre du 16 juin 1903, M. Rouvier, ministre des finances, a déposé un projet d'impôt sur le revenu. Il l'a exposé en ces termes :

« Après avoir aboli l'impôt des portes et fenêtres et la contribution personnelle et mobilière, abolition déjà sanctionnée à diverses reprises par la Chambre, je me suis appliqué à maintenir le principe de l'impôt personnel avec cette différence que dans le système des quatre contributions l'impôt personnel, avait pris le caractère d'un impôt de capitation, et que j'ai cherché à le rendre véritablement personnel.

« En outre, j'ai pris comme élément constitutif de l'impôt sur le revenu le chiffre du loyer. Ce serait donc un impôt personnel proportionnel au revenu du contribuable et un impôt sur le loyer... » (*Journal officiel* du 17 mai 1903.)

RÉSUMÉ 36. — Théorie générale des impôts.

I. Définition de l'impôt.
Quote-part que chaque particulier doit supporter dans les dépenses de l'Etat. Détermination de l'assiette de l'impôt d'après les ressources du citoyen et le profit qu'il retire des dépenses publiques.

II. Divers systèmes d'impôts.

1° *Système des taxes multiples.* — Frapper toutes les sortes de revenus sous les formes les plus variées et d'après les présomptions les plus variables.

2° *I. unique et général.* — Etabli sur les revenus seuls. Mise en pratique difficile.

3° *I. sur le capital.* — Soit en enlevant aux particuliers une partie de leur fortune pour l'attribuer à l'Etat, soit en atteignant leurs revenus d'après leurs capitaux.

Au point de vue de la *taxation* :

4° *I. proportionnel.* — Etabli à raison d'un tant pour cent.
Ex. : la patente.

5° *I. progressif.* — Le tarif tend à croitre avec le chiffre qui sert de base à l'imposition.
Ex. : Un revenu de 100 francs serait imposé à 5 p. 100. — Un revenu de 10.000 francs serait imposé à 10 pour 100, etc.
Il est *injuste, arbitraire* et *contraire* au progrès social.

III. Deux divisions fondamentales.

1° *Impôt direct* et *I. indirect.* — Celui qui est exigible en vertu d'un *rôle nominatif,* réclamé directement.
Exigible en *vertu de la loi* pour la réalisation de certains actes ou de certaines consommations.
Avantages et inconvénients.

2° *I. de répartition* et *I. de quotité.* — Celui dont le *produit total* est connu d'avance, mais dont la *part* de chaque contribuable est *indéterminée* tant que la *répartition,* à quatre *degrés,* n'a pas été faite.
Ex. : I. directs.
Celui dont la part de chaque contribuable est *déterminée* par la loi elle-même, mais dont le *produit total* est *indéterminé.*
Ex. : I. indirects.

RÉSUMÉ 37. — Le budget de l'État.

I. Définition. { Acte par lequel sont prévues et autorisées les recettes et les dépenses annuelles de l'Etat ou des autres services que la loi assimile aux mêmes règles.

II. Division en trois titres.

1° *Budget général.* { Destiné à pourvoir aux dépenses régulières et permanentes de l'Etat.

2° *Budgets annexes.* { B. de certains établissements placés sous la surveillance de l'Etat.
Ex. : Caisse nationale d'épargne.

3° *Moyens de services et dispositions diverses.*
a. Enumération des services votés.
b. Les pensions.
c. Le montant des bons du Trésor. etc.

III. Quatre opérations distinctes.

1° *Préparation.* { Tableau dressé par chaque ministre pour les *dépenses*, par le ministre des finances pour les recettes.

2° *Vote.* { Même procédure que pour les lois ordinaires.
Prérogative de la Chambre des députés.
Annualité et spécialité du budget.

3° *Exécution.* { Opérer le recouvrement des recettes, par le ministre des finances.
Effectuer les dépenses par chaque ministre.
Exercice : 1er janvier au 31 décembre.

4° *Contrôle de l'exécution.* { Appartient aux Chambres aidées par la Cour des comptes.

IV. Crédits.

1° *Ordinaires.* | Sommes allouées pour dépenses inscrites au budget.

2° *Supplémentaires.* { Ouverts postérieurement au vote du budget, pour des services prévus.

3° *Extraordinaires.* { Ouverts postérieurement au vote du budget, pour des services urgents qui n'avaient pas été prévus.

SECTION III. — Du rôle de l'État en matière coloniale.

Ce que c'est qu'une colonie. — Une colonie est un territoire sur lequel un État exerce sa souveraineté, en dehors des limites de son territoire continental, et qui est habité et exploité par les nationaux de cet État. Elle constitue, en quelque sorte, le prolongement de la métropole.

Différentes espèces de colonies. — On a fait plusieurs classifications des colonies :

On distingue les colonies de peuplement des colonies d'exploitation.

Les colonies de peuplement sont celles où l'émigrant s'établit avec sa famille, et se fixe d'une manière définitive.

Les colonies d'exploitation sont celles dont l'émigrant tire parti en y faisant fonctionner des établissements industriels ou agricoles, dans un pur intérêt de spéculation.

On peut dire, par exemple, que le Canada est pour les Anglais une colonie de peuplement. Son climat leur permet de s'y établir à demeure et de s'y perpétuer. Il en est de même de l'Australie et des colonies de l'Afrique du Sud. Au contraire, l'Inde, dont le climat est plus pénible à supporter, est une colonie d'exploitation. Les Anglais n'y séjournent que d'une façon transitoire, pour diriger les travaux des indigènes. Nous pouvons en dire autant, pour la France, du Sénégal, de Madagascar et du Congo.

Les colonies de peuplement sont d'un secours précieux pour le développement de la race; de plus, elles sont unies à la métropole par des liens très étroits, et peuvent facilement être conservées par elle. Au contraire, les colonies d'exploitation ne sont rattachées à la mère patrie que par des liens d'intérêt matériel; elles sont d'une possession plus difficile à garder. Il peut suffire d'une révolte d'indigènes pour chasser les émigrants et mettre fin à leur occupation[1].

---

1. M. Léveillé, à son cours de législation coloniale. M. Cauwès, *op. cit.*,

Utilité de la colonisation. — La colonisation offre des avantages économiques considérables :

1° Elle procure des lieux d'émigration où la métropole peut envoyer le trop-plein de sa population, ou établir des lieux d'internement pour ses condamnés ;

2° Elle ouvre au commerce de la métropole des débouchés nouveaux ;

3° Elle concourt au bien-être général par la production à bon marché, et dans de meilleures conditions, d'un certain nombre d'objets difficiles à faire venir d'ailleurs.

Conditions de développement des colonies. — Pour qu'une colonie se forme dans des conditions qui assurent son développement normal, il faut que l'œuvre de la colonisation soit préparée de longue main par l'Etat qui l'entreprend. Il faut se rendre compte des ressources naturelles du pays et des genres d'industries qui peuvent y trouver leur application : puis, pourvoir aux besoins de défrichement, de viabilité et de sécurité ; enfin, s'occuper de la concentration du travail et du régime de concession des terres.

L'un des écueils que présente la colonisation dans les pays neufs, c'est l'éparpillement des émigrants ; ils ne peuvent résister au plaisir qu'ils éprouvent de s'approprier le plus de terres possible et de les cultiver. Dès lors, la division du travail disparaît ; c'est le retour à la vie industrielle des temps primitifs. Pour éviter ce danger, un économiste anglais, Wakefield, a posé les règles suivantes, qui sont aujourd'hui regardées comme la loi essentielle de prospérité des colonies [1].

n° 498, donne une autre classification ; il distingue : les colonies agricoles et les colonies de plantations. Les colonies agricoles sont celles qui ont pour principale industrie l'agriculture, et qui, au bout d'un certain temps, sont développées et peuvent vivre indépendamment de la métropole. Les colonies de plantations sont celles qui se livrent à la production en grand de produits agricoles destinés à l'exportation, tels que la canne à sucre et le café.

1. Citation empruntée à M. Cauwès, *op. cit.*, n° 497.

1° Les émigrants qui sont dirigés sur une colonie de fondation récente doivent être choisis dans les différentes branches de l'industrie : agriculteurs, commerçants, manufacturiers, etc. De cette façon, chacun d'eux se livrera au genre d'occupation qui lui convient; la division du travail et l'échange, qui en est le complément nécessaire, pourront fonctionner dans des conditions régulières.

2° Les concessions de terres ne doivent pas être faites à titre purement gratuit. Le gouvernement doit les subordonner au payement d'une certaine redevance en argent. De cette façon, les colons qui ont des capitaux suffisants pourront seuls en obtenir; les autres seront dans la nécessité de se mettre à leur service; le recrutement de la main-d'œuvre sera ainsi assuré.

Régime financier. Gouvernement et administration. — Il est malaisé de poser des règles absolues au sujet du régime financier, du gouvernement et de l'administration des colonies. Cela dépend des circonstances et des régions. On ne peut que se borner à tracer sur ce point des règles générales.

Le régime financier, au début, doit s'appuyer avant tout sur les subventions que la métropole sera dans la nécessité d'accorder à la colonie naissante. Mais, au fur et à mesure que la production du pays deviendra prospère, on devra organiser dans le pays tout un système d'impôts et de douanes pour rendre à la mère patrie les sacrifices qu'elle aura faits.

Quant à l'administration de la colonie, tant que le pays aura besoin d'être pacifié, c'est à l'autorité militaire que doit être accordé le commandement. Mais une fois le travail de pacification accompli, l'autorité civile devra lui succéder. Le gouvernement devra lui laisser une certaine liberté d'allure, parce qu'elle sera mieux au courant des besoins de la colonie et de ses ressources. C'est surtout en matière coloniale qu'il faut appliquer la maxime : « On gouverne de loin, mais on n'administre bien que de près. »

Des divers régimes politiques possibles. — Au point de

vue du régime politique, les colonies peuvent être rangées en quatre groupes :

1° Les colonies administrées directement par la métropole, qui nomme un gouverneur et des fonctionnaires pour l'assister. C'est le régime auquel sont soumises la plupart des colonies françaises.

2° Les colonies administrées par des compagnies de colonisation, auxquelles l'Etat délègue ses droits de souveraineté. C'était le régime en vigueur en France au xviii° siècle, à l'époque de la célèbre compagnie des Indes. Nous avons complètement abandonné ce système.

3° Le protectorat colonial. On conserve le cadre de l'administration indigène; mais, en réalité, c'est la métropole qui, par son intermédiaire, gouverne. Régime très pratique, en ce qu'il ménage à la fois les susceptibilités des indigènes et les susceptibilités des autres Etats, et en ce qu'il est peu coûteux pour la métropole. Exemple : la Tunisie.

4° Les colonies autonomes. Elles ont un gouvernement et un parlement. Il subsiste cependant un lien entre les colonies et la métropole. La métropole nomme le gouverneur et assure à la colonie sa protection militaire et sa représentation diplomatique. Il n'en existe pas en France, mais en Angleterre.

QUESTIONNAIRE 38 sur le rôle de l'État en matière coloniale.

1. Qu'est-ce qu'une colonie? — 2. Comment classe-t-on généralement les colonies? — 3. Quels avantages économiques offre la colonisation? — 4. Dans quelles conditions les colonies peuvent-elles se développer? — 5. Quelles sont les règles générales à appliquer au point de vue du régime financier? — 6. Au point de vue du gouvernement et de l'administration? — 7. Quels sont les divers régimes politiques applicables aux colonies?

RÉSUMÉ 38. — Sur l'intervention de l'État en matière coloniale.

I. Définition. — Territoire sur lequel un État exerce sa souveraineté en dehors des limites de son territoire continental.

II. Deux sortes.
- 1° *De peuplement.* — Comme le Canada, pour les Anglais. — l'Algérie, pour les Français.
- 2° *D'exploitation.* — Comme les Indes, pour les Anglais. — le Sénégal et le Congo, pour les Français.

III. Utilité.
- 1° Procure des lieux d'émigration pour le trop-plein de la population de la métropole.
- 2° Ouvre des débouchés nouveaux au commerce de la métropole.
- 3° Concourt au bien-être général.

IV. Conditions de développement.
- 1° Assurer le recrutement de la main-d'œuvre.
- 2° Organiser la concession des terres de façon à intéresser les colons à leur exploitation.

V. Gouvernement.
- 1° Au début, tant que l'ordre n'est pas établi, régime militaire.
- 2° Plus tard, après la pacification, autorité civile.

VI. Régime politique.
- 1° C. administrées directement par la métropole.
- 2° — par des compagnies de colonisation (xviii° siècle).
- 3° Protectorat colonial : on conserve le cadre de l'administration indigène (Tunisie).
- 4° Colonies autonomes : ont un gouvernement et un parlement.

TABLE ALPHABETIQUE

LES NUMÉROS RENVOIENT AUX PAGES

TABLE ANALYTIQUE DES MATIÈRES

TROISIÈME PARTIE
CIRCULATION DE LA RICHESSE

QUATRIÈME PARTIE

CONSOMMATION DE LA RICHESSE

CINQUIÈME PARTIE

DU ROLE DE L'ÉTAT EN MATIÈRE ÉCONOMIQUE, FINANCIÈRE ET COLONIALE

SOCIÉTÉ ANONYME D'IMPRIMERIE DE VILLEFRANCHE-DE-ROUERGUE
Jules BARDOUX, Directeur.

www.ingramcontent.com/pod-product-compliance
Ingram Content Group UK Ltd.
Pitfield, Milton Keynes, MK11 3LW, UK
UKHW020121130726
13696UKWH00001B/147